商法 I ── 総則・商行為

〔第6版〕

落合誠一・大塚龍児・山下友信 著

有斐閣Sシリーズ

Yuhikaku

第6版　はしがき

　本書は，1988（昭和63）年3月の初版刊行以降，多くの読者の支持を受け，版を重ねてきたが，近時，本書の対象である商法分野につき重要な法改正が相次いだ。

　第1に，平成29年民法（債権関係）改正（平成29年法44号）があり，それに伴い商法も改正され（平成29年法45号），商事法定利息，商事消滅時効，有価証券の譲渡・善意取得等の規定が削除され，買主による目的物の検査・通知義務規定が改正された（原則として2020年4月1日施行。本書では，これら改正を総称して「平成29年民法（債権関係）改正」と呼ぶ）。

　第2に，平成30年商法改正（平成30年法29号）があり，運送および海商に関する商法規定等について，まさに1899（明治32）年の商法制定以来の大改正が行われた（2019〔平成31〕年4月1日施行）。

　こうした改正の成立により，当然，本書も，大幅なアップツーデイトが必要となり，本書の執筆者は，鋭意その改訂に取り組み，ここに本書の第6版が上梓の運びとなった。われわれとしては，本書第6版が，前の第5版と同様に，コンパクトで分かりやすく，しかも学問的水準は維持するという本書の基本的なコンセプトは，しっかりと維持しつつ，過不足なく全体的な改訂がなされたと考えている。したがって，本書は，これまでと同様に読者のご期待に十分応え，必ずや日々の勉学の友になると信じている。

　最後に，本書の完成にこれまでと同様に全力投球してくださった有斐閣書籍編集部の藤本依子氏に感謝の意を表してむすびとする。

2019年2月20日

　　　　　　　　　　　　　　　　　　　　　　　　　執筆者一同

初版はしがき

　現代はまことに情報社会であり，大量の情報があふれているわけであるが，商法のテキストについても事情は同様である。そしてそれらのなかには，非常にすぐれたテキストも少なくない。このような状況のなかで，新たに商法のテキストを上梓する以上は，類書にまたその1冊を加えるようなものでは意味がないと考えた。すなわち新しいテキストとしてのSシリーズ『商法I～III』は，すぐれたテキストとしての水準をみたすだけではなく，できるならばその水準をも超えるものとしたいと考えたのである。

　そこで右の認識と意欲とを具体化するために，各巻のコーディネーター（商法Iは落合，同IIは神田，同IIIは大塚がそれぞれ担当）全員で，あるいは各巻の執筆者全員で何度か会合をもって議論し，検討を行った。その結果，基本的問題から高度な問題までの全体的な商法の学説・判例の現時の到達点を正確にかつ分かりやすく読者に伝達するだけでは，テキストとして不十分であり，さらに進んで読者がみずからの頭で問題を理解することまでが必要と判断された。すなわち読者が商法を理解するためには，商法上の法規制の内容を単に知るだけでは不十分であり，「なぜそうした法規制が必要か」あるいは「どうしてそうなのか」が，みずからの頭で理解されねばならない。したがって，本書の執筆にあたっては，とくにその点について十分配慮することとした。

　以上の前提のもとにできあがった本書の特色は，次の4点である。

　第一に，商法上の法規制の内容を平板に叙述することは極力さけて，できる限り，「なぜ」あるいは「どうして」の問いとそれに対する答えを軸として，商法上の法規制の説明をするように努めたことである。

　第二に，叙述の方法として，分かりやすくするために，抽象的説明によらずに，できる限り，「たとえば」として具体的な例をあげるとともに，図表も多く活用したことである。

第三に，とくに重要な部分は，読者がすぐに分かるように〔★〕をつけたことである。それによって読者は，基本的でとくに重要なポイントがどこにあるかを知ることができる。

　第四に，説明の必要に応じて，『商法の争点〔第2版〕』および，商法Ⅰでは，『商法（総則・商行為）判例百選〔第2版〕』を，同Ⅱでは『会社判例百選〔第4版〕』を，同Ⅲでは『手形小切手判例百選〔第3版〕』をそれぞれ引用して明示することにより，本書と「争点」・「百選」との有機的な関連をはかったことである。読者は，この有機的関連を活用して「争点」・「百選」をあわせて読むことにより，商法をさらに総合的によりよく理解できることになる。

　最後に，従来にない新しい商法のテキストを作りたいというわれわれの希望の実現に，終始，大なる協力を惜まれなかった有斐閣書籍編集部の前橋康雄，大井文夫の両氏にお礼を申し上げたい。

1988年3月1日

執筆者一同

▶執筆者紹介◀ 〈 〉内は執筆分担

落合誠一（おちあい　せいいち）〈序，第1編，第3編第3章～第5章〉

　1968年　東京大学法学部卒業
　現　在　東京大学名誉教授
　〔主要著書〕
　運送法の課題と展開（1994年，弘文堂），運送責任の基礎理論（1979年，弘文堂），会社法要説〔第2版〕（2016年，有斐閣），消費者契約法（2001年，有斐閣），商法Ⅱ会社〔第8版〕（2010年，有斐閣，共著），わが国M&Aの課題と展望（2006年，商事法務，編著）

大塚龍児（おおつか　りゅうじ）〈第2編〉

　1969年　東京大学法学部卒業
　現　在　北海学園大学法科大学院教授，北海道大学名誉教授
　〔主要著書・論文〕
　「手形の満期は振出日より前であってはならないか」（1999年，私法学の再構築〔北大法学部ライブラリー　2〕〔北海道大学図書刊行会〕所収），「商業登記（および公告）の対抗力について」（1985年，八十年代商事法の諸相〔鴻常夫先生還暦記念〕〔有斐閣〕所収），商法Ⅲ手形・小切手〔第5版〕（2018年，有斐閣，共著）

山下友信（やました　とものぶ）〈第3編第1章，第2章，第6章～第9章〉

　1975年　東京大学法学部卒業
　現　在　同志社大学大学院司法研究科教授，東京大学名誉教授
　〔主要著書〕
　現代の生命・傷害保険法（1999年，弘文堂），保険法〔第4版〕（2019年，有斐閣アルマ，共著），保険法（上）（2018年，有斐閣）

目　　次

★は重要ポイントを示す。

序　商法を学ぶにあたって ──────────────── 1

第1編　総　論
第1章　商法の意義 ─────────────────── 5
1　商法の意義とは何か ……………………………………… 5
★**商法とは何か**（5）
2　わが国の学説の状況 ……………………………………… 6
3　企業法説の課題 …………………………………………… 7
★**企業法説の基本的な二つの課題**（7）

第2章　商法の形成と展開 ────────────────── 9
1　総　説 ……………………………………………………… 9
2　大陸法系諸国の商法典 …………………………………… 10
★(1)　**商法典の立法構造**（10）　(2)　わが国の商法典の構造（12）
3　英米法系諸国の状況 ……………………………………… 13
4　比較法的にみた商法の意義 ……………………………… 13
★(1)　**他の国々において実質的意義の商法の存在は認められているか**（13）　(2)　わが国における今後の取組み（14）

第3章　商法の法源 ────────────────────── 15
1　総　説 ……………………………………………………… 15

2 商事制定法 ………………………………………… 15
    (1) 商法典 (15)　(2) 商事特別法 (16)　(3) 商事条約 (17)
  3 商慣習法・商慣習 ………………………………… 18
  4 商事自治法 ………………………………………… 19

第4章　商法の適用 ———————————————————— 21

  1 総　説 ……………………………………………… 21
    ★商法がいかなる場合に適用されるか (21)
  2 法体系における商法 ……………………………… 22
    (1) 民法との関係 (22)　(2) 経済法との関係 (22)　(3) 労働法との関係 (23)　(4) 消費者法との関係 (23)
  3 商法における適用順位 …………………………… 24
    (1) 商事制定法 (24)　(2) 商慣習法・商慣習 (24)　(3) 商事自治法 (25)

第2編　企業主体としての商人

第1章　商人とその営業 ——————————————————— 27

  Ⅰ 商人の意義 ………………………………………… 27
  1 固有の商人・擬制商人 …………………………… 27
    (1) 商人と商行為の関係 (27)　★(2) 商人とはなにか (31)
  2 小　商　人 ………………………………………… 33
  Ⅱ 商人資格の得喪 …………………………………… 35
  1 自然人の商人資格 ………………………………… 35
    ★いつから商人資格を取得するか (35)
  2 法人の商人資格 …………………………………… 38
    (1) 営利社団法人 (会社) (38)　(2) 公益法人 (39)　(3) 中性的法人 (39)　(4) 中間法人・一般法人 (39)　(5) 公法

人 (40)　(6) 特殊法人 (40)

Ⅲ　営　業　能　力 ……………………………………………… 41
　　(1) 未成年者 (42)　(2) 成年被後見人 (42)　(3) 被保佐人 (42)　(4) 被補助人 (43)　(5) 任意後見契約の本人 (43)

Ⅳ　営　　　　業 ……………………………………………… 44
　1　序　　　論 ………………………………………………… 44
　2　主観的意義の営業 ………………………………………… 45
　　(1) 営業の自由とその制限 (45)　(2) 営業自体に関する制限 (45)　(3) 営業の態様に関する制限 (47)
　3　客観的意義の営業 ………………………………………… 48
　　★(1) **営業の構成要素** (48)　(2) 営業の特別財産性 (49)
　4　営　業　所 ………………………………………………… 50
　　(1) 営業所の意義とその効果 (50)　(2) 本店・支店 (51)

第2章　企業の物的要素 ─────────────── 52

Ⅰ　商　　　　号 ……………………………………………… 52
　1　序　　　論 ………………………………………………… 52
　2　商号の意義とその選定 …………………………………… 52
　　(1) 商号の意義 (52)　★(2) **商号単一の原則** (53)　(3) 商号選定の自由とその制限 (54)
　3　商号の登記 ………………………………………………… 56
　　(1) 商号登記の意義とその効果 (56)　(2) 同一市町村・同一営業・同一商号禁止の廃止 (56)
　4　商　号　権 ………………………………………………… 58
　　(1) 序論 (58)　(2) 商号使用権 (58)　★(3) **商号専用権** (59)
　5　商号の譲渡・相続・廃止・変更 ………………………… 63

6　名板貸人の責任 …………………………………… 64
　　★名板貸人の責任が認められるのはなぜか (64)

Ⅱ　商 業 帳 簿 ………………………………………………… 68
　1　序　　論 …………………………………………… 68
　　(1)　目的・機能 (68)　　(2)　企業形態による法規制の相違 (68)
　　★(3)　**商法と会計慣行** (72)　　★**貸借平均の原理** (75)
　2　商業帳簿の意義 …………………………………… 78
　3　商業帳簿の作成・保存・提出 …………………… 80
　　(1)　作成義務 (80)　　(2)　保存義務 (81)　　(3)　商業帳簿の裁判所への提出義務 (81)
　4　商業帳簿の種類 …………………………………… 82
　　(1)　会計帳簿 (82)　　(2)　貸借対照表 (82)　　★**費用収益対応の原則** (83)
　5　資産の評価 ………………………………………… 87
　　(1)　資産評価の諸主義 (87)　　(2)　流動資産の評価 (88)
　　(3)　固定資産の評価 (88)　　(4)　債権の評価 (89)　　(5)　その他の資産・負債の評価 (89)

第3章　企業の人的要素 ——————————— 94

Ⅰ　商業使用人 ………………………………………………… 94
　1　序　　論 …………………………………………… 94
　2　支 配 人 …………………………………………… 95
　　(1)　意義 (95)　　(2)　選任・終任 (96)　　★(3)　**支配人の代理権（支配権）** (98)　　(4)　支配人の義務 (100)　　★(5)　**表見支配人** (101)
　3　その他の商業使用人 ……………………………… 103
　　(1)　ある種類または特定の事項の委任を受けた使用人 (103)

目　次

　　(2)　物品販売等を目的とする店舗の使用人（105）

Ⅱ　代　理　商 ……………………………………………………… 105

　1　意　　義 ………………………………………………………… 105

　2　営業主と代理商との関係（代理商契約）………………… 106

　3　代理商と第三者との関係 ……………………………………… 107

第4章　企業の公示・商業登記 ─────────── 108

Ⅰ　商業登記制度 ……………………………………………………… 108

　1　企業の公示 ……………………………………………………… 108

　　★企業の公示はなぜ必要か（108）

　2　商業登記の意義 ………………………………………………… 109

　3　商業登記事項 …………………………………………………… 109

　　(1)　登記事項の分類（109）　(2)　登記事項の通則（112）

Ⅱ　商業登記の手続 …………………………………………………… 112

　1　登記の申請・管轄 ……………………………………………… 112

　2　登記官の審査権 ………………………………………………… 113

　3　商業登記の公示 ………………………………………………… 114

Ⅲ　商業登記の効力 …………………………………………………… 115

　1　商業登記の一般的効力 ………………………………………… 115

　　(1)　序（115）　★(2)　登記前の効力（消極的公示力・消極的公示原則）（116）　★(3)　登記後の効力（積極的公示力・積極的公示原則）（118）　★商業登記の一般的効力と外観保護規定との関係（119）　(4)　支店の取引と登記（121）　(5)　商法9条の適用範囲（122）

　2　不実登記の効力 ………………………………………………… 122

　　★真実でないこと・虚偽の法律関係を登記するとどういう効果を生じるか（122）

ix

3　特殊の効力……………………………………………………123

第5章　企業の移転・担保化 ─────────── 126

I　営　業　譲　渡……………………………………………126

　1　営業譲渡の意義…………………………………………126

　2　営業譲渡・事業譲渡の機能……………………………127

　3　営業譲渡契約……………………………………………129

　4　営業譲渡の効果…………………………………………130

　　(1) 当事者間における効果（130）　★(2) 第三者に対する関係（131）

II　営業の賃貸借，経営委任………………………………136

III　営業の担保化……………………………………………137

第3編　企　業　取　引

第1章　総　　論 ───────────────── 139

I　企業取引の類型と性質…………………………………139

　1　企業取引の類型…………………………………………139

　2　企業取引の性格…………………………………………139

　3　企業取引内容の形成と自由の制限……………………141

　4　本編の叙述について……………………………………143

II　企業取引と商行為の概念………………………………144

　1　企業取引と商行為………………………………………144

　2　商行為であることの効果………………………………144

　　★ある行為が商行為とされることにはいかなる効果が結びつけられるか（144）

　3　絶対的商行為……………………………………………145

目　次

　4　営業的商行為……………………………………145

　5　附属的商行為……………………………………147

　6　会社と商行為法の適用…………………………147

　7　擬制商人と商行為法の適用……………………148

　8　一方的商行為と双方的商行為…………………148

Ⅲ　商行為総則 …………………………………………149

　1　商行為総則の意義………………………………149

　2　契約の成立………………………………………150

　　(1)　申込みの効力（150）　(2)　申込みに対する諾否通知義務（150）　(3)　送付物品保管義務（151）　(4)　代理（151）

　　★非顕名の代理（151）

　3　契約の効力………………………………………155

　　(1)　商人の報酬請求権（155）　(2)　消費貸借の利息請求権（155）　(3)　立替金についての利息請求権（155）　(4)　商行為の受任者の権限（156）　(5)　受寄物についての商人の注意義務（156）　(6)　債務の履行（156）

　4　担　　保…………………………………………156

　　(1)　多数債務者の連帯（156）　(2)　保証人の連帯（157）　(3)　流質契約の許容（158）　(4)　商人間の留置権（158）

Ⅳ　企業取引の補助者 …………………………………160

　1　総　　説…………………………………………160

　2　代 理 商…………………………………………161

　3　仲 立 人…………………………………………161

　　(1)　意義（161）　(2)　仲立人の義務（161）　★(3)　仲立人の報酬請求権（165）

　4　問　　屋…………………………………………166

Ⅴ　民法および消費者契約法による不当契約条項規制 ……167

xi

 1　消費者契約法の不当契約条項規制………………………………167

  (1)　総説（167）　　(2)　具体的な無効条項（167）　　★(3)　**一般条項**（168）　　(4)　消費者契約法と商法との適用関係（170）

  (5)　特別法の私法規定との適用関係（171）

 2　民法の定型約款に関する規定………………………………………171

  (1)　総説（171）　　(2)　定型約款の意義と規律（172）　　(3)　定型約款の個別条項の不当契約条項規制（172）

第2章　商事売買取引 ───────────── 175

I　商事売買と商法の規定 ………………………………………175

 1　商法の規定の意義…………………………………………………175

 2　売主の供託権・自助売却権………………………………………175

 3　買主の目的物検査・通知義務……………………………………176

 4　買主の目的物保管・供託義務……………………………………177

 5　確定期売買…………………………………………………………178

II　委　託　販　売 ………………………………………………179

 1　総　　説……………………………………………………………179

 2　問屋と委託者との関係……………………………………………179

 3　問屋の債権者と委託者の関係……………………………………181

 ★問屋に対する関係では委託者は代金請求権が自己に帰属することを主張しうるが，委託者はこのことを問屋の債権者に対しても主張しうるか（181）

 4　問屋と買主との関係………………………………………………182

III　国内の企業間商事売買の実際 ………………………………183

 1　商品の流通と契約形態……………………………………………183

 ★仕切売買が多用されるのはなぜであろうか（184）

 2　継続的取引関係……………………………………………………185

3　特約店・代理店契約………………………………………186
　　4　フランチャイズ契約………………………………………186
　　　(1)　総説 (186)　　(2)　フランチャイズ契約の内容 (187)
　　　(3)　フランチャイズ契約の締結 (187)　　(4)　本部によるビジネスの統制とその限界 (188)
　　5　継続的取引関係の解消……………………………………190
　Ⅳ　国 際 売 買………………………………………………………192
　　1　総　　説……………………………………………………192
　　2　CIF 売買と FOB 売買………………………………………193
　　　★(1)　CIF (193)　　★(2)　FOB (194)
　　3　荷為替手形…………………………………………………195
　　4　荷為替信用状………………………………………………196
　Ⅴ　消費者売買（訪問販売・割賦販売等）…………………………199
　　1　総　　説……………………………………………………199
　　　(1)　特定商取引に関する法律と割賦販売法 (199)　　(2)　総論的事項 (200)
　　2　特定商取引に関する法律…………………………………201
　　　(1)　総説 (201)　　(2)　訪問販売 (202)　　★クーリングオフ (202)　　(3)　通信販売 (206)　　(4)　特定継続的役務提供 (207)
　　3　割賦販売法…………………………………………………209
　　　(1)　総説 (209)　　(2)　割賦販売（自社割賦） (210)　　(3)　信用購入あっせん (212)　　★商品に契約内容への不適合があった場合などに，購入者は単純な売買契約であったならば販売業者に対して対抗できる代金支払拒絶の抗弁を，信用購入あっせん業者に対しても対抗できるか (215)

第3章　運 送 取 引 ────────────── 221

Ⅰ 運送取引規制の概観 …………………………………………221
　(1) 意義（221）　★(2) **運送企業取引規制の問題点**（221）
　(3) 平成30年商法改正（223）
Ⅱ 運　送　契　約 ……………………………………………224
　(1) 意義（224）　★(2) **運送契約の種類**（224）　(3) 契約関係者（226）　(4) 数人の運送人の関与（227）　(5) 複合運送契約（229）
Ⅲ 運送人の損害賠償責任 ………………………………………233
　1　責　任　原　則 …………………………………………233
　　★(1) **責任発生原因**（233）　★**請求権競合問題の立法的解決**（235）
　　★**ヒマラヤ問題の立法的解決**（237）　(2) 過失責任原則（237）
　　(3) 補助者の行為による債務者の責任（238）　(4) 商法上の特則（239）　(5) 免責約款の制限（241）
　2　損害賠償額の範囲・制限 …………………………………242
　　(1) 民法上の原則との関係（242）　(2) 賠償額の定型化（242）
　　★(3) **責任制限**（243）
　3　損害賠償責任の消滅 ………………………………………244
　　(1) 特別消滅事由（244）　(2) 責任の短期除斥期間（244）
Ⅳ その他の運送契約上の権利・義務 ……………………………245
　1　運送人の権利 ………………………………………………245
　　(1) 運送品引渡請求権（245）　(2) 送り状交付請求権（245）
　　(3) 運送賃請求権（245）　(4) 運送品の供託・競売（245）
　　(5) 運送人の債権の消滅時効（245）　(6) 運送品に関する留置権（246）
　2　運送人の義務 ………………………………………………246
　　(1) 運送の義務（246）　(2) 運送証券の交付義務（246）
　　(3) 運送品の保管・処分の義務（246）　(4) 運送品の引渡義務

目　次

　　(246)

　3　荷送人・荷受人の権利・義務……………………………………… 247

　　(1)　総説（247）　(2)　荷送人の権利・義務（247）　(3)　荷受人の権利・義務（248）

　V　運　送　証　券…………………………………………………… 248

　1　意　　義…………………………………………………………… 248

　2　有価証券性………………………………………………………… 250

　　(1)　債権の有価証券（250）　(2)　権利の移転（250）　(3)　権利の行使（250）　(4)　要式証券性（251）

　3　債権的効力（文言証券性）……………………………………… 251

　　(1)　意義（251）　(2)　債権的効力は、なぜ認められるか（251）

　　★(3)　**要因証券性との関係**（252）

　4　物権的効力………………………………………………………… 255

　　★(1)　**物権的効力とは何か**（255）　(2)　物権的効力肯定説（255）

　　(3)　物権的効力否定説（256）

第4章　運送取扱取引　——————————————— 258

　1　意　　義…………………………………………………………… 258

　2　損害賠償責任……………………………………………………… 259

　　(1)　債務不履行責任（259）　(2)　不法行為責任（260）

　　(3)　物品運送規定の準用（260）

　3　運送取扱人の権利………………………………………………… 260

第5章　倉　庫　取　引　——————————————— 261

　I　倉庫取引の意義…………………………………………………… 261

　1　法律上の意義……………………………………………………… 261

　2　経済上の意義……………………………………………………… 261

- II 倉庫寄託契約 …………………………………………… 262
  - 1 倉庫寄託契約の意義………………………………… 262
  - 2 倉庫寄託契約の成立………………………………… 262
    - (1) 不要式契約（262）　(2) 諾成契約か，要物契約か（262）
  - 3 倉庫寄託契約の終了………………………………… 263
- III 倉庫営業者の義務 ………………………………………… 263
  - 1 保 管 義 務 ………………………………………… 263
    - (1) 意義（263）　(2) 注意義務の程度（264）　(3) 受寄物の付保義務の有無（264）　(4) 受寄物の仮処分を通知する義務の有無（264）　(5) 保管期間（264）
  - 2 倉荷証券交付義務 ………………………………… 265
  - 3 寄託物点検・見本摘出等協力義務………………… 265
  - 4 受寄物返還義務……………………………………… 265
  - 5 損害賠償義務 ……………………………………… 265
    - ★(1) 商法 610 条の意義（265）　(2) 損害賠償請求権者（265）　(3) 損害賠償の範囲（266）　(4) 責任の特別消滅事由・短期時効（266）
- IV 倉庫営業者の権利 ………………………………………… 267
  - 1 保管料・費用請求権………………………………… 267
    - (1) 意義（267）　★(2) 倉荷証券発行の場合の保管料支払義務者（267）
  - 2 留置権・先取特権…………………………………… 268
  - 3 供託権・競売権……………………………………… 268
- V 倉 荷 証 券 ……………………………………………… 269
  - 1 意　義 ……………………………………………… 269
    - (1) 倉庫証券に関する立法主義（269）　★(2) 倉庫証券の役割（269）

2 種類・機能·················269
  (1) 沿革（269）　(2) 倉荷証券（270）

第6章　場屋取引 ——————————271
I 場屋取引の意義 ·················271
II 客の荷物についての場屋営業者の責任 ·················272
1 寄託を受けた荷物に関する責任·················272
2 寄託を受けない荷物に関する責任·················272
3 高価品に関する責任·················273
4 約款による免責の可能性と客の保護·················273
5 責任の消滅·················274

第7章　金融取引 ——————————275
I 交互計算·················275
1 交互計算の意義·················275
2 交互計算の担保的機能·················275
3 交互計算の法律関係·················276
4 交互計算以外の支払決済の仕組み·················277
II 匿名組合·················279
1 匿名組合の意義·················279
2 匿名組合の法律関係·················280
III リース取引·················281
1 リース取引の仕組み·················281
2 リース取引の法的性質·················283

★(1) リース取引の法的性質（283）　(2) リース業者の物件引渡義務とユーザーのリース料支払義務（283）　(3) 品質に関する

リース業者の担保責任（284）　★**(4)　リース料の性質と中途解消**（284）　**(5)**　ユーザーの倒産とリース業者の権利（285）

第8章　証　券　取　引 ─────────── 288

I　金融商品取引法 ………………………………………… 288
II　証券取引所における売買 ……………………………… 289
III　証券取引所における売買の委託 …………………… 291

1　総　　説 …………………………………………………… 291
2　委託契約の勧誘・成立 …………………………………… 291
★**(1)　委託契約の勧誘**（291）　**(2)**　外務員（294）　**(3)**　受託契約準則（294）
3　委　託　契　約 …………………………………………… 295
(1)　売買の実行（295）　**(2)**　最良執行義務（295）　**(3)**　委託者の債務不履行と証券会社の権利（296）　★**(4)　証券会社の倒産**（296）
4　信　用　取　引 …………………………………………… 298
5　デリバティブ取引 ………………………………………… 300
(1)　先物取引（300）　**(2)**　オプション取引（301）　**(3)**　スワップ取引（302）　**(4)**　デリバティブ取引とその規制（303）

第9章　保　険　取　引 ─────────── 305

I　総　　説 ……………………………………………………… 305
1　保険契約の意義 …………………………………………… 305
2　保険契約の類型 …………………………………………… 305
(1)　損害保険契約と定額保険契約（305）　★**(2)　区別される理由**（306）
3　保険契約の法的性質 ……………………………………… 308

(1) 有償契約性（308）　(2) 双務契約性（308）　(3) 射倖契約性（308）

　4　保険契約の技術的背景……………………………………… 309
　5　保険契約に関する法源…………………………………… 310

Ⅱ　損害保険契約……………………………………………… 311
　1　損害保険契約の類型……………………………………… 311
　2　損害保険契約の基本法理………………………………… 311
　　(1) 利得禁止原則（311）　(2) 被保険利益（311）　(3) 保険価額・保険金額（314）　(4) 超過保険（315）　(5) 損害のてん補（316）　(6) 保険代位（319）　★(7) **責任保険契約と被害者の直接請求権等**（320）　★(8) **責任保険契約と被害者の特別先取特権**（322）

Ⅲ　定額保険契約……………………………………………… 323
　1　定額保険契約の類型と性格……………………………… 323
　2　保険金受取人……………………………………………… 324
　　(1) 保険金受取人とその変更（324）　★**保険金受取人の変更をするにはどのような要件が必要か**（325）　(2) 保険金受取人の地位（326）
　3　告　知　義　務…………………………………………… 326
　4　モラルリスク……………………………………………… 328
　　(1) 総説（328）　★**モラルリスクにいかに対処するか**（328）
　　(2) 故意の保険事故招致免責（328）　(3) 重大事由による保険者の解除権（329）

▼参考文献（331）
▼事項索引（334）
▼判例索引（346）

▶ 略 語 例

▷法令名の略語

商法の条文は，原則として，条数のみを引用する。

それ以外の法令名の略語は，原則として，有斐閣六法の略語を用いる。

民法・商法については必要に応じて改正年を示したが，それ以外は平成29年・30年改正後の条文を引用した。

▷判例引用等の略語

大連判	大審院連合部判決	高　判	高等裁判所判決
最大判	最高裁判所大法廷判決	地　判	地方裁判所判決
最　判	最高裁判所判決		

*

民　集	大審院民事判例集，最高裁判所民事判例集	判決全集	大審院判決全集
		裁判所時報	裁判所時報
刑　集	大審院刑事判例集，最高裁判所刑事判例集	判　タ	判例タイムズ
		判　時	判例時報
民　録	大審院民事判決録	金　法	金融法務事情
刑　録	大審院刑事判決録	金　商	金融・商事判例
高民集	高等裁判所民事判例集	百　選	商法（総則・商行為）判例百選〔第5版〕
下民集	下級裁判所民事裁判例集		
集　民	最高裁判所裁判集民事	会社百選	会社法判例百選〔第3版〕
新　聞	法律新聞	保険百選	保険法判例百選
評　論	法律学説判例評論全集	争点Ⅰ, Ⅱ	商法の争点Ⅰ, Ⅱ
裁判例	大審院裁判例		

*

例　最判昭47・6・15民集26巻5号984頁〔百選9〕→最高裁判所昭和47年6月15日判決（最高裁判所民事判例集26巻5号984頁所収，商法（総則・商行為）判例百選〔第5版〕9事件参照）

序　商法を学ぶにあたって

(1)　商法は，諸君にとってもたいへん身近な法である。

たとえば，大学に通うときに，電車やバスを利用するであろう。その場合に電車やバスを利用できるのは，諸君が運送契約を締結しているからであり，運送契約は商法が規律する。また自分で車を運転する場合もあろう。自動車販売会社から車を購入するのは商事売買契約であるし，万一の事故に備えて自動車保険に入るのは，商法の一分野である保険契約の締結である。

さらに諸君の家族は，会社で働いている場合が多いだろうし，諸君自身も多くは，卒業後は会社への就職を考えているだろう。会社の組織・活動の法規制は，商法のメイン・テーマのひとつである。

手形や小切手は，確かに，今はなじみがないかもしれないが，会社に就職すれば，否応なしに取り扱う場合が生じ得る。手形・小切手を含めた有価証券の法規制は，これまた商法の重要部門のひとつである。

このように商法は，諸君にとっても非常に関係の深い法なのである。

　　　　　　　　＊　　　　　＊　　　　　＊

(2)　ところで諸君は，これから商法としていかなるものを学ぶことになるのだろうか。この問は，実は，商法とは何かという難問に答えることになるのだが，それは，第1編第1章にゆずることとして，ここでは，今後の勉強のめやすとしての一応のアウトラインを

示す。

　第1は，いわゆる商法総論，商法総則，商行為法，海商法，保険法の各分野である。このうち商法総論は，商法とは何かを論じ，その理論的・体系的把握を明らかにするもので，商法の出発点であるとともにその到達点でもある。これに対して商法総則，商行為法，海商法は，それぞれ商法典の第1編，第2編，第3編の諸規定を中核として構成され，また保険法（平20法56）は，2008年に商法から分離された新しいものとなったが，これらはいずれも商法の分野である。本書の商法Ⅰは，商法総論，商法総則，商行為法を中心に取り扱っている。

　第2は，いわゆる会社法といわれる法分野である。それは，会社法の諸規定を中心とする個別的・具体的法分野である。すなわち株式会社，合名会社，合資会社，合同会社の組織・運営・活動等の法規制の研究である。そして商法Ⅱが，この法分野を取り扱う。

　第3は，いわゆる有価証券法といわれる法分野である。それは，手形法，小切手法の諸規定を中心に構成され，手形・小切手の振出し・裏書・支払等の法規制を研究する。商法Ⅲの対象は，この法分野である。

　　　　　　　　＊　　　　＊　　　　＊

　(3)　これから学ぶべき商法の対象は，大要，以上のとおりであるが，それでは，今後，商法をどのようにして学んでゆけばよいだろうか。

　まず第1は，商法規制の内容を正確に学ぶことである。たとえば，諸君が乗っていた電車あるいはバスが事故をおこしたため，怪我を負い，その治療に多額の出費を要したとしよう。そこでその賠償を求めて運送事業者に請求したところ，当該事業者は，運送約款で責

任額を制限しているから、要求のすべてには応じられないという。この法的解決の行方を知るためには、商法の旅客運送に関する特約禁止（591条）の内容を知っていなければならない。したがって商法の勉強の第一歩は、商法にはどのような法規定が存在し、その内容はいかなるものかを正確に知ることが必要となる。

次に第2は、なぜそうした商法規制が設けられているのか、その理由を学ぶことである。たとえば、上で述べた商法591条の存在を知ってその規定内容を理解できたとしても、それだけで満足してはならない。もう一歩進めて、なぜ商法591条がおかれたのか、その理由を探究しなければならない。その場合に、できれば自分の頭でもその理由を考えてみることが望ましい。

そして第3は、規定の理由がつかめたら、今度は、自分の頭でその理由を批判的に検討してみることである。たとえば、旅客の生命・身体の保護はきわめて重要であるから商法591条があると説明されるが、果たしてその理由は合理的なものかをさらに自分で考えてみることである。

以上の3点を常に念頭において商法の勉強を進めることは、もちろん相当の努力を必要とする。しかし、それによって得られるものも決して少なくはないはずである。諸君の真摯な取組みが、大いに期待されるといわねばならない。

第1編 総　論

第1章　商法の意義

1　商法の意義とは何か

　商法とは何かを論ずることが,「商法の意義」の問題である。とこ　★
ろでわが国の大学の法学部あるいは法科大学院には必ず商法という
科目があり，また六法全書を開けば「商法」(明32法48) という制
定法があるので，商法の存在は自明であり，あらためてその意義を
論ずるまでもないようにみえる。しかし商法の研究において論じら
れる商法の意義の中心課題は，民法とは別個の一つの首尾一貫した
理念のもとに統一された独立の法システムとしての商法の存在が認
められるかである（場当り的に集められた世間知の単なる集合は，学問
とはいえない)。そしてこうした角度から商法の意義を検討すること
は，従来から実質的意義の商法あるいは商法の自主性の問題として，
大陸法系に属する国々（わが国もこれに属する）において大いになさ
れてきているのである。したがってここで問題とする商法の意義に
ついては，大学の授業科目として商法があることや,「商法」とい
う名称の法律があることは，意味をもたない。なぜなら，大学の科
目としての商法の存在は，大学の法学教育を効果的に行うためには
いかなる授業科目編成が適当かの問題であり（たとえば実質的意義の
商法の存在は否定しても，授業科目としての商法の存在を認めることはあ
りうる)，また「商法」という名称の法律，すなわち商法典が存在
するからといって，商法典に属する各種規定が首尾一貫した理念の

第1編 総論　第1章 商法の意義

表1　商法の意義

商法の意義
- (1) 形式的意義の商法→商法という名称を付して制定された法律，すなわち商法典を意味する。
- (2) 実質的意義の商法→首尾一貫した理念のもとの統一的な独立の法システムとしての商法を意味し，かかる商法の存在を認めることは，商法の自主性を肯定する立場となる。

もとに統一的に構成された独立の法システムをなしているとは限らないからである（商法典の中身は，実は理念の異なる種々雑多な各種法規定の寄集めにすぎないこともありうる。また実質的意義の商法の把握いかんによっては，商法典以外の法律も商法に属することになりうる）。

2　わが国の学説の状況

　首尾一貫した理念のもとに統一的に構成された独立の法システムとしての商法の存在について，見解は分かれている。わが国の学説は，古くは，商法を統一的理念のもとに独立したひとつの法システムとして把握することは不可能であるとする見解が有力であった。これに対して田中耕太郎博士が，一般私法の法律事実のなかで商的色彩を帯びるものが商法上の事実であって，その商的色彩に着眼することによって商法を統一的に把握できると主張してから（商的色彩論），大正末年から昭和15年前後ごろまでの学説は，商的色彩論に基づいて実質的意義の商法の存在を肯定する方向に大きく傾斜した。しかし，商的色彩論は商法の対象である生活関係の内容を積極的に確定することを放棄していると批判し，商法の対象を企業関係に求めるいわゆる商法企業法論が主張されるにいたって，商法を企業法として統一的に把握する見解が，現在では通説となっている。

3 企業法説の課題

このようにわが国の通説は、企業に特有な法システムとしての企業法の存在を主張し、実質的意義の商法を企業法ととらえて民法とは別個・独立の法分野の存在を認めようとしている（商法の自主性の肯定）。しかし **企業法説にも問題がないわけではなく、基本的な課題と** ★
しては、少なくとも次の二つの点をあげることができよう。

第1は、企業概念の定義である。企業概念は、まさに企業法説の中核をなすものであるから、そこで考えられている企業とは何かが明確な形で定義される必要がある。この点について、企業法説を支持する見解は、「企業とは資本主義経済組織のもとにおける1個の統一ある独立の資本的経済単位として、継続的意図で計画的に営利行為を実行するもの」とか、「一定の計画に従い継続的意図をもって営利行為を実現する独立の経済的単位をいう」という定義をするのが一般である。かかる定義のもとで、通常は、農林業経営者（鉱業経営者は商法典においても商人であるが〔4条2項〕、農林業経営者はそうなっていない）および自由職業者（弁護士、医師、建築家、音楽家、画家等は当該個人の主観的意図のいかんにかかわらず、その行為の客観的・社会的に「あるべき性質」から営業とは認められないと一般に解されている）は、ここでの企業には含まれないとされている。しかし前記のような企業の定義において、農林業経営者（とくに大規模な設備をもって経営する者）あるいは自由職業者が当然に除外されるものかは、必ずしも明らかではない（現に企業法説の論者のなかにはこの点の再検討を説く見解もある）。さらに根本的な問題としては、企業の定義がきわめて漠然としているため、経済活動主体のどの範囲までが企業とされ、あるいはされないかが不明確なことである。これは、とりもなおさず別個・独立の法システムであることの不明確さにつながる。したがって法概念としての企業概念を、いかにより明確化

するかは大きな課題である。

　第2に，実質的意義の商法を企業法とする以上は，そこで主張されている企業法は首尾一貫した理念のもとに統一的に構成された独立の法システムであることを明らかにする必要があるが，企業法説はそれを十分になしえているかである。すなわちその理念とシステムの構造は明確化されているかである。この点は，前述の企業概念をどのように構成するかの問題にも関連し，また民法，経済法，労働法，消費者法などの他の法システムとの関係をどう把握するかという法体系上の位置づけとも関係する困難な課題である（後記第4章2，22頁参照）。現時の企業法説は，未だ「その体系的全貌をほとんど示していない」のであり，企業法にはいかなる法規が包摂され，またそれらの法規がいかなる理念のもとに首尾一貫した独立の統一的な法システムとして構成されるかを十分な明確さをもってあきらかにすることは，やはり今後の課題といわざるをえないのである（なお後記第2章4，13頁参照）。

第2章 商法の形成と展開

1 総　説

　民法とは独立した一つの首尾一貫した理念のもとに構成された別個の統一的な法システムとしての商法という観念は、ヨーロッパの法律学に大きな影響を与えたローマ法にはないものであって、19世紀からはじまる大陸法系諸国の商法典の制定とともに生じたものである。そして商法典の制定が可能となるためには、商法典のなかに包摂される各種法規が量的にも相当蓄積されていなければならないが、それは、中世の商業都市においてギルドを組織し、自治のための規則を制定し、商人間の紛争を解決するみずからの裁判所をもち、商業活動に関する慣習をひろく形成させていた商人法（Lex Mercatoria）に由来するものが大きい。

　商人法は、基本的に階級法、すなわち商人階級の法であり、商人である以上はどこの国の商人に対しても適用がある普遍的な性質を有するものであったが、次第に国家の介入が強化されるとともに商人法の「国有化（nationalisation）」現象が進展していった。その代表例は、フランスのコルベール（Colbert）による1673年の陸上商事勅令（Ordonnance sur le commerce de terre）および1681年の海事勅令（Ordonnance sur le commerce de mer）である。そしてこの制定法による「国有化」の方向は、19世紀からはじまる大陸法系諸国の商法典の制定へとつながってゆくのである。

　これに対して英米法系の代表国であるイギリスにおいては、商人法の「国有化」現象は、大陸法系諸国とは全く異なる形であらわれ

た。すなわちコモン・ローが商人法を吸収してしまい，法制度としては，コモン・ロー（エクィティも含む）に一元化されたのである。このことは，まず17世紀におけるコモン・ロー裁判所による商事裁判所（The Court of Admiraltyがそれで，その名称にもかかわらず陸上，海上を含めた商事に関する民・刑事の一般的管轄権を有していた）の管轄権の大幅な奪取により，次いで，18世紀におけるマンスフィールド裁判官（Lord Mansfield）に代表される裁判官の判例を通じての商人法のコモン・ローへの吸収によって実現されたのである。そしてこのことが，英米法系の国々において実質的意義の商法＝商法の自主性という観念が認められない原因といいうるのである。

2 大陸法系諸国の商法典

★ **(1) 商法典の立法構造** 一般に，なんらかの立法を行う場合，誰に対して，またいかなる事項について法規定を設けるかが問題となるが，その場合に立法構造の基本を法規定の適用対象主体（誰に対してかの側面）において構成するか，それとも法規定の適用対象行為（いかなる行為かの側面）に重点をおくか，あるいは主体と行為に同等の比重をおいて立法するかという基本的に三つのアプローチが考えられる。もっともこの三つのアプローチは，立法の基本構造に何をすえるかという重点のおき方による区別であるから，たとえば主体に重点をおくアプローチがとられた場合に，その立法においてはおよそ行為に関する規定が排除されるというわけではない（その意味でこの区別は相対的なものである）。

ところで19世紀からはじまる大陸法系諸国の商法典の制定においても，この三つのアプローチのいずれかがとられることとなった。まず，主体に重点をおくアプローチによる商法典の代表は，1900年のドイツ商法である。すなわち商法典は，商法典の基礎をなす商

人概念（商法典の適用主体概念）を定義し，確定したうえで，その商人に関する法として構成される。したがって商法典は，基本的に商人を規制する法律であって，行為の規制は行為それ自体を問題とすることなく，あくまでも商人が行う行為という商人と関係づけられた行為のみを対象とするから，主体の規制が主であり，行為の規制は従という構造となっている。そしてこのような商法典立法のアプローチを主観主義（商人法主義）という。

これに対して行為に重点をおいた商法典立法のアプローチは，客観主義（商行為法主義）といわれ，その代表的立法例は，1885年のスペイン商法とされる。このアプローチでは，誰がその行為を行ったかを問題とすることなく，一定の範囲の行為を商行為と定義し，その商行為には商法典を適用するという立法構造がとられる。この場合でも必ずしも商人概念は排除されないが，それは商行為と関係づけられて導き出されるにすぎず，また商人の行為であっても商行為の定義に該当しない限り商行為とはされないから，行為規制が主であり，主体規制は従の法構造となっているのである。

最後は，折衷主義といわれるアプローチで，1807年のフランス商法がその代表とされる。この主義は，主体規制と行為規制の重点を同等において立法する主義である。換言すれば，このアプローチによる商法典は，商法典の構造上，主観主義と客観主義のいずれが優勢かが明確でないのである。これは，フランス商法典の立法者が，商人法の伝統につながる主観主義の立場とフランス革命における階級法を否定する思想につながる客観主義の立場（もっとも客観主義は近代の社会経済活動の発展・拡大を考慮すれば伝統的な商人のみを規制の対象とする商法典では不十分であるとの正当な認識をも背景としている）との選択に直面し，結局，商人概念も商行為概念もともに商法典の基礎にしたものとみられる。

(2) **わが国の商法典の構造**　　わが国の商法典に関しては，まず明治23年に成立したドイツ人ヘルマン・レースラーの草案に基づく商法典（明23旧商法）がある。しかしこれは，施行延期論によってその一部（会社・手形・破産に関する諸規定）のみが明治26年に施行されたにとどまった。次いで明治32年に新たに商法典が制定・施行された。この商法典は，その後，いくたびかの改正を受けたが，現行法として妥当しているものである（現行商法）。もっとも注意すべきは，平成17年6月に会社法（法86）が成立し，これにより商法典の会社に関する規定はすべて削除されたことである。またこれとあわせて商法典第1編総則，第2編商行為第1章から第4章までの規定が口語化されるとともに若干の手直しをうけたことである。さらに平成20年には，保険法が商法典から分離されるとともにその現代化がはかられた。今後も商法典から現代化されるべき法分野が分離・独立した単行法として成立していくことが予想される状況にある。もっとも平成30年商法改正は，運送・海商を主たる対象とするものであったが，単行法として独立することなく，商法典にとどまるものとなっている。

　現行商法の構造は，1807年のフランス商法典と同様な折衷主義の立場にたっている。すなわち商人概念および商行為概念の二つが，商法典の基礎をなしており，商人か商行為かのいずれかを通して商法典の適用が決定される。商人概念は，商行為概念から導き出されるもの（固有の商人）とそれとは無関係に決定されるもの（擬制商人）とがある（第2編第1章，27頁参照）。商行為概念は，行為の主体が誰であるかを問わずに商行為とされるもの（絶対的商行為）および営業として反復されることによって商行為となるもの（営業的商行為）のほかに，商人がその営業のためにすることによって商行為となるもの（附属的商行為）がある（第3編第1章Ⅱ，144頁参照）。

3 英米法系諸国の状況

イギリスやアメリカにおいては，大陸法系諸国に存在するような商法典は存在しない。これは，既に述べたとおり，イギリスは，コモン・ローによる一元的な法規制を実現させ，アメリカは，それを基本的に継受したことによる。

4 比較法的にみた商法の意義

(1) 他の国々において実質的意義の商法の存在は認められているか ★

世界各国の法をみた場合に，商法典を有する国もあれば，そうでない国もある。もっとも商法典の存在は，単なる形式的意義の商法の存在にすぎないと考えれば，商法典を持たない国々をも含めて，実質的意義の商法の存在が認められるかが問題となる。

まず商法典を有する国々，とくにドイツ，フランスの学説の現状は，実質的意義の商法の存在を多くは肯定する。しかし実質的意義の商法をいかなる理念のもとに統一的に把握するかについては，大いに見解が分かれている。たとえばその場合のアプローチにおいても，主観主義的な方向と客観主義的な方向との対立があり，また新しい理念としての経済法あるいは企業法として再構成しようとする立場もあるが，多くの支持をえた通説的な見解は，いずれにしろまだ存在していない。

これに対して英米法系諸国の学説は，一般民事法とは別個の首尾一貫した理念に基づく統一的な法システムとしての商法が存在するとは考えていない。これらの国々においても，確かに，経済取引活動に関する特別な法規が種々存在するが，これら法規の全体を一定の理念のもとに統合し，体系化して，一般民事法とは異なる別個独立の法システムが存在するとの見解は，みられない。また，"Commercial Law (Commercial Transactions)" とか "Mercantile Law" と

か "Business Law (Business Transactions)" とかの用語や，そうした名称を付した書物もあるが，そうした用語が示すものあるいはそうした書物が取り扱っている事項は，大陸法系の商法が対象とするものよりもはるかに断片的であり，またかかる用語を用いる者によっても取り扱われる事項自体が相当に異なっている。要するにこれら用語の意味するものは，大陸法系で観念される実質的意義の商法とは全く異なるのである。さらにたとえばアメリカには統一商事法典（Uniform Commercial Code）があるが，大陸法系諸国の商法典とは形式・内容ともに大きく相違している（各州によって採用されるべきモデル法であり，その内容もたとえば会社法は含まれていない）。

ところで大陸法系諸国のなかでも，北欧諸国，スイス，イタリアなどでは，商法典は存在せず，民商二法が統一されている。したがってこれらの国々では，形式的意義の商法は存在せず，実質的意義の商法という観念については，一般には否定する見解が支配的であるとされている（スイスおよびイタリアでは，とくにこの点について議論がある）。

(2) わが国における今後の取組み　このようにみてくると，実質的意義の商法＝商法の自主性という観念は，必ずしも普遍的なものではないし，またその具体的内容についても必ずしも確定的なものはない状況にあることが理解できる。そうだとすればわが国においても，現代における商法とは何かを考えるにあたって，実質的意義の商法という観念をその維持の是非をも含めてあらためて根本的に検討し直してみる必要があるようにも思われる。

第3章 商法の法源

1 総　説

　商法を含めて，そもそも私法の法源をどのように理解するかは，とくに慣習，条理，判例，学説の法源性をめぐって，大いに争いのあるところである。こうしたいわゆる法源論そのものの問題については，民法において既に学んだものとして，ここではその点にはふれずに，通常，商法の法源としてあげられている商事制定法，商慣習法，商慣習，商事自治法に関する説明に入ることとする。

2 商事制定法

　(1)　商法典　　わが国の現行商法典は，明治32年制定当時は，第1編「総則」，第2編「会社」，第3編「商行為」，第4編「手形」，第5編「海商」の5編からなっていた。しかし昭和9年にジュネーブ統一条約を摂取した手形法（昭7法20），小切手法（昭8法57）の施行により，第4編「手形」が削除され，第5編「海商」が第4編にくり上げられた結果，4編構成となった。その後，平成17年6月に抜本的な現代化をはかる会社法が成立したことにより，商法典から会社に関する規定が削除されたことにともない，それぞれくり上がって，現在では，第1編「総則」はそのままであるが，第2編「商行為」，第3編「海商」の3編構成となった。また平成20年には，保険法が成立し，第2編「商行為」からその第10章保険が削除された。そして平成29年民法（債権関係）改正により，第2編「商行為」第1章総則の商事法定利率，商事消滅時効等につき削除

等がなされた。さらに平成30年商法改正により，第2編「商行為」のうち第8章運送営業等および第3編「海商」が現代化された。

現行の第1編「総則」の規定は，商法の適用関係を定める通則（第1章）がまずおかれ，次いで商法典の基礎をなす商人の意義を定めたうえで（第2章商人），商人の営業の公示制度（第3章商業登記），その人的および物的要素（第4章商号，第5章商業帳簿，第6章商業使用人，第7章代理商）がある。第2編「商行為」は，第1章総則において商法典のもう一つの基礎をなす商行為の意義および若干の通則を定め，商事売買（第2章），商人の営業に関する特別な制度（第3章交互計算，第4章匿名組合）について規定したのち，いくつかの典型的な営業取引に関する定めをしている（第5章仲立営業，第6章問屋営業，第7章運送取扱営業，第8章運送営業，第9章寄託）。また陸上保険契約法は，商法典から分離・独立して単行法としての保険法となったことは，前述の通りである（もっともその体裁は，陸上保険法に特化するものではなく，保険契約全体をカバーしており，海上保険法にも適用がある形となっている〔815条2項参照〕）。商法典の第3編「海商」は，海上営業の人的および物的要素を定め（第1章船舶，第2章船長），海上営業活動ないしそれに関連する規定をおく（第3章海上物品運送に関する特則，第4章船舶の衝突，第5章海難救助，第6章共同海損，第7章海上保険，第8章船舶先取特権及び船舶抵当権）。

(2) **商事特別法**　これは，大別して，二つのグループに分けることができる。

第1は，商法典の付属法令であって，商法施行法（明32法49），商業登記法（昭38法125）などである。

第2のものは，商法典の規定を補充・変更する特別法で，この数はきわめて多い。若干，それらを列挙すれば，次のとおりである。まず商法総則関係では，不正競争防止法（平5法47）があり，会社

関係では，会社法（平17法86），担保付社債信託法（明38法52），産業活力再生特別措置法（平11法131），金融商品取引法（昭23法25），社債，株式等の振替に関する法律（平13法75）などが，商行為関係では，銀行法（昭56法59），信託業法（平16法154），投資信託及び投資法人に関する法律（昭26法198），外国為替及び外国貿易法（昭24法228），輸出入取引法（昭27法299），商品先物取引法（昭25法239），宅地建物取引業法（昭27法176），鉄道事業法（昭61法92），鉄道営業法（明33法65），道路運送法（昭26法183），貨物利用運送事業法（平元法82），貨物自動車運送事業法（平元法83），倉庫業法（昭31法121），旅行業法（昭27法239），消費者契約法（平12法61），金融商品の販売等に関する法律（平12法101），割賦販売法（昭36法159），特定商取引に関する法律（昭51法57）などが，海商関係では，国際海上物品運送法（昭32法172），船舶の所有者等の責任の制限に関する法律（昭50法94），船舶油濁損害賠償保障法（昭50法95）などがある。また保険関係では，保険法（平20法56），また平成7年に全面的に新しくなった保険業法（平7法105）があり，保険募集の取締に関する法律（昭23法171）は廃止・統合された。さらに有価証券法関係では，既にふれた手形法，小切手法および拒絶証書令（昭8勅令316）などがある。

(3) 商事条約　一般に条約は，そのままでは国内で適用・執行できず，国内法への編入が必要である。その場合に，条約の形では国内法として適用できず，したがってその内容を法律の形式に変えなければならないとする国（たとえばイギリス）もあるが，わが国の場合は，法律へ形を変えなくとも，国会による条約の承認とその公布を経るだけで，条約をそのままの形で国内法に編入しうるとしている（アメリカ，フランス，ドイツ，ロシア等も同様）。もっとも条約がそのままの形で国内的効力を有するにいたっても，それだけで内容

的にも国内法として実施できるとは限らない。すなわち条約の多くは，国家相互間の権利義務を定めているからであり，一般には，条約の内容を私人対国家機関あるいは私人相互の法律関係に及ぼすためには国内法による補完・具体化措置が必要とされる。手形法，小切手法のもとになったジュネーブ統一条約は，まさにこのタイプの条約で，条約の批准・公布がなされた（手形条約は昭8条4，小切手条約は昭8条7）が，商法の法源となるのは，条約ではなく，手形法，小切手法である。

これに対して条約のなかには，国内法の補完・具体化措置がなくても，その内容をそのままの形で実施できるものがあり，これを自動的執行力のある（self-executing）条約という。したがってこのタイプの条約は，そのままの形で商法の法源となる。こうした商事条約としては，船舶衝突ニ付テノ規定ノ統一ニ関スル条約（大3条1），海難ニ於ケル救援救助ニ付テノ規定ノ統一ニ関スル条約（大3条2），国際航空運送についてのある規則の統一に関する条約（いわゆる1929年ワルソー条約・昭28条17），1929年10月12日にワルソーで署名された国際航空運送についてのある規則の統一に関する条約を改正する議定書（いわゆる1955年ハーグ改正議定書・昭42条11），国際航空運送についてのある規則の統一に関する条約（いわゆる1999年モントリオール条約・平15条6）などがある。さらに2008（平成20）年にわが国が加入した国際物品売買契約に関する国際連合条約（いわゆるウィーン売買契約・平20条8）も同様である。

3 商慣習法・商慣習

商慣習法とは，商慣習が一般的な法的確信に支えられている場合，すなわち商慣習が法規範として承認され，強行されるようになったものである（慣習と慣習法とに関する一般的議論は民法の講義にゆずる）。

したがって法規範としての効力を有しない商慣習とは異なり，法律がそれによることを規定していない場合でも，また当事者間でそれによる旨の合意をしていない場合でも，法規範として適用されうる。また商慣習法の存在およびその内容は，訴訟において当事者が立証責任を負わされるものではなく，裁判官が，法律の場合と同様に，自ら探知し，適用すべきものである。

商法は，元来，商人法としての慣習法に起源を有するし，また商法の対象とする領域は，時代の進展とともに大いに変化しやすく，制定法規が実情にそぐわなくなることも多い。したがって商法は，商慣習法・商慣習に対して重要な役割を認めている（後記**第4章** 3(2)，24頁参照）。

わが国で実際に認められた商慣習法の例としては，次のようなものがある。すなわち，白地手形（大判大15・12・16民集5巻841頁），白紙委任状付記名株式の譲渡（大判昭19・2・29民集23巻90頁〔百選1〕），再保険の場合に再保険金を受領した元受保険者による損害賠償請求権の行使（大判昭15・2・21民集19巻273頁）などである。

4 商事自治法

商取引に従事する職業団体あるいは会社などが自主的に規則を定め，関係者にその規則の遵守を求めることや，あるいは一定の商取引についてその契約内容を予め定型化した標準条項（普通取引約款または普通契約条款とよばれる。これらのなかで民法548条の2にいう定型約款に該当するものもあり得る）を用意しておき，契約を締結する場合には，その標準条項によることを求めることは，一般にひろくみられる現象である。もしこれら自主的規則あるいは普通取引約款が，関係者を法的に拘束する効力をもつならば，商法の法源として

商事自治法ということができる。

　まず団体が自主的に定める規則についてみると，会社の定款，証券取引所の業務規程，手形交換所の手形交換規則などが代表例として問題となる。こうした自主的規則は，沿革的には商人のギルド組織の規則のようにそれ自体で法的拘束力をもっていたが，商人法の「国有化」（前記第2章1，9頁参照）以後は，規則制定の根拠が法律中にあるか，あるいは，それによることについての当事者の合意があるか，それとも商慣習法として存在するかのいずれかでない限り，団体は法的拘束力のある規則を当然には制定できないと解するべきであろう（会社の定款および金融商品取引所の業務規程は法律がその作成を命じており〔前者については会社26条・575条，後者については金商81条2項〕，法律上の根拠があるが，手形交換規則には明文の法律上の根拠はなく，その法的拘束力の根拠については見解が分かれる）。

　次に普通取引約款であるが，現代社会においてはさまざまな取引分野においてきわめて広く用いられている（とくに運送，保険，倉庫，銀行取引などで顕著であるが，商取引の全般にわたっているといって過言ではない）。そこで普通取引約款の法的拘束力の根拠をどこに求めるか，また不当な約款をいかなる方法で合理的に規制するかなどの問題は，商法のみならず民法においても（普通取引約款は商取引のみに利用されるとは限らない）大いに議論のあるところである（この点については，争点Ⅰ2参照。また普通保険約款の拘束力について大判大4・12・24民録21輯2182頁〔保険百選2〕。さらに民法の定型約款の規律も参照）。

第4章　商法の適用

1　総　説

商法がいかなる場合に適用されるかの問題は、二つに分けて考えることができる。第1は、わが国の法体系のなかで商法は他の法といかなる関係にあるかという問題である。たとえば、独占禁止法は公正取引委員会が競争秩序維持の観点から事業者に対し事業譲渡命令を出せることを定めている（7条・8条の4・17条の2）が、この命令に従って行われる譲渡が、会社法467条1項にいう事業の譲渡に該当し、株主総会の特別決議を必要とするかは争いがあり、これは、商法の適用されるべき範囲を独占禁止法との関係でどこまでのものかと考えることによって決まる（会社法467条は会社が任意に事業を譲渡する場合の手続を定めた規定であって、公正取引委員会の審決のような行政処分による事業の譲渡の場合には適用がないと考えれば、会社法の適用はなく、独占禁止法のみの適用があることになる）。すなわち第1の問題は、わが国の法体系のなかで、たとえば商法と経済法のようにいくつかのそれぞれ独立した法システムの存在を認めた場合に、商法の適用される範囲はどこまでか、換言すれば、商法という法システムと他の法システムとの相互の関係はどう理解されるかということである。

これに対して商法の適用に関する第2の問題は、商法という独立した一つの法システムのなかにおける商法に属する各種法規の適用順序関係はどうなるかということである。いわば第1の問題が商法の適用に関する外部関係の問題であるとすれば、第2の問題は、商

法の適用に関する内部関係の問題ということができよう。

2 法体系における商法

(1) 民法との関係　商法と民法との関係を考える場合には，実質的意義の商法，すなわち民法とは別個・独立の法システムとしての商法の存在を認めるか（商法の自主性を肯定するか）否かによって大いに違いが生ずる。もし商法の自主性を否定するのであれば，商法典と民法典との関係は問題となることはあっても（商法の自主性を否定しても，制定法として民法典と別に商法典を認めることはありうる），商法と民法との関係という問題は生じないからである。これに対して商法の自主性を肯定するならば，商法と民法とを区別する基準を明確にしたうえで両者の関係を論ずる必要がでてくる。この点について一般に企業法説は，経済主体間の利益調整において民法も商法も同質であるが，企業を対象とする商法は，企業をめぐる経済主体間の利益調整をはかることに限られるのに対して，民法は，企業ということに限られない広く一般の経済生活をめぐる経済主体間の利益調整を行うことで両者は異なるとしている。そしてこのような意味で，民法は一般私法であり，商法はその特別法であるとするのである。

(2) 経済法との関係　経済法と商法との関係についても見解が分かれている。それは，既にみたとおり実質的意義の商法の理解に相違があるうえに，経済法の概念をどのように考えるかについても見解が分かれているからである。とくに商法を企業に関する法であるとすると（企業法説），経済法の中核をなす独占禁止法（独占禁止法が経済法に属することは，経済法の意義に関する立場の相違にかかわらず一致している）も同じく企業を対象とするから，両者の関係が問題となる。この点について，独占禁止法も商法の体系に属するとの

見解と，法規整の理念が相違する（商法は企業をめぐる経済主体間の利益調整と関係経済主体間の権利義務秩序として規整するのに対し，独占禁止法は公正競争による自由主義経済という実質的な経済秩序を実現するための法規整であるとする）として，これに反対する見解が対立している。

(3) 労働法との関係　　労働法と商法との関係についても問題がある。労働者は，企業の人的要素であり，商法が企業に関係する法であるとすれば，労働法もそのなかに含まれうる可能性があるからである。とくにドイツのように共同決定法による労働者の経営参加が認められる場合には，商法と労働法との関係の問題はより困難となってくる。もっともこうした労働者の経営参加の法制化の動きは，わが国では顕著ではなく，一般には，商法と労働法とはその規整の理念が相違する（労働法は基本的には労働者保護の観点からの市民法原理の修正をはかる）として，両者は別個のものと解されている。

(4) 消費者法との関係　　近時，とくに取引に関する分野（いわゆる商事取引に限定されない）において，取引の一方当事者が消費者である場合について，その保護をはかるための特別規定が設けられるようになっている（たとえば割賦販売法や特定商取引に関する法律など。また平成12年の消費者契約法の成立は重要であり，また同年の金融商品の販売等に関する法律も注目される）。こうした消費者の保護を目的とする一連の法規を消費者法というが，それが従来のものとは異なる独立の一つの法システムとして成り立つものか，また成り立つとしてその規整の理念・構造はどう理解すべきかは，現段階では必ずしも確定的なものとはなっていない。したがって商法との関係についても，必ずしも定説はない。

3 商法における適用順位

ここでの基本的問題は、商法という一つの法システムに属する各種法規、すなわち商法の各種法源の適用順位の検討である。

(1) 商事制定法　商事制定法は、商法典、商事特別法、商事条約（自動執行力のあるもの）からなるが、これらの間に内容上の牴触が生じた場合に、条約は法律に優先し、また特別法は一般法に優先するから、その適用順序は、次のようになる。すなわち、商事特別条約――商事特別法――商事一般条約――商法典の順序である。

(2) 商慣習法・商慣習　商慣習法については、第1に民法との関係が、第2に商事制定法との関係が、それぞれ問題となる。

第1の民法との関係については、商慣習法は、民法に規定がない場合のみならず、民法に規定がある場合にも優先して適用される。さらに商慣習法にいたらない商慣習も、民法との関係では同様に優先適用される。すなわち、商法1条2項は、商慣習に民法規定を改廃する効力を認めたことになり、法の適用に関する通則法3条（一般に、慣習法には制定法を改廃する効力を認めない趣旨を定めた規定と解されている）の例外を定める規定ということになる（平成17年改正前の商法1条2項に相当する規定においては、商慣習ではなく商慣習法が明定されていたが、現行規定では、それが商慣習に代わっており、学説は、その場合の商慣習は、商慣習法を意味するとの見解と、文字通り商慣習と解すべきとする見解に分かれている。本文にあるように後者の見解を支持すべきである）。その理由としては、まず商慣習法はそれ自体が法規範であることである。また商慣習は、商事に関して合理性がある。したがって、商事に関しては、広く一般の経済生活をめぐる経済主体間の利益調整を行う民法よりも、企業をめぐる経済主体間の利益調整を行う商慣習法・商慣習を適用するほうが、より合理的であることである。

第2の商慣習法と商事制定法との関係は，どうであろうか。平成17年改正前の商法1条は，商事制定法（同条の「本法」は商法典のみならずひろく商事制定法をいうと解される）がない場合に，商慣習法を適用すべきことを定めるが，商事制定法も商慣習法もともに存在する場合の適用関係については，直接にはなんらふれていなかった。この趣旨には変更がないと考えられるから，商慣習法と商事制定法との関係については，法の適用に関する通則法3条の慣習法に制定法を改廃する効力を認めない制定法優位主義の立場がそのまま妥当すると解される。したがって商事制定法は，商慣習法に優先して適用される（もっとも商慣習法は，商事制定法中の任意規定には優先するとの見解，さらには強行法規にも優先しうるとの見解も主張されている）。商慣習法が商慣習より優先することは，いうまでもない。

　(3)　商事自治法　　会社等団体の自主的に定めた規則あるいは普通取引約款のような商事自治法の適用関係については，これら自治法の法的根拠を何に求めるかによって異なる。たとえば，ある団体の自主的規則が法的拘束力を有する根拠が商慣習法に求められるとすれば，商慣習法の場合に検討したことがそこに妥当する。

第2編　企業主体としての商人

第1章　商人とその営業

I　商人の意義

1　固有の商人・擬制商人

(1)　商人と商行為の関係　　商人概念は商行為概念と並んで，商法を適用するための基礎概念である。商人であればその全法律関係に，一般法である民法を排して商法が適用されるものではもちろんない。商法が商人に関するある法律関係につき規定しているとき，商人のその法律関係に適用される。なお商行為概念についていえば，商行為であれば直ちに民法を排して商法が適用されるわけではないことは商人概念のときと同じであるが，商行為であるからといってそれだけで商法商行為編の規定のすべてが適用されるわけではない（第3編第1章II2, 144頁参照。商法第2編第5章仲立営業以下の各章および第3編海商の営業取引に関する規定は，相手方が非商人であっても，商法3条1項により商法が適用される）。商法総則は，主体が商人であるときに利用できまたは利用すべき制度に関する規定，また，商人が条文所定の行為をなしたときに適用される規定が大部分を占める。要するに，商人であること，商行為であることは，商法適用のための必要条件ではあるが，十分条件ではない。

商人には，絶対的商行為（501条）または営業的商行為（502条）

を業とする固有の商人（4条1項）と，非商行為を業とする擬制商人（4条2項）および外国会社（会社2条2号）を含む会社（株式会社・合名会社・合資会社・合同会社，会社2条1号・5条。11条1項かっこ書参照）がある（表2参照）。固有の商人は，商法典の構造が商行為と商人の概念を基礎としている折衷主義にあっては（第1編第2章2，10頁参照），商行為を業とする者を商人とするのが体系的で自然な見方であるためにそう呼ばれる。擬制商人は，上記の見方からは擬制的であるためにそう呼ばれる。なお，絶対的商行為と営業的商行為は固有の商人の基礎となるため，基本的商行為ともいわれる。

会社法（平17法86）施行前の商法（平17法87による改正前の商法）は，絶対的商行為・営業的商行為を社団で業とする会社（商事会社，平17改正前商52条1項）を固有の商人（平17改正前商4条1項）とする一方で，非商行為を業とし営利を目的（あげた利益を構成員に分配する目的をいう）とする社団で平成17年改正前商法により設立されたものを会社とみなして（民事会社，平17改正前商52条2項）擬制商人（平17改正前商4条2項）の一つとしていた。会社法は，会社（外国会社を含む）が事業としてする行為およびその事業のためにする行為は，商行為とするとしているので（会社5条），会社は事業目的が商行為であろうと民事行為であろうと商人である。従来，民事会社の事業目的行為について，商行為に関する規定を準用しており（平17改正前商523条），商事会社と民事会社に関して法律適用には差がなく，事業目的の差に法的意味はなかった。したがって，会社が典型的な営利事業の形態であることに着目して，当然に商人であるとする（形態商人）会社法のやり方には合理性があろう。

擬制商人には，店舗またはこれに類似する設備により，有償取得したのではない物品の販売を業とする者および鉱業を営む者の2種がある。固有の商人の営業はいわゆる二次産業，三次産業に属する

I 商人の意義

表2 商人と商行為の関係

```
                    ┌─ 絶対的商行為 501条
                    │
基本的商行為 ─────────┤                              業とする。         社団で業とする。      商人
                    │  営業的商行為 502条 ──────────────────────────  社団52条1項(商事会社)  4条1項
                    │                                                                      │
                    │     ①店舗による物品の販売                                              │
                    │     注(1)                                                            │
                    │     ②鉱  業                                                  擬制商人
                    │                                                              4条2項
                    │     ③非商行為を営利目的で業とする社団                          注(3)
                    │     旧52条2項(民事会社)
                    │     注(2)
                    │
        注(3)       │                                       営業のためにする。
        ┌──────────┤                                       付属的商行為
民 事 行 為         │  準商行為                                503条
                    └─ 旧523条
```

会社は、会社という法形態を採るだけで完全商人(形態による商人)。事業目的が商法の商行為であるときはもちろん、商法の商行為でない(民事行為)としてあってもそれは商行為とされ、事業のためにする行為も商行為(会社5条)。
会社は小商人(7条)ではありえない。なぜなら、小商人は商号を使用することはできるが(11条1項)商号を登記することはできない(7条・11条2項)からである。しかし、会社は商号を登記しなければ成立しない(会社6条・49条・579条・911条3項2号・912条2号・913条2号・914条2号)。

注 (1) 有償で仕入れた物品を販売すれば、501条1号を営む固有の商人となる。
    (2) 昭和13年の商法改正の際の立法上の不備で、①②の非商行為を準商行為とすべきであった。
    (3) 擬制商人の営業のためにする行為は商行為だが、営業目的行為は非商行為。

29

(第3編第1章Ⅱ表5,146頁参照)。擬制商人の営業は農・林・水産・鉱業など一次産業ないし原始産業に属するが,近代的なその企業設備(店舗,鉱業施設)に着目すると,これを民法の領域においておくよりは,商法の適用分野に入れるのが適当とされたものである(昭和13年改正による)。

擬制商人も商人であり,その営業のためにする行為は附属的商行為(503条)である。したがって,「商人」を問題とする商法の規定は適用されるし,「商行為」を問題とする規定も附属的商行為には適用される。しかし,擬制商人の営業目的である行為は,非商行為であるから,このままでは「商行為」を問題とする商法の規定は適用されない。たとえば,擬制商人が営業資金を借り入れるのは附属的商行為で,商行為に関する規定の適用があるのに,営業目的である物品・鉱産物の販売にはその適用がなく,民法の適用をみるというのは均衡を失するといえよう。商事会社と擬制商人である民事会社を観念していた平成17年改正前商法は,非商行為である民事会社の営業目的行為に商行為に関する規定を準用することにしていた(平17改正前商523条,準商行為)。しかしそれだけでは,同じ擬制商人でも,店舗販売業者や鉱業者の営業目的行為である販売行為は,条文上は準商行為でないことになるが,それは立法の不備であるとし,これも準商行為と解するのが通説であった。会社法が会社はすべて商人とし,事業としてする行為(営業目的行為)も事業のためにする行為もすべて商行為としたこと(会社5条)に伴って,平成17年改正前商法523条は削除された。擬制商人の営業目的行為については平成17年改正前商法523条の類推適用の余地もなくなったから,擬制商人の販売行為については民法の適用を認めざるをえないという問題を生じた。ある法律事実に民法を適用するか,商法を適用するかで大きな違いがあるものとしては,商事法定利率

(514条)・商事時効（522条）の適用の有無であるが，この点は平成29年の民法（債権関係）改正と商法改正（施行は共に平成32年4月1日）により，商事法定利率に関する現行商法514条，商事時効に関する現行商法522条は共に削除され，法定利率は改正民法404条に，消滅時効期間は改正民法166条・167条に一本化されて，この問題は一般的に解消している。擬制商人の営業目的行為（販売行為）につき民法の適用がある場合の時効期間（現行商522条ただし書，現行民173条1号）に関しても，平成29年改正民法は現行民法170条〜174条の短期消滅時効に関する規定を削除しており，擬制商人の営業目的行為には民法の適用，附属的商行為には商法の適用という問題は生じないことになる（時効期間は改正民法166条1項1号のいわば5年）。平成29年の民法改正・商法改正後も商法商行為編総則の規定で商行為に着目する規定（とくに511条・515条。たとえば，擬制商人が自作の農産品を，商人でない自然人に売却する行為につき，商人でない自然人が保証するときの保証は，連帯保証となるか否か）に関してはなお問題があろう。

ただ，擬制商人を商人とする商法の規定の趣旨から，その営業目的とする行為についても商行為の規定は適用されるとの見解も有力である（第3編第1章Ⅱ7, 148頁）。

(2) **商人とはなにか** 固有の商人の定義（4条1項）によると，固有の商人は商行為を，第1に自己の名をもって，第2に業とすることが要件である。擬制商人の定義（4条2項）の仕方は異なるが，「商行為」を「その目的行為（物品・鉱産物の販売）」に代えれば，上記第1, 第2の要件は同じといってよい。「自己の名をもって」とは，行為から生ずる権利義務の帰属主体となることをいう。ほとんどはその行為から生ずる経済的損益の帰属主体でもあるが，それが要件であるとは解されていない。行為から生ずる権利義務の主体で

あるかどうかは、具体的な場合の事実により判断されるが、たとえば営業に資格を要するとき、官庁への届出名義が資格者とされていてもそれが決定的なわけではなく、現実に権利義務の主体として取引している者が商人である。

「業とする」とは営業とすることであり、営利の目的で同種の行為（数種でよい）を計画的に反覆、継続することをいう。営利の目的とは収支の差額を利得する目的である。営利の目的があれば他の目的、たとえば公益・政治・宗教的目的が併存してもよい。営利の目的は、計画的に反覆、継続されるべき行為の全体についてあればよく、その一環としてなされたものであれば、最初の行為もここにいう業としてなされたものと解される。営利の目的があれば実際には損をしても構わない。あげた利益をどう使うかは問題とならない。継続の期間の長短も問わない。

営利の目的でよく議論されるのは、弁護士、医師、芸術家などのいわゆる自由職業である。その事業は商行為（501条・502条）といえず、擬制商人の営業（4条2項）でもないことがほとんどで、商人たることの要件としての営利の目的を議論しても、法の解釈・適用上の実益はほとんどない。一般に自由職業はその個性的性格と、その歴史的発展に鑑みて、社会観念上あるべき姿としては営利であるべきでなく、それ故主観的にはともかく、客観的には営利の目的はないものとされる。ただ、医師による入院施設のある病院の経営（502条7号参照）、画家、陶芸家の自作品の店舗販売（4条2項前段参照）などでは問題があり、当該職業そのものとは別途の業として、営利の目的を認めるべきであろうか。

なお、ここにいう営利の目的の営利と、会社は営利社団法人であるというときの営利とは混同しないことが必要である。後者の営利性は、会社が前者の営利の目的であげた利益を、構成員（社員）に

2 小 商 人

　商人でも、営業の用に供する財産の最終営業年度の貸借対照表計上額が50万円（商則3条1項2号、開業早々のときは開業貸借対照表による、同1項かっこ書）以下の者を小商人といい、小商人には、未成年者登記（5条）・後見人登記（6条）・商業登記（8条～10条）・商号の登記（11条2項）・商号の譲渡と登記（15条2項）・商号の譲受人が譲渡人の債務につき責めを負わないための登記（17条2項前段）・商業帳簿（19条）・支配人の登記（22条）の規定は適用しない（7条）。あまりに小規模な商人に商号等や支配人の登記、商業帳簿に関する規制を及ぼすと、その者にとっては煩瑣であり、また酷でもあるからである（もっとも、小商人の判定基準として、小商人に適用がないとされる商業帳簿の貸借対照表〔7条・第5章（19条2項）〕によっているが〔商則3条1項〕）。

　平成17年改正前は、小商人には商業登記、商号および商業帳簿に関する規定は適用しない（平17改正前商8条）とやや漠と規定していた。そのため、商号に関する規定のうち他人の商号や第三者を保護する規定は小商人にも適用を認めねばならず、支配人に関しては、その登記の必要性（平17改正前商40条）との関係で、小商人は支配人制度を利用できないものと解されてきた。また、表見支配人に関する規定は裁判外の行為について支配人と同一の権限を有するものとみなすとしていたので、この規定も小商人には適用がないのか、という問題が生じていた。

　平成17年改正法は、小商人に適用のない条文を個々的に列挙することにより（7条）、改正前商法にあった問題点を整理した。商号に関して、他の商人と誤認させる名称・商号の禁止（12条・13条、

ほぼ平17改正前商21条・22条後段に相当),名板貸人の責任(14条,ほぼ平17改正前商23条に相当)は,小商人に適用されることを明らかにしている。また,平成17年改正前商法では小商人に商号の規定が適用されないので,営業上の名称を付しても商号といえなかったが(屋号),平成17年改正法は小商人も商号を選択できることを明示した(11条1項)。しかしその登記はできない(7条・11条2項)。なお,会社はその名称を商号とし(会社6条),商号は必ず登記しなければならないから(会社49条・579条・911条3項2号・912条2号・913条2号・914条2号),いかに小規模なものであっても,小商人ではありえない。営業の用に供する財産の年度末貸借対照表計上額は年毎に変わるから,ある者がある年度は小商人であり他年度はそうでない商人(完全商人という)であるという問題はありうるが,平成17年改正前商法施行法3条は資本金額(営業財産の現在価格)によっていたので,小商人か否かは日々変わりえたのに比べれば安定的であるといえよう(会社法においても,大会社か否かは年度毎に変わりうる〔会社2条6号〕)。

支配人に関しては,小商人もそれを選任できることを明らかにし(20条),ただその登記はできないものとする(7条・22条)。表見支配人については,営業所の主任者であることを示す名称を付した使用人は,当該営業所の営業に関し,一切の裁判外の行為をする権限を有するものとみなし(24条),小商人にも適用あることを明らかにしている(7条)。

小商人も商人であるから(502条ただし書対照),その他の商法の規定は適用がある。たとえば,小商人が所定の契約の申込みを受けたときは諾否通知義務があり(509条),商人間留置権(521条)が認められ,売主が商人であるときは小商人たる買主に目的物の検査・通知義務(526条)がある。

II　商人資格の得喪

1　自然人の商人資格

　自然人は権利能力に制限がなく（民3条），年齢，性，行為能力の有無にかかわりなく，商法4条の要件をみたすことにより，みな商人となりうる。商人「資格」といっているが，商人といえるために法律上要件とされている事実があるかどうかの問題であり，同条の要件事実を備えたときに商人資格を取得し，喪失したときに商人資格を失う。

　自然人が商人であっても，その生活関係がすべて商人としてのそれではなく，別に一般的私的な非商人としての生活関係が存しうる（503条2項参照）。

　いつから商人資格を取得するか　は，商法4条の要件中の業とする，　★
すなわち営業すると何時からいえるかの問題である。業とする，営業するとは，前述のように，営利の目的をもって，同種の行為を，計画的に反覆，継続することであり，営利の目的は計画的に反覆，継続される行為の全体についてあればよく，反覆を予定される行為の第1回目も，業とする商行為であった。そこでは，行為者の計画，予定する営業目的行為についての意思の契機が問題となるといえる。そうすると，営業目的行為は未だなされなくとも，計画，予定する営利の目的は，その前にも開業準備行為，たとえば営業施設，設備の購入・借入れにより既にして実現しているのではないか，換言すれば，反覆，継続すべき営業目的行為により利得する意思は，開業準備行為などにより既に明らかになっているといえないか，そしてその時から商人といえるのでないか，さらに，その開業準備行為などは，その商人の附属的商行為（503条）といえるのではないか，

が問題になる。特定の営業を開始する目的で，その準備行為をなした者は，その行為により営業を開始する意思を実現したもので，これにより商人たる資格を取得し，その準備行為もまた商人がその営業のためにする行為（503条）として商行為となる（最判昭33・6・19民集12巻10号1575頁〔百選3〕）。

裁判でよく問題となるのは，開業準備行為やさらにその準備行為ともいえる，たとえば資本調達のための借入行為について，それが附属的商行為として，商事時効（522条），商事利率（514条），商行為債務・商事保証の連帯性（511条）の適用があるかどうかをめぐってである。ただし，前述のように（Ⅰ1(1), 31頁）平成29年の民法改正と商法改正により，現行商514条・522条は削除され，法廷利率は民法404条，時効期間は民法166条・167条に一本化されているから，利率・時効の問題は立法的に解決を見た。

具体的に，何時から商人といえるかについては，①営業自体をする必要はないが，営業の意思を，店舗の開設，開店広告等により外部に発表することを要するとする表白行為説，②準備行為により営業意思を主観的に実現すればよいとする，営業意思主観的実現説，③営業意思が客観的に認識可能であることを要するとする，営業意思客観的認識可能説，④その客観的認識の可能性を，開業準備行為自体の性質に見出し，たとえば，営業設備のある営業所の借受や営業譲受契約などの準備行為は商人資格を取得させ，商人の附属的商行為となるが，営業資金とする目的での金銭の借入れのごときについては否定する説，⑤第1に，営業意思が開業準備行為によって主観的に実現されれば，それだけで相手方は，準備行為者の商人資格と準備行為の附属的商行為性を主張でき，第2に，営業意思が特定の相手方に認識可能であった場合には，行為者も，相手方に対して準備行為による自己の商人資格の取得と，その附属的商行為性を主

張することができ、第3に、商人であることが一般に認識可能の段階になったときは、その者の行為について附属的商行為の推定（503条2項）が生ずるとする、段階説ないし相対説、がある。

判例には変遷があり（先の①、②）、その後の到達点の評価もむずかしいが（前掲最判昭33・6・19〔百選3〕参照）、基本的には③説に立脚するといえ、次のように判示している。「準備行為は、相手方はもとよりそれ以外の者にも客観的に開業準備行為と認められうるものであることを要すると解すべきところ、単に金銭を借り入れるごとき行為は、特段の事情のない限り、その外形からはその行為がいかなる目的でなされるものであるかを知ることができないから、その行為者の主観的目的のみによって直ちにこれを開業準備行為であるとすることはできない。もっとも、その場合においても、取引の相手方が、この事情を知悉している場合には、開業準備行為としてこれに商行為性を認めるのが相当である」（最判昭47・2・24民集26巻1号172頁）。

ある法律効果（ここでは商人であること）を生ずべき要件事実が意思ないしその実現であるとき（ここでは計画的に予定された営業目的行為による営利の意思ないし営業意思）、その意思は行為の相手方に行為時の事情から客観的に認識できるものでなければならないから（同様のことは、非商人の絶対的商行為〔501条1号2号〕にもいいうる）、③説が基本的に妥当であろう（客観的に認識可能であることを要するのは、相手方が開業準備であることを認識して当然だということを要求しているのであるから、判例のいうように、相手方がそれを知悉しているなら十二分である）。学説では⑤説が最近は有力である。しかし、商人か否かは商法4条の要件事実をみたすか否かの事実の存否の問題であるのに、法律の規定なしに、事実の主張の可否の問題、すなわち対抗の問題として扱う点（②にいう主観的意思実現で商人としての要件事実を

みたすとしながら，行為者にはその主張を許さないという点）に問題があろう。

商人資格の喪失の時期は，営業目的行為の終了時ではなく，残務処理の終了時である。残務処理も附属的商行為となる。

2 法人の商人資格

法人はその存在目的によって権利能力が制限されると解されるから（民34条），営利社団法人（会社）を除いては，商人となりうるか否か問題がある。会社以外の法人について商人資格を肯定するときは，その取得，喪失の時期は自然人のときと同じである。

(1) 営利社団法人（会社）　営業（事業。会社法は，従来商法が会社の「営業」としていたもの〔平17改正前商245条1項1号〜3号など〕を「事業」に改めている〔会社467条1項1号〜3号〕）によりあげた利益を構成員に分配する営利社団法人である会社は，事業目的が何であれ（商行為でなくとも），その事業目的行為も，その事業のためにする行為も商行為とされるから（会社5条），自己の名を以て商行為をすることを業とする固有の商人である（4条1項）。なお，株式の発行については商行為か否か見解が分かれるが，その他の会社の法律行為はすべて商行為であるとするのが通説である。判例（最判平20・2・22民集62巻2号576頁〔百選36〕）は，会社の行為には，事業目的行為と事業のためにする行為以外に，会社の事業と無関係の行為があり，会社の行為はその事業のためにするものと推定されるから（503条2項），これを争う者は会社の事業と無関係であることの主張立証責任を負うとしている（結論は商行為性を肯定）。

会社は商人資格を離れては存在せず，商人資格はその設立によって取得され，その清算の終了をもって喪失する（会社49条・579条・476条・645条）。

(2) 公益法人　公益法人（一般法人1条，公益法人2条3号）の本来の目的である公益目的事業（公益法人2条4号・別表）は営利事業と相容れず（民33条2項参照），この限りでは商人資格は問題とならない。この公益目的の故に公益法人は営利事業を行えず，したがって商人とはなりえないとする説もあったが，多数説は，営利行為であげた利益を何に使うかは商人であることと関係しないので，本来の公益目的に資するためであれば付随的に営利目的で収益事業を営むことができ（私学26条参照），その範囲において商人となるとする。平成18年法（一般法人，公益法人）は，多数説の立場を採用している（公益法人5条7号）が，一般社団法人・一般財団法人には商法11条〜15条（商号の選定，名板貸人の責任，商号の譲渡等），19条〜24条（商業帳簿，支配人，表見支配人等）の規定は適用しないものとする（一般法人9条）。

(3) 中性的法人　協同組合（各種の協組法），労働組合（労組法），保険相互会社（保険業法）などは，その目的が公益ともいえず，また営利とも（利益獲得の意味でも，あげた利益の構成員への分配の意味でも）いえず，中性的法人といわれる。これら法人は，事業目的が特定され，それ自体は営利事業でなく，構成員の相互扶助ないし共通利益の促進，擁護であること，またそのうちには，資本主義経済制度にいわば弱者が対抗する存在として法人とされているものもあることから，目的事業については商人資格を否定するのが多数説である。判例も，信用協同組合（中協3条2項）は商人ではないとする（最判昭48・10・5判時726号92頁〔百選4〕）。もっとも，取引の相手方たる組合員が商人で，その商行為であるときは，商法3条1項により，商法522条の適用があるとされる（〔百選4〕）。

(4) 中間法人・一般法人　構成員の営利を目的とする営利法人と，公益を目的とする公益法人の間に，社員に共通する利益を図る

ことを目的とし，かつ，剰余金を社員に分配することを目的としない社団である中間法人がかつてあった（旧中間法人2条1号・3条）。中間法人法は廃止され（平成18年），それに該当するような社団は，定款の公証人による認証を受けて設立の登記をすることにより法人となり（一般法人10条・13条・22条），行政庁による公益認定（公益法人4条）を受けない一般社団法人となる（一般法人22条，一般法人整備法1条・2条）。社員の共通の利益を図る財政基盤を整えるために，商行為（501条・502条）を業とすれば商人となるが（なお，4条2項），商法11条〜15条，19条〜24条は適用がない（一般法人9条）。なお，公益事業を目的としない財団法人も認められ，定款（従来は寄附行為と称していた）の公証人による認証を受けて設立の登記をすると，行政庁の公益認定（公益法人4条）を受けない一般財団法人となる（一般法人152条・155条・163条）。「営利（あげた利益を構成員に分配するという意味における）財団法人」は概念としてありえないが，商行為を業として商人となりうることは社団法人と同じである。

(5) 公法人　　国および地方公共団体は，その存在目的が一般的で，その任務遂行の方法に制限がなく，営利目的で事業を営めば商人となりうる。バス，電車，地下鉄などの運送業（502条4号）が好例である。商法2条は公法人の商人性を否定する趣旨ではない。もっとも商人とされても，その組織・行為については公法に属する法令で規制されることがほとんどで，商法の適用をみることは多くないといえよう。

公法人でも，たとえば土地区画整理組合，土地改良区，水害予防組合などは，存在目的が限定され，存在目的と営利目的とは矛盾するので，商人となりえないと解されている。

(6) 特殊法人　　独立行政法人（住宅金融支援機構・都市再生機構など），公庫（日本政策金融公庫など），特殊銀行（日本銀行など）は，

その事業の公共的性格から，その設立は特別の法律によるもので，特殊法人と総称することができよう。これら特殊法人は，独立採算制をとるから収支相償うことを目標とせざるをえず，そこに営利の目的があるといえるから，その事業が商行為（501条・502条）のときは，商人となるとされる。

Ⅲ 営業能力

　自然人はみな権利能力があり，商人となりうることは前述したが，このことは自然人がすべて自らの営業活動によって，権利を取得し義務を負担しうることを意味しない。そのためには行為能力が必要で，これを営業能力と呼ぶが，営業能力の有無および範囲は行為能力に関する民法の一般原則による。商法は，営業能力の公示を中心に若干の特則をおく。

　営業能力の公示は商業登記による。登記簿に記録されている事項は，何人も手数料を支払うことにより，登記事項証明書の交付を受けることができる（商登10条）。一方，以下に述べる制限行為能力者等について，被補佐人・被補助人の制限される行為，補佐人・補助人に付与された代理権の範囲，任意後見人の代理権の範囲等が後見登記等に登記される（後見登記4条1項5号〜7号）が，登記事項証明書の交付請求できる者は，制限能力者，任意後見契約の本人及びそれらの配偶者と4親等内の親族並びに後見人，補佐人，補助人等に限られている（後見登記10条1項2項）。たとえば，任意後見契約の本人が商人であるとき，その任意後見人と取引に入る相手方は，任意後見人の代理権の範囲を確かめるため，当該本人または任意後見人に登記事項証明書を提出させるという手間がかかるという状況である（民事法務協会のインターネットを利用する登記情報提供制度〔第

4章Ⅱ3, 114頁〕の利用は, 同協会の業務規定により商業登記については会社の登記事項に限定されているため, できない)。

(1) **未成年者** 民法は, 一種または数種の営業を法定代理人に許可された未成年者は, 営業に関しては行為能力者とし (民6条1項), 商法はこの場合に登記を要求する (5条。「前条の営業」であるから, 商行為〔501条・502条〕に限らず, 擬制商人の営業も含まれる)。登記は商業登記簿中の未成年者登記簿になす (商登6条2号・35条〜39条)。営業許可は, 法定代理人において未成年者のために取り消しまたは制限することができる (民6条2項)。制限は, 許可した数種の営業 (商登35条1項2号) 中のいくつかを撤回することを意味する。ある種の営業につき, たとえば取引金額・取引種類について制限を加えることは許されないし, 登記もできない。

未成年者に代って法定代理人が営業することは当然できる。親権者がなすときは, 商法は公示は必要でないものとしている。未成年後見人がなすときは, 成年後見人が成年被後見人に代って営業するときと同じである ((2)参照)。

なお, 会社法584条は, 持分会社の無限責任社員 (合名・合資会社) となることを許された未成年者は, 社員の資格に基づく行為については行為能力者とみなしている。

(2) **成年被後見人** 成年被後見人の日常生活に関する行為以外は常に取り消しうるから (民9条), 自ら営業するに適さず, 後見人が代って営業するしかない (民859条。なお, 民864条参照)。このときは, 後見人登記簿に登記して公示することを要する (6条1項, 商登6条3号・40条〜42条)。後見人の代理権に加えた制限は善意の第三者に対抗できない (6条2項)。

(3) **被保佐人** 被保佐人が自ら営業すると, 行為の多くは保佐人の同意がなければ取り消しうる民法13条1項各号に該当し, 取

引の安全上望ましくない。また，保佐人は同意しない被保佐人の行為を取り消すことはできるが（民120条1項），法定代理人でないから，代って営業することはできない。被保佐人は制限行為能力者中で営業能力に関して最も不利な立場におかれかねない。そこで学説では，それぞれ難点がないではないが，次のような見解が主張されている。①保佐人の同意を得て支配人を選任し，自己に代って営業させる（包括的同意を許さない民法13条の趣旨に反する難点が指摘されているが，各種の営業行為をするのは支配人であって被保佐人ではないから，被保佐人の行為につき包括的同意を与えたことにはならないであろう）。②家庭裁判所の審判（民13条2項）と保佐人の同意を得て自ら営業する（5条・6条1項のような登記がないという難点）。③家庭裁判所の審判と保佐人の同意の下に支配人を選任する（②もそうであるが，民法13条2項は本来，被保佐人の行為能力をさらに制限するための規定であるという難点）。

(4) **被補助人**　民法13条1項所定の行為のうち，補助人の同意がないと取り消すことができる行為（民17条）が被補助人の営業に関わるときは，被補助人は被保佐人と同様の地位に立つ。被保佐人について述べた①の方法（補助人の同意と支配人選任）によるべきであろう。

(5) **任意後見契約の本人**　任意後見契約は，本人と契約の発効後に任意後見人となる者との契約であるが，当該契約は公正証書によらねばならず（任意後見3条），証書を作成した公証人は登記所に任意後見契約の登記を嘱託しなければならず（公証人57条の3），当該契約は家庭裁判所による任意後見監督人の選任により効力を生じるが（任意後見2条1号），この任意後見監督人の選任は家庭裁判所の書記官の嘱託により（先の登記の変更登記として）登記される（家事116条・別表第1の111番）。任意後見契約は，任意後見人の代理権

の範囲を予め定めておくこと（後見登記5条4号5号参照）に意義があるのであるが、それが本人の営業の代理権であるときには、当該営業と取引関係に入る第三者にとっては重要性をもつ。法定後見のときの後見人の代理権は被後見人のすべての取引行為に及ぶから数人の後見人がいるときの代理権行使の方法のみが後見人登記簿で公示される（商登40条1項5号〜7号参照）だけである。数人の任意後見人がいるときの代理件行使の方法もやはり登記されている（後見登記5条5号）。しかし登記事項の公示の観点からは、法定後見の場合は何人も登記事項証明書の交付を請求できる（商登10条）のに対し、任意後見のときは、登記事項証明書の交付を請求できる者は、「何人も」の語にかかわらず、後見登記法10条1項各号の者（すでに登記されている本人・任意後見人・任意後見監督人、本人の配偶者・4親等内の親族等）に限られている点は問題があろう（本人のプライバシー保護の観点からはこの限定も理解できるが、その点は法定後見の場合も異ならないか、より強い）。要するに、任意後見契約の発効後に任意後見人と取引に入る者は、任意後見人または本人が用意した登記事項証明書により任意後見人の代理権の範囲を確認するしかないことになる。

Ⅳ 営　業

1　序　論

　商法は各所で「営業」の語を用いる。502条をはじめその多くは商人の主観的な営業活動を指すが（5条・6条・14条・19条2項3項・20条・512条・513条2項など）、商人の有する客観的な営業上の財産を指すこともある（15条〜18条）。なかには、双方を指していると解してもよいものもある（21条1項・503条など）。もともと、

主観的意義の営業と客観的な意義の営業とは，営業上の財産なくしては営業活動は不可能に近く，営業活動の成果は営業上の財産を増大または減少させ，ひき続く営業活動の基礎となる，という意味で相互に密接な内的関連を有している。商法は営業自体を基礎概念とするものではないが，基礎概念たる商人とそのなす商行為とを営業において結びつけ，この営業の語を用いて諸種の規制を行うことがある。そのために，見方によっては営業自体が独立の法的主体のようにもみえる。たとえば，商号・営業所・商業帳簿などは営業の名称・住所・帳簿であり，商業使用人は営業の使用人で代理の効果は営業に生ずる，と解せないわけではない。しかし，権利義務の主体となりうるのは人たる商人であって，主観的あるいは客観的な営業ではない。

2 主観的意義の営業

(1) 営業の自由とその制限　　営業の自由は，憲法22条1項の職業選択の自由に含まれる。そこに「公共の福祉に反しない限り」とあるように，それは絶対的な自由でなく，法律上制限することが可能である。制限には，営業自体をなすことの制限と，営業活動の態様の制限がある。

営業の自由は廃業の自由を含むと考えられる。しかし，労働組合の壊滅を狙って，会社を解散した後，新会社を設立し，組合活動家を除く従来の従業員を新規採用するいわゆる偽装解散は，不当労働行為（労組7条）として議論されるところである。

(2) 営業自体に関する制限　　(ア) 客観的理由に基づく制限

(a) 公序良俗に反する行為，たとえば密輸や賭博開帳は私法上無効であって（民90条），主観的にこれを業としても商人とはならない。

(b) 国家財政上その他の理由から，国または国の指定した者の独占事業とされるものもいくつかあった。現在もたとえば，たばこの製造（たばこ事8条）は，他の私人の営業として成立する余地がなく，商人となりえない（かつては，信書の送達もそうであったが〔郵便4条〕，民間事業者による信書の送達に関する法律により，総務大臣の許可を受けた者に開放された〔同3条・6条・29条〕。また，簡易生命保険契約〔旧簡保2条〕もそうであった）。

(c) 一般公安，保健衛生等の理由から，また，事業の公共性の理由から行政庁の許可・免許が必要とされる業種がある。たとえば前者としては，古物商（古物3条），飲食店（食品52条），風俗営業（風俗3条）などがあり，後者としては銀行（銀行4条），保険（保険業3条），電気事業（電気3条），運送業（鉄事3条，道運4条，海運3条，航空100条）などがある。許可，免許なしに業とするときは，罰則の制裁はあるが，私法上は有効で業とする者は商人となる。

(イ) 主観的理由に基づく制限　(a) 官紀粛正などの理由から公職にある者の営業は制限される（裁52条3号，国公103条，地公38条）。その違反には制裁はあるが，私法上は有効で商人となる。

(b) 支配人，取締役など，他の者に対して受任者的立場に立ち（民644条参照），他の者の事務を忠実に処理すべき者には，商法上，義務の範囲に広狭はあるが，この他の者と競業しない義務（ときには自ら別途営業しない義務）を負わされている（23条1項・28条1項，会社12条1項・17条1項・356条1項1号・594条1項）。この義務違反行為も私法上は有効で，違反者は商人となる。委任者的立場にある他人は損害の賠償を請求でき，競業避止義務違反のときは競業者の得た利益（第三者のためにしたときは第三者の得た利益）は，被害者の損害の額と推定される（23条2項・28条2項，会社12条2項・17条2項・423条2項・594条2項。第3章 I 2(4), 100頁）。

営業譲渡人も，営業譲渡の実効を害さないために，譲受人に対し競業避止義務を負う（16条，会社21条。競業者の得た利益を損害額と推定する規定はない。第5章Ⅰ4(1)(イ)，130頁）。

(3) 営業の態様に関する制限　　(ア) 不正競争の禁止　　営業の自由を基礎とする資本主義経済は自由競争を前提とするが，不正な手段による競争を許容するものではない。たとえば，他人の商号，商標などを使用して，または他人の特許権などを無断で使用して，その他人と競争する類である。不正競争については，一般法として不正競争防止法があり，商法に商号に関して規定があるほか，特許法，商標法などにも規定がある。被侵害者は侵害者に損害賠償請求できるほか，侵害行為の差止めまたは予防の請求を明文で認めるのは（12条2項，会社8条2項，不正競争3条，特許100条，商標36条。差止め・予防につき，後三者は侵害者の故意・過失を要しない），これらの規制の特色といえる。

(イ) 独占の禁止・不公正な競争の禁止　　営業の自由や自由競争が，営業者の競争しないことの自由や競争を制限することの自由をも意味するならば，トラスト，コンツェルンによる私的独占，カルテルによる取引制限が容易に行われ，自由競争は終焉し，消費者には高価格だけが残されるという弊害をもたらす。国民経済が資本主義を前提とするとき，これら弊害は排除されねばならず，また自由競争は公正な競争でなければならない。その目的のために，私的独占の禁止及び公正取引の確保に関する法律が制定され，私的独占，不当な取引制限，不公正な取引方法を禁止している。同法の規制の特色は，これらの禁止行為がなされたときに，行政委員会たる公正取引委員会が準司法機関として，その排除措置を命じる点にある。同法違反行為の私法上の効力については見解が分かれる。

第2編 企業主体としての商人　第1章 商人とその営業

3 客観的意義の営業

★ **(1) 営業の構成要素**　商人は各種の財産をもって事業を営んでおり，その総体が客観的意義の営業であり，営業財産，営業上の財産ともいわれる。この意義の営業は次に述べる積極財産と，営業に関して生じた債務の消極財産とからなり，日々の営業活動によって財産は形を変え，また数量，価額は変動する。

　積極財産は，各種の財産権，すなわち物（土地・建物・機械・器具・商品・原材料・現金などの動産・不動産の所有権）およびその他の権利（物権・債権・知的財産権など）のほかに，法律上の権利とはいえない老舗（しにせ）・暖簾（のれん）・営業権などと呼ばれる，財産的価値ある事実関係もその構成要素とされる。暖簾とは，商人の伝統，仕入先関係，得意先関係，営業上の秘訣，経営の組織，地理的条件などにより多くの利益を獲得できる（超過収益力がある），財産的価値を有する事実関係をいう。商法上，客観的営業を意味あるものとしているのは，この財産的価値ある事実関係といえる。これを全く欠くときは，単に各種の財産権の集合として扱えばよいからである。営業を有機的組織体として社会的活力あるものとし，各種の財産権の集合以上の価値あるものとしているのは，この財産的価値ある事実関係といえる。「のれん」は，従来，会計学上の営業権と同じで，無形の資産である超過収益力を指していた。しかし，会社法においては，「のれん」の概念は，会社の組織再編行為（合併，事業の譲受等）の際，消滅会社・事業譲渡会社等の資産・負債を受け入れた存続会社・事業譲受会社等が支払った価額と受入資産・負債の額との差額であるという，企業会計の基準を採用している（会社計算11条。平成21年改正前11条～29条参照）。したがって，「のれん」はマイナスとなることがある（「負ののれん」。負債としての適正な額，会社計算11条・75条2項2号へ）。超過収益力としての営業権は，資産としての「のれ

ん」(会社計算74条3項3号リ)に含まれる(会社計算158条1号参照)。ただし,負ののれんは,現在の公正妥当な企業会計慣行である企業結合会計基準によれば,それが生じた期の特別利益として表示することになっており,したがって,負債として計上できる適正な額は常に0であり,すなわち負ののれんを負債として計上できず,損益計算書の特別利益の負ののれん発生益(会社計算88条2項)とされる(第2章Ⅱ5(5), 89頁参照)。

客観的意義の営業は,積極財産としての,一定の営業目的のために統括された各種の財産権および財産的価値ある事実関係と,消極財産としての営業上の債務により構成される。

(2) 営業の特別財産性　会社は,営業・事業を目的とする存在であるからその全財産は営業を構成する。営業の特別財産性は完全だともいえるし,特別財産性をいう実益はないともいえる。

自然人には別に私的生活があり,営業財産以外に私用財産がある(会社以外の法人も理論的に同じ)。その区別は営業に供されているか否かによる。商業帳簿(第2章Ⅱ, 68頁)はその区別の一応の基準を与えるが,区別は必ずしも容易ではない。この区別がついたとしても,営業の債権者には営業財産だけがその一般担保となり,あるいは営業財産につき私的債権者に優先するというような関係はなく,また営業だけの破産ということもない。商人の総財産が,営業の債権者および私的債権者の平等な一般担保であり,破産財団を構成する。この意味では営業の特別財産性はない。

有機的一体としての営業財産は,企業維持の観点からは,その上に1個の物権的権利を認め,営業資金の調達のために,その上に担保権の設定を承認するのが望ましいが,現行法上は公示の方法もなく,通説は1個の物権の客体とならないとする。この意味でも営業の特別財産性はない。ただ,営業はそれを売買し,賃貸するなどの

債権的関係において一体として契約の目的とすることができ，その範囲では特別財産性を承認する意味がある（第**5**章，126頁）。

営業に対する不法行為に関しても，営業について一つの権利を観念してその侵害を問題とするのではなく，営業を構成する各種の財産権および財産的価値ある事実関係の違法な侵害を問題とすれば足る（民709条参照），というのが通説である。

4 営 業 所

(1) 営業所の意義とその効果　　営業所とは，営業の本拠たる場所，すなわち営業活動の中心である一定の場所をいう。通俗的には店舗，社屋などの物的・人的施設が観念され，それが法律上の営業所であることも多いが，それでは足りないこともある。営業所であるためには，内部的に営業の指揮命令がそこから発せられ，営業の成果がそこへ統括され，外部的にも何らかの営業上の活動の中心として現われることが必要である。営業活動は，営業目的たる行為がそこで行われる必要があるか，営業のためにする行為でも足りるかについては説が分かれる。単に機械的に営業取引をなす停車場や売店，単に製造・加工・保管の事実行為をなす工場や倉庫はそれだけでは営業所とはいえない。営業所か否かは，客観的に営業の中心かどうかにより，商人の主観だけで決まるわけではない。

営業所には，商行為によって生じた債務の履行場所（516条），裁判管轄の決定（民訴4条4項・5条5号，破5条1項，民再5条1項，会更5条1項2項），民事訴訟の書類の送達場所（民訴103条），商業登記の管轄の決定（商登1条の3）の法律効果が結びついている。その多くは人の住所の効果と同じである。

なお，会社については，住所は本店の所在地にあるものとされている（会社4条）。

IV 営　業

(2) 本店・支店　　商人が1個の営業につき数個の営業所を設けるときは、その間におのずと主従の関係がある。全営業を統括する主たる営業所を本店、これに従属しつつ、しかも一定の範囲で独立性を有する営業所を支店という。何時本店から切り離されても、そのままの組織機構をもって、従来の営業を継続しうるときは独立性がある。支店も営業所であり、それは客観的に営業の中心といえるか否かによって決まり、商人が付した名称にはよるものではない（たとえば出張所と称しても支店営業所たりうる）。

支店もその営業の範囲においては、営業所としての効果が生ずる（民訴5条5号・103条1項）。会社が支店を設けた場合は、支店の所在地において、商号、本店の所在場所（所番地）、当該支店の所在場所を登記する（会社930条2項）。支店の営業について支配人をおきうるが、その登記は本店所在地でなされる（会社918条、商登44条2項2号、商業登記の電子化による。平成17年改正前商法では、支店の支配人はその支店の所在地でのみ登記すればよかった〔平17改正前商40条〕）。支店の営業にはある程度の独立性があるから、本店とは別に営業譲渡などの対象となる。

なお、商法が「支店」、「本店」という場合は、必ず会社が営業主であることに注意が必要である（会社911条3項3号・912条3号・913条3号・914条3号・920条）。自然人が営業主である場合は、本店・支店の機能を営業主が念頭に置いたとしても、その「営業所」のみが登記によって公示され（商登28条2項・35条1項3号・40条1項4号・43条1項4号）、本店・支店の別を登記により公示することはできない（商登24条2号）。

第2章 企業の物的要素

Ⅰ 商　号

1　序　論
　商号は企業の主体たる商人の営業上の名称であり，永年使用することにより，営業そのものを表章するように作用する。すなわち，商号は社会的経済的に信用を集める機能を有し，一般公衆は，商号の背後の商人自体よりも商号そのものを信用するに至る。その場合には，その商号を使用する商人の経済的利益，たとえば顧客の吸引力を保護する必要が出てくる。具体的には，財産として相続，譲渡を認め，他からの妨害を受けない使用，他の妨害を排除する権能を認める必要がある。他方，取引関係に入るであろう公衆が欺瞞的商号により被害を受けないようにする必要や，商人の商号選定により第三者が受けるかもしれない害悪や不便を回避する必要もある。商号についての法規制（商法，不正競争防止法）は，基本的には商号を使用する商人の保護といえるが，これら公衆や第三者の保護も図っている。

2　商号の意義とその選定
　(1)　商号の意義　　商号は，商人がその営業上自己を表わす名称である。商号は商人よりも営業自体を表わすように機能することがあるが，商号による活動によって，権利・義務を取得・負担するのは商人であって，組織体たる営業ではないから，商号は営業の名称

ではない。

　平成17年改正前商法では小商人に商号の規定は適用がなく（平17改正前商8条），小商人の営業上の名称（屋号）は商号とはいえなかったが，平成17年改正法では小商人も商号を採用でき（11条1項），ただその登記はできないだけとなった（11条2項・7条）。

　商人の名称であるから，商人でない協同組合や保険相互会社の名称は商号でない。

　名称であるから，普通人の氏名と同じく，文字で記載され，発音できるものでなくてはならない。図形・紋様・記号は商標となりえても，商号となりえない。営業生活で用いられても，他の商人の商品・役務（サーヴィス）との区別に用いられる商標（商標2条1項）とは異なる。営業上商号以外を使ってならないわけではなく，普通生活で商号を使ってならないわけでもない。しかし法律関係の明瞭性がとくに要求される戸籍，不動産登記，商業登記については，商号でなく氏名をもってしなければならない。もちろん，会社は商号以外の氏名はないから，その全活動は商号で行う。

　(2)　**商号単一の原則**　　商法に明文はないが，1個の営業には1個 ★
の商号のみが許されることを商号単一の原則という。この原則は自然人が商人であるときに実益がある。会社の場合は，会社の商号は自然人の氏名と同じでその全人格を表し，すべての生活関係で用いられるべきであるから，複数の営業のときも1個の商号に限られる。会社は複数の事業目的をもっていても，法律上は1個の営業と認められるからであるとも説明される。

　自然人は，1個の商号で数種の営業を行いうるが，各営業ごとに各別の商号を用いることもできる（商登28条2項1号2号参照）。しかし，そのときも1個の営業については1個の商号しか使用できない。1個の営業に数個の商号を認めると，誰と取引しているのかに

ついて一般公衆を誤認させやすいし，他人の商号選定自由の妨げともなる（12条参照）。

この原則を認める判例（大決大13・6・13民集3巻280頁）が傍論で，営業所が異なれば別異の商号を用いうるとする点には通説からの批判がある。通説は，異なる営業所も1個の営業の構成部分であるから，商号に〇〇支店の付加文字を加えることはできるが，別の商号を用いることはできないと解している。

(3) 商号選定の自由とその制限　(ア) 商号選定の自由　商号については，それを選定・使用する商人の利益と，一般公衆が商号の表わす営業種類とその背後の商人を認識できる利益との調整が必要ともいえ，この点に関して立法例は分かれる。商号真実（厳格）主義（仏法系諸国）は，商号が商人の氏名・営業・営業地域などと一致することを要求し，商号の譲渡・相続を認めない。これに対し，商号自由主義はこれらの制約がなく，英米法系の諸国の採用するところである。この中間の折衷主義は，選定にあたっては商人の氏名や営業種類との一致を要求するが，営業の相続・譲渡・営業主の氏名の変更・営業の変更があってもなお従前の商号の使用を認める。折衷主義を採っていたドイツは1998年の商法改正で，商号自由主義を採用するに至っている。

わが国は，屋号の伝統と古くは多くの人間には姓氏がなかったことにかんがみ，商号自由主義をとる（11条1項）。したがって，商号は必ずしも商人の氏名の全部または一部であることを要せず，営業の実際と一致しなくともよい。

(イ) 商号自由の制限　(a) 会社は，商号中に会社の種類（合名，株式など）を示した上で会社の文字を使用しなければならず（会社6条。罰則，978条1号），逆に，会社でない者は，その名称，商号中に会社であると誤認されるおそれのある文字を用いてはならない

（会社7条。罰則，978条2号）。たとえ会社の事業を譲り受けても許されない。会社と誤認されるおそれのある文字が禁止されるから，合名商会は合名会社と混同しやすく，許されない。

会社のうち，銀行，信託など公共的事業を営む会社は，商号中に上記の文字を使用しなければならず（銀行6条1項，信託業14条1項），逆に，これらの事業を営まない者は，商号中にその事業であることを示すべき文字を使用してはならない（これら法律の各同条2項。罰則，銀行66条1号，信託業97条3号）。保険会社の商号についても，同様の制限がある（保険業7条・335条1号）。

また，各種の特別法による法人について，その名称の独占が許され，その種の法人以外の者がその名称またはそれに類似する名称を使用することは禁じられることが多い（たとえば，生協3条2項，電電8条など。なお，金商31条の3・205条の2の3第2号参照）。

(b) 何人も，不正の目的をもって，他の商人または他の会社であると誤認されるおそれのある名称または商号を使用してはならない（12条1項，会社8条1項。制裁，13条，会社978条3号）。他人の商号を保護するものであり，不正の目的は，自己の営業（事業）その他の活動を，当該他の商号を使用する者の営業（事業）・活動であるかのごとく一般人を誤認させる意図をいう（なお，不正競争19条1項2号参照）。不正競争の目的，不正競争の故意（不正競争4条参照）と同一ではないことは，他人の商号を商号として使用するだけでなく，名称として使用することを禁止することから明らかである。そのような商号・名称の使用によって営業上の利益を侵害されまたは侵害されるおそれがある商人は，侵害の停止（差止め）または予防を請求できる（12条2項，会社8条2項）。

平成17年改正前商法21条1項は，何人も不正の目的をもって，他人の営業であると誤認させる商号を使用することはできないとし，

自己の営業をその名称で表示されるその他人の営業であるかのごとく誤認させる商号を禁止していたので，その他人は営業者であることを要せず，普通人——多くは有名人——の氏・氏名も保護されると解されていた。差止め，損害賠償を認める点で（平17改正前商21条2項），氏名が商号に使われるという場合に限るとはいえ，氏名権の保護に役立ったといえるが，平成17年改正法は他人の商号を保護するもの，商号専用権（後述4(3)，59頁参照）に特化した。氏名権の保護は，人格権一般の問題として論じられることになろう。

3 商号の登記

(1) 商号登記の意義とその効果　商号は商人の同一性を示すことのほかにも，顧客吸引力を有し，信用の標的となるので，商号の排他的使用は商人の利益となる。商号と取引関係に入る第三者にとって，商号により表わされる相手方が誰であるかは重要である。また，第三者がある商号を選定しようとするとき，その商号が既に他の者により使用されていることは，その第三者にとって無関心事ではありえない（12条，会社8条，不正競争2条1項1号2号・3条・4条参照）。この商人の利益と第三者の利益の調整として，制度的に商号を公示するのが商号の登記といえる。

会社は本店の所在地における設立登記によって成立し（会社49条・579条），商号はその際に必ず登記しなければならない（会社911条3項2号・912条2号・913条2号・914条2号。絶対的登記事項）。自然人たる商人は，商号を登記するかどうかは自由である（相対的登記事項）。自然人の商号は商号登記簿に（商登6条1号），会社の商号は各会社登記簿に（商登6条5号〜8号・34条1項）登記される。

(2) 同一市町村・同一営業・同一商号禁止の廃止　平成17年改正前商法においては，商号の登記があると，同一商号は，同一市

I 商 号

町村(東京都の特別区および政令指定都市〔自治252条の19第1項〕にあっては区)内では,同一営業のために登記することはできず(平17改正前商19条),同一でなくとも判然区別できない商号も登記できず(平17改正前商登27条),営業の同一性は,自然人は登記事項である営業の種類(商登28条2項2号)により,会社は登記事項である会社の目的(会社911条3項1号・912条1号・913条1号・914条1号)により判断され,営業の種類・会社の目的の一部が重複していても商号の登記はできないものとされていた。さらに,平成17年改正前商法は,商号の登記をすると,不正競争の目的をもって同一または類似の商号を使用する者に対し,この者が同一市町村内かどうかを問わず,その使用の差止めを請求でき(商号専用権),損害賠償も請求できるものとしていたが(平17改正前商20条1項),不正競争防止法は未登記商号にも商号専用権を認め,かつ,不正競争の目的がなくても商号専用権の行使が認められる(昭和25年改正による)から(不正競争2条1項1号2号・3条),商号専用権に関する平成17年改正前商法の規定は適用の余地がなかったといえ,登記商号を同一市町村内で使用する者に不正競争の目的を推定する規定(平17改正前商20条2項)のみに意味があるような状況であった。その上,商法12条・会社法8条に対応する平成17年改正前商法21条が,未登記商号にも商号専用権を認めたものかどうかについても見解が分かれ,商号専用権については,平成17年改正前商法・不正競争防止法をめぐり,立法論・解釈論は錯綜した。

そこで平成17年改正法は,自然人の営業の目的や会社の目的の重複を見出すのは困難かつ煩瑣であることから,平成17年改正前商法19条を削除し,ほとんど意義を失った平成17年改正前商法20条も削除し,平成17年改正前商法21条を,前述のように,商号専用権に純化して規定し直した(なお,4(3),59頁参照)。

しかし，同一の所在場所（所番地）に，同一の商号で営業する者が複数いては，たとえ営業が異なっても，誰の営業かわからず収拾しがたい混乱を招くから，商号の登記は，その商号が他人の既に登記した商号と同一であり，かつ，その営業所（会社の場合は本店）の所在場所が，当該他人の所在場所と同一であるときは，することができないものとする（商登27条）。

同一商号は，同一営業につき，同一市町村でただ一つ登記できる制度であったときに（平17改正前商19条），会社の本店移転計画を知った者が，先回りして移転先の市町村に同一営業・同一商号の会社の登記をなし，本店移転登記を妨害し，移転計画会社から不当な利益を得ようとした事件（最判昭36・9・29民集15巻8号2256頁〔百選13〕）を契機に，そのような妨害を防ぐため，移転計画会社が予め移転先で商号の仮登記をなすことを認める制度が導入されたが（後に会社の商号の変更，目的の変更，商号・目的の変更，株式会社・有限会社の設立に拡大。平17改正前商登35条・35条の2），平成17年改正前商法19条の削除に伴い仮登記の制度も不要となった。

4 商 号 権

(1) 序論　商号権には，商人が他人の妨害を受けずに商号を使用する権利である商号使用権と，他人が同一または類似の商号を使用して不正に競業するときにその商号使用を排斥する権利である商号専用権とがある。

商号権については，それが財産権であるか人格権であるか（民723条，不正競争14条参照），両者の性質を有するか，見解が分かれている。

(2) 商号使用権　商号使用権は，商号自由が法律上認められ，また他人の商号専用権による排斥の対象とならない以上は，未登記

であっても事実上の使用によって生ずる。他人の商号が登記されていても商法・会社法上は不正の目的がない以上使用権があり（12条1項，会社8条1項），他人の商号に周知・著名性があっても，自己の氏名を不正の目的（不正の利益を得る目的，他人に損害を加える目的その他の不正の目的）なく商号として使用する者，他人の商号が周知・著名性を得る前から使用していた商号を不正の目的なく使用する者（業務を承継した商号の譲受人を含む）には使用権がある（不正競争19条1項2号〜4号。ただし，自己の氏名を商号とする者や周知・著名となる前からの商号使用者〔および業務を承継した商号の譲受人〕は，不正の目的がなくとも，周知商号者の商品・営業との混同を招くときは，混同を防ぐために適当な表示を付すことを請求される〔同条2項〕）。商号使用権の侵害は不法行為（民709条）となる。

(3) **商号専用権** (ア) 商法と不正競争防止法　商法は，登記 ★により商号専用権が生ずるとしていたが（平17改正前商20条），パリ工業所有権保護条約のヘーグ改正条約への加入に伴い制定された不正競争防止法（昭和9年，平成5年全面改正）は，未登記商号にも専用権を認める。ここに商号専用権の基本的発想の相違があった。また，昭和13年改正商法による平成17年改正前商法21条の追加は，商法自体未登記商号に専用権を認めたものかどうかで争いがあり，専用権に関する解釈論は錯綜していた。さらに不正競争防止法の昭和25年改正により，侵害商号の差止めについて，侵害者の不正競争の目的が不要とされたことは，専用権に限らず（侵害しているとされる）商号の使用権にも影響を及ぼしていた。

(イ) 商号専用権に関しては，商法は12条2項，会社法は8条2項をおく。

　不正の目的をもって，他の商人・会社であると誤認されるおそれのある名称または商号を使用している者がある場合，それによって

営業上の利益を侵害され,または侵害されるおそれのある当該他の商人・会社は,その侵害をする者または侵害をするおそれのある者に対して,侵害の停止(差止め)・予防を請求することができる。請求者の商号が登記されていることを要しない。また,侵害者の商号が登記されていても請求できる。不正の目的は,自己の営業(事業)その他の活動を他の商号を使用する者の営業(事業)・活動であるかのごとく一般人を誤認させる意図をいう。侵害者が営業上の名称すなわち商号として利用する場合に限らず,営業上商品の同一性,営業の同一性を表示するものとして使用する場合でも,営業と関係ないその他の活動に使用する場合でも差止め・予防を請求できる。

同条同項は,損害賠償について触れていないが(平17改正前商21条2項ただし書対照),商号専用権として他人の商号使用を排斥する権利に特化したためであり,また,商号権者の利益を侵害する者または侵害するおそれのある者が,不正の目的を持つときを問題にしているので(商12条1項,会社8条1項),損害があれば故意による不法行為(民709条)が成立することは当然だからである。

不正競争防止法は,商号に周知性・著名性があるときは,不正競争の目的を要件としないから(同法3条),商法12条2項,会社法8条2項は,商号が周知性・著名性を欠くときに意義があるといえよう。

(ウ) 不正競争防止法は,商号保護をもっぱらにするものではないが(同法1条・2条1項1号~15号参照),商号専用権についていえば,商号が「需要者の間に広く認識」されていれば,すなわち周知性があれば,専用権がある。登記の有無は問わない。周知商号権者は,同一または類似の商号を使用する者に対し,商品や営業の混同を生じさせる行為があるときは(現実に混同が生じていることを要せず,混同を生じさせるおそれがあればよいと,一般に解されている),商号の使

用差止めを請求できる（不正競争2条1項1号・3条）。また「周知」よりも強い「著名」商号権者は，商品・営業の混同を生じさせる行為がなくとも，商号の使用差止めを請求できる（不正競争2条1項2号・3条。著名商号へのただ乗りの禁止，著名商号の信用を低下させる行為の禁止）。商号の使用差止めには，侵害者に不正競争の目的があることは要しない（昭和25年改正による）。ただ損害賠償請求のためには，侵害者に故意，過失のあることが必要である（不正競争4条。損害額の推定，5条。罰則は基本的に故意を要する目的犯，21条2項1号2号・22条1項）。その商号が周知となっている需要者の地域的範囲は，商号権者の営業地域いかんによって広い場合も狭い場合もあるが，その営業地域内で広く認識されていれば，その地域での不正商号の使用を差し止めることができるわけであるが，より正確には，侵害（しているとされる）者の営業地域において商号権者の商号が周知であれば差止めを求めることができるというべきである。周知性は同一市町村を越えて存在しうるし，市町村の一部であることもある。また，周知商号権者の差止めは，商品・営業の混同を防ぐ趣旨であるから，顧客層を異にすれば（たとえば超高級品の需要者ないし好事家と大衆）混同を生じないことがありうるから，周知性の及ぶ顧客層についても，侵害者の扱う商品・営業に関して，商号権者の商号が周知であれば足りるというべきであろう。

　商号が著名であれば，商号権者の保護はより厚くなるが，著名であることは需要者の認知度が全国的であることを要し，全需要者層においてそうでなければならないか，周知性のときと同じく，侵害者の営業地域において著名であり，一定の顧客層に著名であれば足りるか議論のあるところである。

　(ｴ)　商号が類似していると，商人の主体を誤認されるおそれ（12条1項，会社8条1項）があるし，商品・営業との混同を生じさせる

おそれ（不正競争2条1項1号）もある。商号の類似性（12条1項，会社8条1項，不正競争2条1項1号2号）は，発音・文字・観念上の類似によって判断されるが，最上級審の判例では，商号全体で類似することを要せず，その主要部分において類似すればよく，その際取引界の実情を参酌して彼此混同誤認のおそれがあるかどうかを決めればよく，会社の種類の違いは類似を認めるのに支障がないものとしている。たとえば，「日本ペイント製造合資会社」と「日本ペイント製造株式会社」（大判大7・1・26民録24輯161頁），「豊橋十方社」と「丸田田辺十方舎」または「田辺十方社」（大判大9・5・24民録26輯745頁），「合名会社中国新聞社」と「広島中国新聞社」（大判昭10・6・8新聞3853号15頁），「更科」と「更科信州家」（最判昭40・3・18判タ175号115頁〔百選4版14〕），「摂津冷蔵株式会社」と「摂津冷蔵製氷株式会社」（最判昭44・11・13判時582号92頁），「マンパワー・ジャパン株式会社」と「日本ウーマン・パワー株式会社」（最判昭58・10・7民集37巻8号1082頁〔百選12〕）を類似商号としている。

(オ) 使用の差止め　使用の差止めは，商号として法律行為において使用することのみならず，事実上の使用，たとえば看板，広告，書信上の表示，商品になす表示の禁止に及ぶ。登記があればその抹消も請求できる。また，商号としては別のものを用いている者が，他人の商号を商品に付して用いている場合は，その禁止（不正競争2条1項1号2号参照）も求めうる。

かつては，会社は商号以外の名称がないので，会社に対して商号の登記抹消請求は許されないとの実務の取扱いであったが，現在は抹消が許されることに争いはない。抹消された会社（○○株式会社）は，その同一性を表すために，必要な範囲では（たとえば商号変更のための株主総会の招集やその登記申請），抹消前商号という文字を旧商

号に冠記する（抹消前商号○○株式会社）。

商号専用権者は，侵害の予防も求めうる（12条2項，会社8条2項，不正競争3条）。予防としては，たとえば，商号の使用禁止，その登記があるときはその抹消を求めるとともに，新たな類似の商号使用の禁止を求めることなどが考えられる。不作為を求めるものであるが，民事訴訟手続上請求の特定性の問題がある。類似商号の採用を禁止する判決を出しても，強制執行の執行機関に類似か否かの実体判断をさせることになり，一義的な債務名義（判決等）に基づき簡易迅速な執行を可能とするため，実体判断の訴訟手続と強制執行手続を分離している民事訴訟制度にそぐわないとの批判が可能である。この点は，義務者の側の執行抗告（民執172条5項），執行文付与に対する異議の訴え（民執34条），請求異議の訴え（民執35条）で対処すべき問題と解してよいであろうか。

5 商号の譲渡・相続・廃止・変更

商号は，営業・事業と共にする場合と営業を廃止する場合とに限って譲渡することができる（15条1項）。商号の財産的価値と，商号の背後の商人についての公衆の誤認を避けることを考慮したものである。譲渡は当事者間の契約により効力を生ずるが，第三者に対抗するには登記が必要である（15条2項。15条の商人から会社は除かれる，11条1項かっこ書。会社は登記商号は譲渡できず，変更以前の商号のみできる。会社22条1項・24条1項参照）。この登記の効力は，民法の不動産物権の対抗要件としての登記（民177条）と同じである。

商号は相続される（商登30条3項）。

営業の廃止，商号の事実上の廃止により商号権を失う。登記した商号の廃止，変更は必ず登記しなければならない（10条，会社909条，商登29条2項・34条2項）。しかし，商号を廃止しても商号登記

の廃止の登記を怠りがちなので,登記した商号を廃止したとき,正当な事由なく2年間当該商号を使用しないときは,当該商号の登記された所在場所(会社は本店の所在場所)で同一の商号を使用しようとする者(商登27条参照)は,登記所に対して,当該商号の抹消を申請することができる(同33条1項1号2号。同条同項3号は登記した者が商号の変更をしたとき,4号は同じく営業所〔会社の本店〕を移転したとき。なお,平17改正前商30条は,登記商号者が正当の事由なくして2年間商号を使用しないときは,商号を廃止したものとみなす,と規定していた)。抹消申請があったときに,登記官は商号登記者に対し,異議を述べないときは抹消する旨を通知をするが,登記官は商号使用の実質を審査できない(形式的審査主義。第4章Ⅱ2,113頁)ので,使用している旨の異議があったときは,抹消申請を却下することになる(商登33条3項4項・135条~137条)。抹消申請者と登記した者とは別途訴訟で争うしかない。

6 名板貸人の責任

(ア) 名板貸の呼称は,免許を要する取引所の仲買人が免許業者であることを示す名板を他人に貸与し,他人が仲買営業をしたことに由来する。それに限らず,**自己の商号を使用して営業・事業をなすことを他人に許諾した者に責任**(14条,会社9条)**が認められるのはなぜか**。それは,名板借人と取引する第三者は,取引相手方の名称が名板貸人の商号であるため,名板貸人と取引したと信じるかまたは名板借人は名板貸人の代理人であると信じることが多いこと,商取引では相手方の個性を重視せず,相手方の錯誤は要素の錯誤(民95条。平成29年改正民95条1項にいう重要な錯誤)といえないことが多いこと,また,商号は商人の名称であるが営業の名称であるかのように作用し,商号と取引に入る者は,商号の背後の権利義務帰属者たる商人

を意識することなく取引関係に入るが、客観的には名板借人と取引しているので、契約相手方は名板借人であるといわなければならないこと、にあるといえよう。そこで、その取引から生ずる債務については、名板貸人にも責任を負わせることが、表見代理（民109条）の法理からいっても適当といえるのである。このように、商法14条、会社法9条は第三者の外観信頼を保護する規定であるが、間接的には商号真実主義（2(3)(7)、54頁）の要請を示していると説く者もある。平成17年改正前商法23条は、商号のほか、氏・氏名の使用を許諾した者も名板貸人の責任を負うものとしていたから、名板貸人は、商人である必要はなく（最判昭34・6・11民集13巻6号692頁、ただし、以前、氏を冠した商号で営業をしたことのある者。最判昭32・1・31民集11巻1号161頁参照）、同条の誤認は、商人でない者が商行為を業としているという誤認も含みうるものであったが、改正法は商号の使用許諾に限っているから、そのような誤認には直接適用はないというべきであろう（類推適用は考えうる）。名板貸人は商人として営業・事業を営んでいるから、名板借人の営業・事業も同種のことが多く、またそのときに誤認も生じやすいといえるが、名板貸人が商人であるとき、名板借人の営業は、特段の事情がない限り、同種であることを要する（最判昭43・6・13民集22巻6号1171頁〔百選16〕）とまでいうべきかは疑問である。

　本条の効果は、取引相手方を錯誤した第三者に対して、現実に取引をした名板借人と、商号使用を許諾した名板貸人が、連帯して弁済の責任を負うところにある（民109条・117条参照）。それでは、本条の要件としてはどのような点が問題になるのであろうか。

　(イ)　商号の使用の許諾は、明示であることを要せず、黙示でもよい。単に、自己の商号を他人が商号として利用するのを放置しておいただけでは黙示の許諾とはならない。しかし、放置してはならな

いという社会的な作為義務がその者に認められるときは、黙示の許諾といえる。たとえば、自己の旧営業の使用人、事務所、電話、銀行口座を、旧使用人のひとりがそのまま使って営業しているのを放置しているなどである（前掲最判昭 43・6・13〔百選 16〕、この件の被告は廃業した後のことであるから、被告の商号とはいえないという問題がある。廃業後も平成 17 年改正前商法 23 条に基づく責任を免れないとの判例があるが〔最判昭 42・2・9 判時 483 号 60 頁〕、商号が営業上の名称である以上、廃業後は商号でなくなるから〔商登 33 条 1 項 1 号参照〕、正確には、事情によって 14 条の類推適用がありうるだけではなかろうか）。商号に支店、出張所の語を付加して使用させるのも、使用の許諾にあたる。

　テナントを出店させているスーパーマーケットに関し、商号使用の許諾はなくとも、一般の買物客がテナントの営業主体はスーパーマーケットであると誤認するのもやむをえないような外観が存在する場合、その外観を作出しまたはその作出に関与したスーパーマーケットに平成 17 年改正前商法 23 条を類推適用し、テナントと買物客との取引における売主の不完全履行（売ったインコにより、買主の家族 1 名がオウム病性肺炎にかかり死亡）につきスーパーマーケットに名板貸人と同様の責任を肯定する判例がある（最判平 7・11・30 民集 49 巻 9 号 2972 頁〔百選 17〕）。

　(ウ)　営業または事業をなすことの許諾であるから、名板借人は通常は商人であり（例外は、商法 4 条 2 項以外の民事行為を目的とする会社が、当該行為につき商号使用を個人に許諾したとき）、その営業の範囲内の取引について、名板貸人は連帯責任を負う。名板貸人は一定の営業につき自己の商号を使用することを許諾するが、商法 14 条につき、名板貸人の帰責性の重点を、一定の営業につき商号使用を許諾した点にのみ求めず、使用された商号が名板貸人のものであることにも求めると、許諾された営業以外で商号が使用された場合にお

いても，名板貸責任の類推適用（最判昭55・7・15判時982号144頁〔百選14〕）は肯定されやすい。

営業に関連してなされた手形行為については当然本条の適用があるが，手形行為についてのみ名義を貸した場合，本条の適用を否定する判例（最判昭42・6・6判時487号56頁）がある。反対する学説が多いが，営業の許諾ではないから，本条の基礎にある表見代理（民109条）によるべしとして，判例に賛成する説もある。

営業の範囲内といえても，名板借人の事実的不法行為，たとえば交通事故による責任（民709条・715条）には本条の適用はない（最判昭52・12・23民集31巻7号1570頁）。取引でないし，名板貸人の営業であるとの誤認もないからである。ただし，取引の外形をもつ不法行為，たとえば取込詐欺は取引から生じた債務といえ，取引主体の誤認があれば本条の責任を生ずる（最判昭58・1・25判時1072号144頁）。

(エ) 取引相手方は名板借人の営業を，名板貸人の営業であると誤認したことを要する。相手方がこの点につき悪意であれば，本条の責任は生じない。誤認につき過失があるときにつき，判例（最判昭41・1・27民集20巻1号111頁〔百選15〕）は，重大な過失は悪意と同様に取り扱うべきものであるからとして，重過失ある相手方は保護されないとする。悪意と重過失とは法概念として同じではないから疑問もあるが，学説の多くは賛成する。他に，民法の表見代理のときと同じく軽過失があっても保護されないとする説，逆に，重過失があっても保護されるとする説がある。悪意（〔重〕過失）の立証責任は，名板貸人にある（前掲最判昭43・6・13〔百選16〕）。

II 商業帳簿

1 序　論

　商業帳簿は，商人がその営業上の財産および損益の状況（平17改正前商32条1項参照）ないし財政状態および経営成績（企業会計原則第1・1参照）を明らかにするために作成する帳簿である。会計帳簿，貸借対照表，損益計算書などがそれにあたる（前二者を19条2項は同条における商業帳簿というとする）。商法・会社法は書面による記載と電磁的記録による記録を並列規定しているが，以下では「記載」とのみいう。

　(1) 目的・機能　　営業上の財産，損益を把握する商業帳簿は，①商人の科学的合理的経営に役立ち，また商人の取引の証拠資料にも役立つ。②債権者が商人の支払能力，信用力を測るのに役立つ。債権者としての使用人を考えると，企業収益に対する資本と労働の適正配分に一つの目途を与える。③会社などの共同企業形態の場合，出資者にとって剰余金の配当，退社のときの出資の払戻し，会社の解散・清算のときの残余財産分配の測定に役立つ（なお，539条，会社592条・618条・617条2項参照）。④課税の資料としても用いうる（青色申告には，一定の帳簿を備えることが必要。所税148条，法税126条）。商業帳簿の作成を商人の自由に委ねず，法律上の義務とするのは，上記の目的・機能の②，③に着目するからである。

　(2) 企業形態による法規制の相違　　商業帳簿に関する法規制は，企業形態が個人→人的会社（無限責任を負う社員がいる会社，合名・合資会社）→物的会社（社員のすべてが有限責任である会社，合同・株式会社）の順に累積的に強化され，物的会社のうち大衆投資家株主の予定されている株式会社において最も厳格である（なお，会社法は，合

名・合資・合同会社を持分会社と総称する〔会社575条1項〕)。

　個人商人のうち小商人には,そもそも商業帳簿の作成義務がない(7条・19条)。完全商人の不作成,不実記載も普通の場合は罰則の制裁はないが,倒産の場合に,破産手続開始の決定等が確定すると,破産手続等の前後を問わず,債権者を害する目的で,商業帳簿を隠滅・偽造・変造すると処罰される(破270条,民再259条,会更270条)。

　会社は,人的会社も物的会社も,法務省令で定めるところにより,適時に,正確な会計帳簿を作成しなければならない(会社615条1項・432条1項)。この省令として会社計算規則が制定され,会計帳簿に付すべき資産,負債,純資産の額その他会計帳簿の作成に関する事項はその第2編(会社計算4条~56条)による(会社計算4条1項)。

　人的会社では,計算書類,すなわち貸借対照表,および任意的に会社計算規則第2編の規定に従い作成すると定めた場合の,損益計算書,社員資本等変動計算書または個別注記表を作成・保存する義務があり(会社617条,会社計算71条1項1号),社員は,営業時間内,いつでもその閲覧・謄写を請求できる(会社618条1項。なお,2項参照)。業務執行社員は,会社法の定める開示を怠り,正当な理由なく計算書類の閲覧・謄写を拒み,貸借対照表等に記載すべき事項を記載せず,虚偽の記載をしたときは,過料に処される(会社976条3号4号7号)。次の物的会社に比べて,人的会社には会社の債務につき人的無限責任を負う社員がいること((1)の②参照),社員数が少なく相互の信頼関係が強いこと((1)の③参照),を考慮したものといえる。

　物的会社のうち合同会社は,計算書類として貸借対照表・損益計算書・社員資本等変動計算書・個別注記表の作成・保存の義務があ

り（会社617条，会社計算71条1項2号），人的会社と同じ社員の閲覧・謄写請求権に加え，会社債権者に対しても，貸借対照表等の計算書類（作成後5年以内のものに限る）の閲覧・謄写請求権を認めている（会社625条・618条1項）。社員全員の有限責任（会社576条4項）と社員の少数性によるといえる。計算書類の作成方法，記載事項等は会社計算規則による（貸借対照表〔会社計算72条〜86条〕，損益計算書〔同87条〜94条〕，社員資本等変動計算書〔同96条〕，注記表〔同97条〜116条〕。人的会社が，計算書類として，損益計算書，社員資本等変動計算書，注記表を任意に作成するときも，これら条文による〔同71条1項1号参照〕）。

株式会社は計算書類として，貸借対照表・損益計算書のほか，会社計算規則の定める株主資本等変動計算書・個別注記表（会社計算59条1項），および計算書類の附属明細書の作成・保存義務がある（会社435条・442条1項2号）。株主・会社債権者はいつでも，親会社の社員でその権利を行使するため必要として裁判所の許可を得たものは，これらの閲覧・謄写を請求できる（会社442条3項4項。罰則，976条3号4号7号8号）。なお，一定の大会社に作成義務がある（会社444条3項。なお1項参照），会社計算規則の定める連結計算書類としての連結貸借対照表・損益計算書・株主資本等変動計算書・注記表（会社計算61条）がある。個別の計算書類・連結計算書類および附属明細書は，その作成方法，記載事項等は会社計算規則による（それぞれ，個別・連結の貸借対照表〔会社計算72条〜86条〕，損益計算書〔同87条〜94条〕，株主資本等変動計算書〔同96条〕，注記表〔同97条〜116条〕，附属明細書〔同117条〕）。

株式会社は，貸借対照表またはその要旨の一般的な公告を要し（会社440条1項2項，なお3項4項。罰則，976条2号），大会社（会社2条6号）は，損益計算書またはその要旨の公告も要する（会社440

条1項かっこ書・2項。罰則，976条2号。有価証券報告書提出会社〔金商24条1項〕はこの公告を要しない〔会社440条4項〕。より詳細な情報がEDINET等により開示されているからである）。

　法律が株式会社につき商業帳簿の重要性を認めて，強行法をもって詳細に干渉する理由は，株式会社の出資者（株主）は，会社への一定の出資を限度とする有限責任（間接有限責任）であり，会社債務について責任を負わず，会社債権者にとっての一般担保は会社財産だけであるということ，および，他方営利社団の本質上，株主への剰余金配当も必要であること，といえる。すなわち物的会社では，第1に，債権者保護のため（(1)の②）会社は一定額以上の資産を保有すべきこと（資本の維持。会社が現実に保有しているか否かとは別で，当為の問題），第2に，出資を超える利益があるときにその社員への分配を許すこと（(1)の③。会社105条1項1号2号・453条参照）が必要だからである。

　株式会社が大規模になれば，いわゆる所有と経営の分離の結果，一般株主は商業帳簿による経営の成果に依拠してその会社にさらに出資するか（株式の買増し），そのまま様子をみるか，出資を減少あるいはゼロとするか（株式の売却）の選択肢だけが残される。これに応ずるのが，金融商品取引法193条，財務規則に基づく貸借対照表，損益計算書その他の書類で，財務諸表といわれる。

　なお，有限会社法は会社法の成立と同時に廃止された（整備法1条3号）が，同法に基づいて設立されていた有限会社は，会社法施行後は，何ら手を加えることを要せず，○○有限会社という商号のままで（整備法3条1項），株式会社として存続するものとされている（整備法2条。同法では特例有限会社という。整備法3条2項）。旧有限会社法の商業帳簿に関する規制は，貸借対照表またはその要旨の公告を除き，平成17年改正前商法上の株式会社とほぼ同様であっ

た。特例有限会社には会社法440条の規定は適用しないものとされ（整備法28条），株式会社の一種でありながら，引き続き貸借対照表の公告を要しない。

★　**(3) 商法と会計慣行**　　(ア)　商業帳簿は，商法と簿記学，会計学との交錯分野といえ，法規定は簿記・会計学の影響を受ける。簿記・会計学は企業における会計慣行を理論化したものであり，企業およびそれを取り巻く環境の影響を免れがたい。

商法の商業帳簿に対する旧来の考え方は債権者保護が過度といえ，企業解体の際の債権者の取り分，すなわち企業財産の決算期における有高を示すことが中心となっていた。これに対して会計慣行ないし会計学は，むしろ企業の期間収益力を表示することに重点を既に移していた（昭和23年の証取法，会計士法の制定，24年の会計原則の発表，25年の財務規則の制定）。企業の倒産を前提にその有する財産額を表示させるという，資本の維持も一理あるが，債権者にとっても，普通は企業のあげた収益から弁済を受けるものであるから，決算期における財産の有高を示されても，債権者の保護に直結するものではない。

旧来の商法の立場から会計慣行ないし会計学への歩み寄りを実現したのが（昭和13年改正にも不十分ながらこれがみられたが），昭和37年の株式会社計算規定の商法改正，昭和49年の総則規定を含む商法改正である。

昭和49年の商業帳簿に関する改正の主要点は，①商業帳簿の作成に関する規定の解釈については，公正なる会計慣行を斟酌すべしとの規定をおいたこと（平17改正前商32条2項），②普通の場合，すなわち開業時および決算期には財産目録の作成を不要としたこと，③従来，実地棚卸に基づく財産目録から作成していた貸借対照表（棚卸法・財産目録法）を，会計帳簿に基づき作成すべきもの（誘導

法）としたこと（平17改正前商33条2項），④資産評価の原則を実際の会計慣行に近づけたこと（平17改正前商34条）である。

(イ)「商業帳簿ノ作成ニ関スル規定ノ解釈ニ付テハ公正ナル会計慣行ヲ斟酌スベシ」とする平成17年改正前商法32条2項を受け継ぐ形で，会社法はより直接に「会計は，一般に公正妥当と認められる（企業）会計の慣行に従うものとする」（19条1項，会社431条・614条）と規定し，会社計算規則3条は，「この省令の用語の解釈及び規定の適用に関しては，一般に公正妥当と認められる企業会計の基準その他の企業会計の慣行をしん酌しなければならない」とする。平成17年改正前商法32条2項は包括規定ともいわれ，その「作成ニ関スル規定」には，総則，会社の具体的な規定（平17改正前商33条・34条・281条～288条ノ2，平17改正前有43条～46条，平17改正前商則34条以下）のほか，一般的作成義務を定める平成17年改正前商法32条1項も入るものとされる。それら規定の解釈にあたっては，特別の法令がない以上，公正な会計慣行を斟酌することとなる。公正かどうかは，商業帳簿作成の目的（営業上の財産および損益の状況・財政状態および経営成績を明らかにする）から判断される。「企業会計の実務の中に慣習として発達してきたもののなかから一般に公正妥当と認められたところを要約したもの」である「企業会計原則」（昭和24年経済安定本部企業会計制度対策調査会中間報告，最終修正昭和57年）は，公正な会計慣行の一つである。しかし，それは公正な会計慣行のすべてではないから，それにないところは，別の公正な会計慣行によらねばならない。

「斟酌ス」るとは，商業帳簿の作成に関する規定の解釈の指針とすることで，公正な会計慣行がある以上，特別の事情のない限りそれに従わねばならないとの意味で，一応考慮しさえすればよく従うかどうかは自由であるという意味ではない，とされる。会計慣行に

従う「ものとする」(19条1項，会社431条・614条)というのも，「従う」「従わなければならない」と異なり，それを少し緩和した表現であるから，「斟酌ス」ると同じであるといえる(なお，会社計算3条は「しん酌しなければならない」とする)。特別の事情あるとき，たとえば営業上の財産，損益を示すのにより合理的な固定資産の減価償却の方法を発見した場合は，それまでの慣行から離れても，なお適法な資産評価の方法であり，適法な商業帳簿である。

(ウ) 現在の商業帳簿についての考え方は，従来の企業の期末における財産有高の表示から，期間収益力の表示へと重点を移したことは前述した(ア)。期間収益力の測定には損益計算書がより適切とも思われるのに，商法総則ではこれを商業帳簿として要求せず，貸借対照表を構成する資産の評価方法を法定する(平17改正前商34条。なお平17改正前商285条，平17改正前有46条，平17改正前商則27条～33条参照)。その理由は，貸借対照表によっても期間収益力を表示できるためであるが，その理解のために，公正な会計慣行たる複式簿記の大まかな仕組みを説明しておくのが便宜であろう。

(エ) まず，企業の財産に影響を及ぼすべき取引その他の事実(平17改正前商33条1項2号参照。これを簿記・会計上は「取引」とよぶ)をすべて，資産(増加・減少)，負債(増加・減少)，資本(純資産と改称，会社計算73条)(増加・減少)，費用(発生・消滅)，収益(発生・消滅)の5種×2の10に分類して金額を記載する。約束として，資産 (A) の借方(左欄)にはその増加，貸方(右欄)にはその減少を記載し，負債 (L) の借方にはその減少，貸方にはその増加，資本 (C) の借方は減少，貸方は増加，費用 (E) の借方は発生，貸方は消滅，収益 (R) の借方は消滅，貸方は発生，を記載する。ついで，企業規模に応じて，上の5種について適当な数の細分化した勘定を設定する(会社計算74条～76条・88条参照)。なお，資産，負債，資

本に属する勘定は前期の残高が当期に持ち越され最初の記入額となる（平17改正前商33条1項1号参照）。

　複式簿記では，簿記・会計上の取引を基本的要素に分解して，一取引について上記の細分化された勘定の借方記入額と同一額を必ず他の細分化された勘定の貸方に記入する。また，一つの取引で借方・貸方が2勘定口座以上になっても，借方・貸方それぞれの合計金額は必ず等しくならなければならない。このように取引を分解して，ある勘定の借方と別の勘定の貸方を同額とすることを仕訳といい，そのための帳簿を仕訳帳という。仕訳帳に基づいて，総勘定元帳に用意されている先の細分化された各勘定口座に転記して行く。

　要約すると，簿記・会計上の取引は，すべて勘定に分解され，総勘定元帳の一勘定口座借方と，他勘定口座の貸方に同額ずつ記入され，また一つの取引で借方・貸方が2勘定口座以上になっても借方合計金額と貸方合計金額は等しい。したがって，総勘定元帳の各勘定口座に正確に記入されれば，全勘定口座の借方合計金額と貸方合計金額とは一致する。これを**貸借平均の原理**という（数式1参照）。　★

　総勘定元帳における，資産，負債，資本（純資産）に属する勘定残高を集めたものを決算残高勘定といい，これを基礎として貸借対照表が作成され，総勘定元帳における費用，収益に属する勘定を集めたものを集合損益勘定といい，これを基礎に損益計算書が作成される。

　数式2において，(Ⅲ)式が成り立つから，貸借対照表によっても，企業の期間収益力を示すことができるわけである。貸借対照表における純利益は，取引活動の結果変動した資産，負債および資本（純資産）の有高に基づく結果計算であり，損益計算書における純利益は，損益発生原因である取引活動そのものに基づく原因計算であるといわれる。

　数式2を，各勘定の面積が量すなわち合計金額を表わすものとし

第2編 企業主体としての商人　　第2章 企業の物的要素

数式1　貸借平均の原理

$$
\begin{aligned}
\text{取引}\,(1) &\text{———} \text{借方記入額}\,(D_1) = \text{貸方記入額}\,(Cr_1) \\
\text{取引}\,(2) &\text{———} \quad\qquad \prime\prime \quad\ (D_2) = \qquad \prime\prime \quad (Cr_2) \\
\text{取引}\,(3) &\text{———} \quad\qquad \prime\prime \quad\ (D_3) = \qquad \prime\prime \quad (Cr_3) \\
&\quad\vdots \\
\text{取引}\,(n) &\text{———} \quad\qquad \prime\prime \quad\ (D_n) = \qquad \prime\prime \quad (Cr_n)
\end{aligned}
$$

$$\therefore \text{一定期間における}\ \ \Sigma D = \Sigma Cr$$

(D：借方記入額, Cr：貸方記入額)

数式2　貸借勘定と損益勘定の関係式

増加額または発生額を $+$，減少額または消減額を $-$ で表わすと，数式1の結果，$\Sigma D = \Sigma Cr$ は次のように書き変えることができる。

$$A^+ + L^- + C^- + E^+ + R^- = A^- + L^+ + C^+ + E^- + R^+ \cdots\cdots(\mathrm{I})$$
$$(A^+ - A^-) + (E^+ - E^-) = (L^+ - L^-) + (C^+ - C^-) + (R^+ - R^-) \cdots(\mathrm{II})$$

$$\begin{aligned}
A^+ - A^- &= A, \\
E^+ - E^- &= E, \\
L^+ - L^- &= L, \\
C^+ - C^- &= C, \\
R^+ - R^- &= R,\ \text{とすると}
\end{aligned}$$

$$\begin{aligned}
A + E &= L + C + R \\
A - (L + C) &= R - E \cdots\cdots(\mathrm{III})
\end{aligned}$$

　　　↓　　　　　　　　↓
決算残高勘定　　　　集合損益勘定

　　　↓　　　　　　　　↓
貸借対照表　　　　　損益計算書

等額の左辺・右辺が正であるときは純利益
　　　　〃　　　負　〃　　純損失

(A：資産, L：負債, C：資本〔純資産〕, R：収益, E：費用)

II　商業帳簿

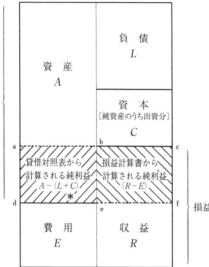

図1　企業の期間収益力

＊勘定式貸借対照表の表示の上では，借方金額と貸方金額を一致させる（貸借平均）ため，この分は，むしろ貸方（純資産の部〔資本の部〕）に記載される（会社計算76条2項3号・4号・4項2号・5項2号参照）。

ｂｃは一定している（負債，資本〔純資産〕のうち出資分は評価の余地はほとんどないから）。

資産の評価によってｄｅの位置は上下に動きうる。そうすると，資産評価で純利益の高（ａｂｅｄの面積）が決まってくる関係になる（資産評価の重要性）。

たとえば，固定資産の減価償却の当期分は，それが製造設備であれば当期の売上原価たる費用として，それが営業費および一般管理費であれば，その下位項目たる減価償却費として，算定される。これはとりもなおさず，当該固定資産の評価の問題となる。

また棚卸資産も，仕入価額が異なるとき，安く仕入れた原材料だけで当期に販売し，高く仕入れた原材料だけ決算期に残っているとすれば，売上原価たる費用は低額で，資産たる原材料は高額で，当期の純利益は高額になる。反対にすれば純利益は低額に，ときに純損失になる。

て図形に表わしたものが図1であり，これをみれば商法が何故に資産評価を法定するかが理解できる（常識的にも，負債と純資産の部〔資本の部〕に記載される出資〔資本金・資本準備金〕とは，資産に比べ評価の余地はほとんどない）。

いま，負債と資本について評価の必要がなく，したがって負債・資本（純資産）と収益との境界線 bc は確定しているとすれば，資産評価はすなわち費用配分の問題であり（資産のうちどれだけが当期の収益をあげるための費用とされたか），その結果いかんによって資産と費用との境界線 de が動くことになり，それによって純利益も影響を受けることになる。もし費用配分が適正に行われず，資産が不当に高く評価されれば純利益はそれだけ過大となり，逆に低く評価されると純利益は過小になる。資産の過大評価により剰余金の配当をすれば資本（出資）の配当，いわゆる蛸配当となる。ときには，現実には債務超過（資産＜負債）でありながら，配当をするということもありうる。資産の過小評価は利益の一部の隠蔽であり秘密準備金といわれ，企業としては財政力の温存になるが，出資者に配当されないという不都合を生ずる。ともに公正な会計慣行に反し，商法19条1項，会社法431条・614条に反する。

2 商業帳簿の意義

商業帳簿とは，小商人を除く（7条）商人が，営業上の財産および損益の状況を明らかにするため，法律上作成を要求される帳簿をいう。商法総則にいう会計帳簿と貸借対照表がこれにあたる（19条2項，会社432条1項・435条1項・615条1項・617条1項）。物的会社（株式会社・合同会社）に作成が要求される，損益計算書・株主（社員）資本等変動計算書・個別注記表（会社435条2項・617条2項，会社計算59条1項・71条1項2号），株式会社の計算書類の附属明細書

(会社435条2項)も商業帳簿である(人的会社〔合名会社・合資会社〕では,損益計算書・社員資本等変動計算書・個別注記表の作成は任意的〔会社617条2項,会社計算71条1項1号〕)。

会社の貸借対照表,損益計算書,株主資本等変動計算書,個別注記表を計算書類と総称する(会社435条2項・617条2項,会社計算59条1項・71条1項。連結計算書類は会計監査人設置会社で作成でき,事業年度の末日において大会社であって,有価証券報告書を内閣総理大臣に提出しなければならない会社〔金商24条1項〕は作成しなければならないものとされている〔会社444条1項3項,会社計算61条以下〕)。

財産目録は,商人の個々の資産,負債につきその価額を付した,商人の営業財産の明細表であるが,昭和49年改正で,通常の場合は作成を要しなくなった。大企業では全財産の実地棚卸によるその作成は煩に耐えないこと,作成しなくとも会計帳簿に個別の財産とその価額が記載されていること,による。しかし,会社の清算という非常時には財産目録の作成を義務づけられる(会社492条1項・658条1項・669条1項。なお,民再124条2項,会更83条3項4項,破153条2項参照)。財産目録は,商人の営業上の財産を明らかにするもので,商業帳簿である。

事業報告とその附属明細書は,株式会社に作成義務があるが(会社435条2項),その記載内容(会社則118条〜128条)は,会社の景況に関する事項,役員に関する事項,株式に関する事項等であって,会社の財産および損益の状況に関しないから,商業帳簿ではない。

商人に作成が義務づけられていても,営業上の財産,損益を明らかにするものでないものは,商業帳簿ではない。例として,株主総会・取締役会の議事録(会社318条・369条3項4項),株主名簿(会社121条),社債原簿(会社681条),仲立人日記帳(547条),倉荷証券控帳(602条)などがあげられる。

商業帳簿か否かが問題にされるのは，商業帳簿には特殊の義務や罰則などの効果（19条4項，会社434条・443条・493条・498条・616条・619条・659条・976条7号8号，破270条，民再259条，会更270条）が結びつけられているからである。したがって，一般的には商業帳簿を広く解すべきではないといえる。

3 商業帳簿の作成・保存・提出

(1) **作成義務** 商法19条2項，会社法432条1項・435条1項2項・615条1項・617条1項2項がこれを定める。

商業帳簿の作成方法は，総則にいう会計帳簿，貸借対照表も，株式会社の会計帳簿，計算書類（貸借対照表，損益計算書，会社435条2項にいう株主資本等変動計算書・個別注記表〔会社計算59条1項〕），持分会社の会計帳簿，計算書類（貸借対照表，会社617条2項にいう損益計算書・社員持分変動計算書・個別注記表〔合名・合資会社は任意作成〕〔会社計算71条1項〕）も，大幅に法務省令に委ねられている（19条2項，会社432条1項・435条2項・615条1項・617条2項，商則4条以下，会社計算4条以下・57条以下）。したがって，商業帳簿の形式，装幀，記載の方法は，法務省令に反せず，公正妥当な会計慣行に従う限り（19条1項，会社431条・614条）商人の自由である。帳簿に限らず，カード式，ルーズリーフ式でよく，和式，洋式を問わず，単式簿記でも複式簿記でもよい。事務の電磁化・機械化に応じ，平成13年商法改正（法128）により，商業帳簿を電磁的記録により作成できることを明文化した（平17改正前商33条ノ2第1項，平17改正前商則3条，商則4条3項，会社433条1項2号・435条3項・617条3項，会社計算4条2項）。貸借対照表について，特に設けた帳簿に記載するかまたは編綴すること，作成者（作成義務者）が署名すること，電磁的記録によるときは電子署名（電子署名認証2条1項）すること（平

17改正前商33条3項4項・33条ノ2第2項，平17改正前商則5条）という規制は廃止された。

記載事項は，総則では公正妥当な会計慣行に従って，法務省令の定めるところに従って記載すればよい（19条1項2項，商則4条以下）。会社では会計帳簿，貸借対照表・損益計算書等の計算書類の記載事項が法定されている（会社432条1項・435条1項2項・615条1項・617条1項2項，会社則116条1号2号・159条1号2号，会社計算）。

(2) **保存義務**　商人は帳簿閉鎖の時（帳簿締切の時）から10年間商業帳簿保存の義務がある（19条3項，会社432条2項・435条4項・615条2項・617条4項）。なお，営業に関する重要な資料，たとえば取引上の受取信書，発信信書の控，受領証，それらの電磁的記録などについても，同じ保存義務がある（19条3項，会社432条2項・615条2項）。

この保存義務は，商人資格を失っても継続し，相続・合併により包括承継される（会社の解散・清算で法人格がなくなった後につき，会社508条・672条）。

商業帳簿の電磁的記録での作成・保存のとき，その公示（閲覧・謄写，謄本・抄本の交付）が問題となるが，情報内容を紙面または出力装置の映像面へ表示したものを閲覧または謄写する（会社433条1項2号・442条3項3号・618条1項2号・625条，会社則226条20号21号23号。株式会社の計算書類等が電磁的記録によるときは，さらにインターネットによるアクセスまたは記録内容を記載した書面の交付がみとめられる〔会社442条3項4号。なお，同条2項，会社則227条3号参照〕）。

(3) **商業帳簿の裁判所への提出義務**　商業帳簿は営業上の重要な証拠資料となることから，裁判所は当事者の申立てまたは職権により，その全部または一部の提出を命じうる（19条4項，会社434条・616条。民訴219条・220条に対する特則で，裁判所は職権で提出を命

じうる)。しかし，商業帳簿に法定の証拠力があるわけでなく，一般原則たる裁判官の自由心証主義（民訴247条）による（大判昭17・9・8新聞4799号10頁〔百選25〕）。裁判所へ不提出の効果は一般原則どおりで，裁判所は，文書の記載に関する相手方の主張を真実と認めることができる（民訴224条1項。なお，2項3項参照。過料の制裁，民訴225条）。

4 商業帳簿の種類

(1) 会計帳簿　商人の営業上の財産およびその価額ならびに取引その他営業上の財産に影響を及ぼすべき事項を，継続的，組織的に記録する帳簿である（平17改正前商33条1項）。取引以外で財産に影響を及ぼすべき事項とは，たとえば天災，事故による資産の滅失，毀損，不法行為による債務負担などをいう。簿記会計では，これらを含めて取引といっている。

会計帳簿の主要簿は，複式簿記では日記帳，仕訳帳（両者の機能を有する伝票の利用が現在多い），および総勘定元帳（元帳）であり，単式簿記では日記帳，元帳である。

日記帳は，商人の日々の取引その他営業上の財産に影響を及ぼすべき事実（簿記会計上の取引）を，歴史的，網羅的に記録するもので，複式簿記では仕訳帳における仕訳の基礎資料を集積する。

仕訳帳，総勘定元帳は前述（1(3)(エ)，74頁）参照。

(2) 貸借対照表　(ア) 貸借対照表は，商人の財産状態の一覧表ともいうべきもので，一定の時点における営業上の総財産（積極・消極財産）を，商人の現に有している資産額を資産の部ないし借方，商人の有すべき資産額を負債の部および資本（純資産）の部ないし貸方，の二面に分けて記載し，その両面（借方・貸方）を対照させて，商人の財産の状況および損益の状況を明らかにする帳簿である。

平成17年改正により，資本の部は純資産の部に名称が変わった（商則8条1項，会社計算73条1項。表3参照）。

(イ) 貸借対照表は一定時点の財産の静態を示す点で，財産目録と同じであるが，次のような相違がある。

財産目録は個別の財産ごとに記載するが，貸借対照表は財産の構成状態を示す概要表で，財産を種類別に一括してその合計額を付せば足る。負債の記載は両者共通だが，貸借対照表は損益の計算のための控除項目としての自己資本（資本金，準備金）等の記載（負債と同じ貸方記載）が必要である。貸借対照表では，同じく年度損益を示すため，現実には既に支出済みで積極財産とはいえないものを繰延資産，前払費用として資産の部に記載することができる。これらは，既に資産からの流出があったのであるが，次期以降の収益の源泉であるので（**費用収益対応の原則**），一応これを資産の部に計上し，★支出期以後数年にわたって漸次償却すること（後年度において，費用として支出されたものとして計上する）が認められるのである。なお，昭和49年改正で，貸借対照表は，財産目録に基づき作成する主義（棚卸法）から，会計帳簿に基づき作成する主義（誘導法）にかわっている（商則7条1項2項，会社計算58条・59条3項）。

(ウ) 個人商人は開業の時に開業貸借対照表を，毎年1回一定の時期に貸借対照表を作ることを要する（商則7条1項2項）。会社は開業の時に開業貸借対照表を（会社435条1項・617条1項，会社計算58条・70条），決算期に年度（ないし期末）貸借対照表（会社435条2項・617条2項）を作ることを要する。株式会社は，年度末に限らず，臨時決算日における貸借対照表等の臨時計算書類を作成し（会社441条，会社計算60条），株主総会決議により，いつでも剰余金の配当をすることができるようになった（会社453条・454条）。臨時の剰余金の配当のために臨時計算書類の一つである臨時貸借対照表を

第2編　企業主体としての商人　　第2章　企業の物的要素

表3　貸借対照表・損益計算書の例

貸借対照表

平成30年3月20日現在　　　　（単位：百万円）

科　　目	金　額	科　　目	金　額
（資産の部）		（負債の部）	
流　動　資　産	195,742	流　動　負　債	28,198
現金預金	34,612	支払手形	6,901
受取手形	19,012	買掛金	10,671
売掛金	24,210	未払税金	6,146
有価証券	94,286	その他	4,479
商　品	11,933	固　定　負　債	93,500
短期貸付金	9,096	社　債	89,351
その他	2,590	長期借入金	522
		退職給与引当金	3,625
固　定　資　産	56,377	負　債　合　計	121,699
〔有形固定資産〕	13,751	（純資産の部）	
土地	4,494	株主資本	125,421
建物	6,742	資本金	25,070
機械装置	2,514	資本剰余金	63,619
〔無形固定資産〕	76	資本準備金	55,600
特許権	34	その他資本剰余金	8,019
ソフトウェア	42	利益剰余金	41,732
〔投資等〕	42,549	利益準備金	31,700
関連会社株式・出資金	12,518	その他利益剰余金	10,032
長期貸付金	23,647	自己株式	−5,000
その他	751	評価・換算差額等	0
		新株予約権	5,500
繰　延　資　産	500	純資産合計	130,921
資　産　合　計	252,620	負債純資産合計	252,620

損益計算書

自　平成29年3月21日
至　平成30年3月20日
（単位：百万円）

売上高	185,404
売上原価	159,734
売上総利益	25,670
販売費及び一般管理費	15,519
営業利益	10,151
営業外収益	15,112
営業外費用	4,833
経常利益	20,430
特別利益	319
特別損失	1,193
税引前当期利益	19,556
法人税等	10,269
当期純利益	9,287

損益計算書の読み方（会社計算87条以下参照）

　損益計算書は，損益発生原因である取引活動そのものに基づく原因計算で，

集合損益勘定を基礎に作成される（本文Ⅱ1(3)(エ), 74頁参照）。営業目的を製造業とし，順調に利益をあげている株式会社を例として，損益計算書の主な項目を説明しておこう。

売上高は，製品を売却して得た収益である。

売上原価は，製品を作り出すのにかけた費用で，原材料費，製品を作るのに要した労務費，工場・生産設備の減価償却費などである。

売上総利益は，売上高から売上原価をマイナスしたものである（売上総損益金額。会社計算89条1項）。

販売費および一般管理費は，企業の目的とする営業活動から発生した費用のうち，売上原価以外の費用をいい，広告宣伝費，荷造費，電話代，交際費，経理・総務といった管理部門の経費などで，労務費以外の人件費，本社社屋の減価償却費なども含まれる。

売上総利益から販売費および一般管理費をマイナスしたものが**営業利益**（営業損益金額）で，企業の目的とする営業活動が直接生み出した利益を示す（会社計算90条1項）。

営業外収益は，余資の運用，貸付による利子収入，有価証券保有による受取配当・利息などであり，**営業外費用**は，借入金への支払利息，手形の割引料などであり，これらは企業の目的とする営業に伴って通常発生する収益，費用といえる。

営業利益に，**営業外収益**をプラスし，**営業外費用**をマイナスしたものが**経常利益**（経常損益金額）で，企業本来の営業活動を遂行することによって得られる利益である。経常利益は，営業による企業の期間利益を最も端的に，実態に即して表しているとされる（会社計算91条1項）。

特別利益（会社計算88条2項），**特別損失**（同条3項）は，企業の営業活動から見てその期に特有の，臨時の損益である。特別利益としては，遊休不動産その他の固定資産の売却益や長期保有有価証券の売却益など，特別損失としては，災害による損害費用，固定資産売却損，不良債権の償却損などがある。

経常利益に，**特別利益**をプラスし，**特別損失**をマイナスしたものが，**税引前当期利益**（税引前当期純損益金額）である（会社計算92条1項）。

税引前当期利益から**法人税**など納期に支払うべき税金の引当額（会社計算93条）をマイナスしたものが**当期純利益**（当期純損益金額）である（同94条1項）。

当期純利益は，貸借対照表の純資産の部の当期変動額を示す株主資本等変動計算書（会社435条2項，会社計算59条1項・96条）において，**株主資本**（会社計算96条2項1号イ）における**利益剰余金**（同条3項1号ニ）中の**その他利益剰余金**（同条4項2号ロ）の1項目である繰越利益剰余金の，当期末残高を示すため，前期末残高の事業年度中の**当期変動額**として表示される

(同96条7項2号)。

なお,事業年度末日のその他資本剰余金およびその他利益剰余金の合計額を出発点として算出される剰余金の額(会社446条,会社計算149条・150条)は,剰余金の分配・自己株式取得の財源となる分配可能額算定(会社461条2項,会社計算157条・158条)の基礎であり,実際上,**その他資本剰余金とその他利益剰余金**は分配可能額の主な部分を構成することとなる。

作成する。年度貸借対照表・臨時貸借対照表は,営業の継続を前提として,その損益計算を明らかにする目的をも併有して作成される。開業貸借対照表にはこの目的はないが,年度貸借対照表の基礎となるので,あわせて通常貸借対照表という。商法の資産・負債の評価に関する規定(商則5条)は通常貸借対照表を対象とするものである(会社法・会社計算規則の評価規定は,通常貸借対照表のもの〔会社計算5条・6条〕のほか,次述の組織変更・組織再編のときの非常貸借対照表のものを含む〔会社計算7条~12条〕)。

(エ) 会社の組織変更(会社2条26号),会社の合併(同条27号28号),吸収分割(同条29号),新設分割(同条30号),株式交換(同条31号),株式移転(同条32号),清算(同492条1項・658条1項・669条1項),破産(破153条2項),民事再生(民再124条2項),会社更生(会更83条3項4項)などの特別の場合に作成されるものを非常貸借対照表という。それぞれ特殊の目的で作成されるもので資産の評価はその目的に応じてなされる。

(オ) 記載すべき財産は,営業上の積極財産,消極財産のすべてである。私用財産は記載を要しない(19条2項。昭和49年商法改正で明らかにしたところである)。

特定の権利が商人に属するか否かは,公正な会計慣行によるべきで(19条1項,会社431条・614条,商則4条2項,会社計算3条),それによれば経済的にみるもので,法律的見地によらない。1個の給付に法律上数個の請求権があっても(たとえば手形債権と原因債権)

そのうちの1個だけを記載する。

(カ) 貸借対照表，損益計算書など商業帳簿の作成には，「企業会計原則」「第1 一般原則」の次の規範の適用がある。真実性の原則（原則第1・1），正規の簿記の原則（原則第1・2），資本取引・損益取引区別の原則（原則第1・3），明瞭性の原則（原則第1・4），継続性の原則（原則第1・5，同注3。会社計算122条1項4号・2項1号，126条1項4号・2項2号参照），保守主義（安全性）の原則（原則第1・6。企業の財政に不利な影響を及ぼす可能性がある場合には，これに備えて適当に健全な会計処理をする），単一性の原則（原則第1・7。複数目的で複数の財務諸表を作るときにも内容は実質的に同一である）。

5 資産の評価

(1) 資産評価の諸主義　(ア) 原価主義は，資産の取得原価（取得価額・製作価額）を基準とする。見積，予測という不確定な要素がなく，営業活動による損益の算定に適合する。企業会計における支配的な考え方である（商則5条1項本文，会社計算5条1項，原則第3・5）。

(イ) 時価主義は，資産の評価時の時価，市場価額（売却価額と再調達価額がある）による。営業活動と関係のない，インフレによる評価益を計上するという欠点がある。他方で，企業の資産状況を評価時において適正に表示するという点では意味がある（いわゆる含み資産・含み損失を明らかにする）。この点，ならびに国際的な会計基準との調和および企業会計原則との整合性確保の点から，平成11年改正商法以来市場性ある金融商品としての債権，社債，株式につき時価評価を可能とする（会社計算5条6項2号3号）。

(ウ) 低価主義は，原価と時価とのいずれか低い価額を基準とする。評価基準の一貫性を欠くが，企業財産の堅実性を図れるため，会計

原則も棚卸資産についてこれを認め（原則第3・5A後段），税法上も適法としている（商則5条1項ただし書，会社計算5条6項1号）。

　㈢　時価以下主義は，時価を最高限度とした評価を認める（昭49改正前34条1項後段）。

　(2)　**流動資産の評価**　　流動資産とは，決算期から1年内に現金化または費用化する資産をいう（会社計算74条3項1号参照。ワン・イヤー・ルール）。現金，預金のほか商品，製品，半製品，仕掛品，原材料などの棚卸資産である。棚卸資産は次期の収益に対応する費用，すなわち次期に売上原価たる費用となる。

　流動資産については，原価主義または時価主義のどちらかをとればよいが，（商則5条1項），時価が著しく低下して原価まで回復すると認められないときは時価による（例外的時価主義。商則5条3項1号）。会社は，原価主義，低価主義の選択だけが許され（会社計算5条1項6項1号），かつ例外的時価主義であって，時価が著しく低下して原価まで回復すると認められないときは時価による（会社計算5条3項1号）。流動資産でも貸借対照表の現金および預金（会社計算74条3項1号イ）として表示される現金と預金（当座預金その他1年内に期限の到来する預貯金）等は，評価の余地なく額面どおりとされ，債権は別の基準による（商則5条4項，会社計算5条4項5号。後述(4)，89頁）。

　時価低下の原因は市況の変動のほか，資産の品質低下，陳腐化，減耗もある。

　棚卸資産の算定方法として，会計慣行では，個別法，先入先出法，後入先出法などが認められている（原則第3・5A，同注21）。

　(3)　**固定資産の評価**　　有形固定資産と無形固定資産がある。土地以外の固定資産，たとえば建物，機械設備，特許権，地上権などには耐用期間，有効期間があり，その期間中に生み出す収益の源泉

すなわち費用となるとみるのが企業経営上合理的である。固定資産の原価が，将来の費用として資産として扱われているとみることができ，上記の期間にわたっていくらかずつ現実の費用として処理すること（減価償却）によって毎期の損益計算が可能となる（費用収益対応の原則）。毎期の減価償却費（減額分）は，固定資産の使途に応じ，あるいは売上原価を構成する費用とされ（製造設備など），あるいは販売費・一般管理費中の減価償却費とされる（本社社屋など）。

固定資産には原価を付し，毎年1回一定の時期（会社は毎決算期）に相当の償却をし，予測できない減損が生じたときは相当の減額をする（商則5条1項本文・2項・3項2号，会社計算5条1項・2項・3項2号）。

相当の償却とは，資産の種類に応じ，耐用（有効）年数にわたって，一定の方法で計画的に償却（減額）することをいう。一定の方法には，定額法，定率法，生産高比例法などが認められている（原則第3・5D・E，同注20）。

予測することができない減損とは，これらに入らない減損で，災害，事故などによる物理的減損と，陳腐化，営業政策や法令の変更に起因する不適応化による機能的減損がある。これはそれが生じた当期の費用（損失）としなければならない。

(4) 債権の評価　　債権は流動資産であることも固定資産であることもある（会社計算74条参照）が，取立不能見込額を控除する（商則5条4項，会社計算5条4項。会社は取得価額が債権額と異なる場合その他相当の理由のある場合は，適正な価格を付すことができる〔会社計算5条5項〕）。

(5) その他の資産・負債の評価　　株式会社（および旧有限会社）について平成17年改正前商法に，社債その他の債務，株式その他の出資，暖簾の評価規定があった（平17改正前商285条，平17改正

前有46条,平17改正前商則31条〜33条)。会社法(432条1項)は,社債について,払込みを受けた金額が債務額と異なるときに,年度末の時価または適正な価格を付すことができるとし(会社計算6条2項3号),他の債務については負債の評価の一般規定(同条)により,株式その他の出資は資産の評価の一般規定(同5条)による。

組織再編行為(合併・会社分割・株式交換・株式移転・事業譲受け)の際の,のれん(第1章Ⅳ3(1),48頁参照)の会計帳簿記載価額について,会社計算規則は他の資産・負債に比べ詳細な規定を置いていたが(平成21年改正前11条〜29条・5条・6条),平成21年改正により,資産・負債の帳簿価額の記載との均衡から,組織再編の際に「適正な額ののれんを資産又は負債として計上することができる」旨だけを規定し(会社計算11条。なお,同74条3項3号リ・75条2項2号へ),のれんの内容は一般に公正妥当と認められる企業会計の慣行(会社431条・614条,会社計算3条)に委ねた。

吸収合併の場合ののれんについて概説すると,のれんは営業権ともいわれ,伝統的には,会社の歴史・得意先関係・営業の秘訣・経営組織・地理的条件等の,法律上の権利とはいえない財産的価値ある事実関係(他の企業に対する超過収益力)を指していた。しかし,公正妥当な会計慣行の代表といえる企業会計基準によれば,のれんとは,(合併存続会社の)取得原価が,受け入れた資産及び負債に配分された純額を上回る場合の超過額をいい,下回る場合の不足額を負ののれんという(企業結合に関する会計基準〔以下,企業結合会計基準〕31項)として,いわば数額上の問題としている(平たくいえば,消滅会社の資産・負債を合併の日に再評価して,公正な価額より高く買ったと評価できるときの損となる分が「のれん」であり,安く買ったときの得となる分が「負ののれん」。会計基準上の「のれん」は,伝統的に理解されてきた「のれん」を否定するものではないであろう。ただ,財産的価値

ある事実関係で，その資産価値を客観的に評定できるものは，無形固定資産として「受け入れた資産」に算定されることにはなる。なお，会計基準でいう「取得原価」とは，存続会社が消滅会社の支配力を取得する原価という意味で〔現在の会計基準では，企業結合は，一方が他方の支配を取得するということを原則形態としている。合併でいえば，存続会社が消滅会社の支配を取得するのが普通であり，ここではこの普通の場合を説明している〕，存続会社がその株式を消滅会社の株主に割当てるときは，合併の日の存続会社の株式の時価による）。

　公正妥当な企業会計慣行によれば，のれんは，資産に計上し，20年以内のその効果の及ぶ期間にわたって，定額法等により償却することになっており（企業結合会計基準32項）その額が貸借対照表に記載される（会社計算74条3項3号リ）。負ののれんは，どうしてもそれが生じるときは，その期の利益として処理し，特別利益に表示する（企業結合会計基準33項(2)・48項），したがって，適正な額ののれんを負債として計上でき，貸借対照表にその記載欄もあるが（会社計算11条・75条2項2号ヘ），「適正な額」は常に0であり（負債計上はできない），損益計算書特別利益中の負ののれん発生益（会社計算88条2項）とする。

　株式会社には7種の繰延資産につきその計上と償却につき規定があった（平17改正前商281条5項，平17改正前商則35条〜41条）。そのうち，会社法は建設利息（平17改正前商291条1項，平17改正前商則41条）を廃止したので，存在しなくなる。創立費（発起人の報酬・会社の負担すべき設立費用・定款認証手数料・払込取扱機関への報酬・設立登記の税額，平17改正前商則35条）は，成立後の資本金・資本準備金の額に関する事項（会社32条1項3号）として，設立に要した費用（創立費）を，設立に際して資本金または資本準備金の額として計上すべき額から減ずるべき額と定めておくと（会社計算43

条1項3号), 株主となる者が払込み・給付した財産の価額から設立に要した費用を減じた額が, 会社法445条1項の株主となる者が払込みまたは給付した財産の額となるから (会社計算43条), 繰延資産としないことができる。新株発行費も, 同様に, 払い込んだ金銭・財産の額から新株発行費を, 新株を発行して増加する資本金および準備金の額に関する事項 (会社199条1項5号) として, 資本金等増加限度額から減ずるべく定めておくと (会社計算14条1項3号), それを減じたものが, 会社法445条1項の株主となる者が払込みまたは給付した財産の額となるから (会社計算14条), 繰延資産としないことができる。しかし, 資本金等から創業費, 新株発行費用を排除すべしという企業会計の慣行ないし基準は我が国には存しないところ (会社431条・614条, 会社計算3条参照), 会社計算規則平成18年改正附則11条1号5号により, 資本金等からの控除額を, 当分の間0とするものとされている。その他の, 開業費 (平17改正前商則36条), 研究費および開発費 (平17改正前商則37条), 社債発行費 (平17改正前商則39条), については特に規定がなく, 一般に公正妥当な会社慣行・基準 (会社431条・614条, 会社計算3条) に従うことになる。それによると, 創立費, 開業費, 開発費, 株式交付費 (新株発行費・自己株式処分費), 社債発行費 (新株予約権発行費もほぼこれに準ずる) の5項目は, 支出年度に費用処理するのを原則とするが, 繰延資産 (会社計算74条3項5号) として計上できる。規定のあった社債発行差金 (平17改正前商則40条) は, 負債である社債の評価は, 払込金額が社債金額と異なるときは, 時価または年度末の適正価格 (会社計算6条2項2号) を付すこととなるから, 社債発行差金は社債金額から直接控除するので, 繰延資産とすることはできないものとされている。

　株式会社 (および旧有限会社) は, 特定の支出または損失に備える

引当金は，その営業年度の費用または損失とすることを相当とする額に限り貸借対照表の負債の部に計上できるとしていたが（平17改正前商281条5項，平17改正前商則43条），会社計算規則は，負債の評価につき，退職給付引当金，返品調整引当金を例示した上で同趣旨を規定し（会社計算6条2項1号），貸借対照表の流動負債（会社計算75条2項1号ニ），固定負債（同項2号ハ）に属するものとする。

第3章　企業の人的要素

I　商業使用人

1　序　論

　商人が広範囲に活発に営業を展開するには多くの補助者が必要となる。補助者の第1は、商人の企業内で商人の指揮命令に服して各種の活動に従事する者である。補助者の第2は、補助自体を自らの営業とする独立の商人で（補助商），商行為編・海商編の各種営業（仲立営業，問屋営業，運送取扱営業，運送営業，倉庫営業，海上運送）がこれにあたる。補助商のうち代理商は、本人と継続的関係がある点が商業使用人と類似するので、総則編に規定がある（27条以下。なお，会社16条以下）。

　商人と使用人との法律関係は、労務に服し報酬を得るという面と、使用人が商人を代理する面とに分けて考えうる。前者は、現代では使用人の生活利益の擁護を指導理念とする労働法という一法分野を形成している。後者は、取引安全を図る必要から使用人の代理権の範囲を明確にする必要があるので商法が商業使用人としてこの面を中心に規定するところである。

　商業使用人とは、商人に従属する，すなわちその指揮命令に服する，営業の補助者であって，商人の営業上の代理権を有する者をいう。商人と雇用契約があるのが普通である。雇用契約を要するとする説もあるが、それがなくとも（家族，友人など）商業使用人の規定

の類推適用を肯定するから，結果に差はない。商人的業務（技師，職工など事実行為での補助でなく，商品売買，金銭出納，簿記など商業技術的業務での補助）に携わる者は，代理権の有無を問わず商業使用人とする説も多いが，商法は代理権を中心に規定しているから，その解釈，適用については問題は生じない。

商人の代理人でも，それに従属せず，指揮命令に服する関係にはない法定代理人（親権者，後見人），代理商は商業使用人でなく，商人たる会社の法律上の機関またはその構成員である（代表・業務執行）社員（会社599条・590条・591条），（代表）取締役（会社349条・326条1項），（代表）執行役（会社420条・402条・418条）も商業使用人ではない。

2 支 配 人

(1) 意義　支配人とは，営業主・会社に代り，その営業・事業に関する一切の裁判上または裁判外の行為をなす権限を有する商業使用人をいう（21条1項，会社11条1項）。商人から，このような営業に関する包括的な代理権（支配権）を与えられた者が支配人である（通説）。その名称は問題でなく，内部的な支配権の授与が決定的である。支配人をこのように定義すると，包括的代理権を制限されていると（21条3項，会社11条3項参照），支配人ではないこととなり，取引の安全を害することから，支配人とは営業主により本店または支店の営業の主任者として選任された商業使用人をいうとの説も有力である。しかしそうすると，支配人と表見支配人（24条，会社13条）との区別が困難となるし，表見支配人は主任者たる名称を付したものとして区別するとしても，今度は「主任者」とは何かが問題となる。支配人は，登記を前提とした（22条前段，会社918条，商登44条・45条。絶対的登記事項），対外的に包括的かつ不可制限的

な代理権を授与された者である点において，ある種類または特定の事項の委任を受けた使用人（25条，会社14条）と区別すべきであろう（(5)，101頁参照）。

取引相手方にとっても重大な関心事であるから，支配人を選任したこと，代理権が消滅したことは必ず登記により公示しなければならない（22条，会社918条。絶対的登記事項）。ただし，小商人（7条）は支配人の選任はできるが（20条），商業登記の規定は適用されない（7条・8条～10条）から，支配人の登記はできない（7条・22条）。

(2) 選任・終任　㋐ 選任　支配人の代理権は広範で（21条，会社11条），営業主にとって重大であるので，その選任は，営業主または選任のために代理権を与えられた者がなす。支配人が当然に他の支配人を選任できるわけではない。平成17年改正前商法38条2項は，支配人は，番頭・手代・その他の使用人を選任・解任できると規定していたから，その反対解釈としてわかりやすかった。そのことは，支配人は，商人のおいた営業所における営業に関して代理権を有するのであって（20条・21条1項，商登43条1項3号4号。なお会社については会社10条・11条1項2項，商登44条1項2項2号参照），支配人は自ら営業所・営業の廃止・新設などの変更ができるわけでなく，支配人の選任は，新たな営業所・営業を前提とすることが多いことから，導くことができよう。会社の支配人選任には，内部的に厳格な手続を要するが（会社348条3項1号・362条4項3号・591条2項本文。ただし，指名委員会等設置会社で，使用人の選任・解任を執行役に委任すると，代表執行役が選任・解任できる），それは代表者の権限の内部的な制限にすぎず，それに反しても代表者のした選任行為は有効というべきであろう（最判昭40・9・22民集19巻6号1656頁〔会社百選64〕参照）。

支配人は自然人でなければならないと解されているが（なお，会社331条1項1号・335条1項・402条4項参照），行為能力者でなくてもよい（民102条。なお，会社331条1項2号・335条1項・402条4項参照）。会社の業務執行機関・代表機関を監査・監督すべき地位と，その指揮命令に服すべき地位とは両立しないので，監査役・監査等委員・指名委員会等設置会社の取締役（会社381条1項・399条の2第3項1号2項・416条1項2号）は，会社・監査等委員会設置会社・指名委員会等設置会社の支配人を兼ねることはできない（会社335条2項・331条3項4項）。支配人は，会社，親会社の会計参与となることができない（会社333条3項1号）。取締役・執行役と共同して計算書類，その附属明細書等を作成すべき会計参与（会社374条1項6項）が，取締役・執行役の指揮命令に服すべき支配人であっては，計算書類等の公正が保てないためである。なお，独占禁止法上の制限がある（独禁13条・2条3項）。

　支配人の選任は，支配権授与行為と雇用契約とからなるが，既に雇用関係にある者に支配権を与えるのが普通である。

　支配権は，営業所ごとに個別化され（商登43条1項4号・44条2項2号），また，商人が自然人であるときは一商号をもってなす営業ごとに個別化されるから（商登43条1項3号），支配権の授与は行使すべき営業所，商号を明らかにすることを要する。本店，支店ないし数支店の支配人を兼ね，数商号の支配人を兼ねることは構わない（総支配人）。

　(イ)　終任　　代理権の消滅（民111条・651条～655条）または雇用関係の終了（民626条～628条・631条）の事由のうち，いずれか早いほうで支配人でなくなる。ただし，営業主の死亡は終任事由とならず（506条），当然に相続人の支配人となる。

　支配人は商人の営業を前提とするから，営業の廃止，会社の解散

も終任事由となる。営業譲渡があったときについては説が分かれる。終任事由否定説は、当然に営業譲受人の支配人となり、そう解しても支配人には任意解約告知権（民651条1項）があるから不都合はないとし、肯定説は、民法625条が雇用関係の原則であり、特別規定（船員43条参照）のない以上、明示・黙示の同意がなければ終任事由となるとする。

(ウ) 登記　　完全商人の支配人の選任、終任は必ず登記を要する絶対的登記事項である（22条、会社918条）。平成17年改正前商法では支配人の登記は、支配人をおいた本・支店でだけなせばよかったが（平17改正前商40条）、商業登記の電子化に伴い、会社の支店の所在地における登記は、商号・本店の所在場所・支店の所在場所のみとなり（会社930条2項、商登48条〜50条・95条・111条・118条）、登記の内容は本店所在地の登記所に集中され、支店の支配人の登記も、本店でなす（会社918条）。会社以外の商人は、支配人を置いた営業所で登記すればよい（商登43条）。自然人たる商人の支配人は、支配人登記簿に（商登43条1項・6条4号）、会社の支配人は、各会社登記簿に（商登44条1項）登記をなす。この登記、とくに終任登記は、商業登記の一般的効力（9条1項、会社908条1項）の典型例である（第4章Ⅲ1, 115頁）。

★ **(3) 支配人の代理権（支配権）**　　(ア) 裁判上の行為　　営業に関する訴訟行為について、いずれの審級でも営業主の訴訟代理人となることができるし（民訴54条）、営業主の訴訟代理人としての弁護士を選任することもできる。

(イ) 裁判外の行為　　営業に関する一切の法律行為、法律的行為について代理権がある。営業に関する行為とは、商人の営業目的である行為および営業のためにする行為をいう。支配人は、他の使用人を選任・解任できる（21条2項、会社11条2項）。これは商人の営

業のためにする行為であるから当然のことである。平成17年改正で，従来「番頭，手代其ノ他ノ使用人」としていたものから「番頭，手代」の文字を削った。旧来の方が，支配人は支配人を選任・解任できないことが，反対解釈から導きやすかったといえるが，前述したように内実は変わらない（(2)，96頁）。

自然人たる商人の支配人の代理権は営業所ごとに与えられ（商登43条1項4号），代理すべき営業に関する行為は，該営業所におけるすべての営業または数個の商号を使用して数種の営業をするときは該営業所において商号によって個別化された営業である（商登43条1項3号）。会社は数種の営業を行っても1商号しかありえず（会社6条1項），会社の支配人はそのおかれた営業所（本店・支店，会社10条）の全営業について代理権がある（商登44条2項2号）。

営業に関する行為は，具体的な営業の存在を前提とするから，廃業，営業譲渡，営業の変更については代理権はない。

営業に関する行為かどうかは，行為の性質，種類等を勘案して，客観的・抽象的に観察して決すべきである（最判昭54・5・1判時931号112頁〔百選29〕）。

支配人が自己の利益を図ってなした行為については，民法93条ただし書（平成29年改正民93条1項ただし書）の類推適用があり，相手方が支配人の背信的意図を知り，または知りうべきだったときは，無権代理となる（前掲〔百選29〕）。背信的意図があっても代理行為として有効で，ただ悪意の直接の相手方の権利行使は，権利濫用ないし信義則違反で許されないとする説も有力である。ただ，この点については平成29年改正民法は，107条に，代理権の濫用として，代理人が自己または第三者の利益を図る目的で代理権の範囲内の行為をした場合において，相手方がその目的を知り，または知ることができたときは，その行為は，代理権を有しない者がした行為とみ

(ウ) 代理権の制限　支配人の代理権に制限を加えても，善意の第三者に対抗できない（21条3項，会社11条3項）。制限を登記することもできず（商登24条2号），誤って登記されても無効である。第三者の悪意の立証責任は営業主にある。支配権は対外的には一般的な制限も，また拡張もできない画一的かつ包括的な代理権である。

この強大な支配権行使から営業主を守るために，共同支配とその登記の制度があったところ（平17改正前商39条・40条後段），平成17年改正法はこの制度を廃止したので，営業主が支配人の相互牽制を狙って共同支配としても，それは支配権の制限となり，善意の第三者には対抗できないし（21条3項，会社11条3項），登記も当然できない（商登24条2号）。

(4) 支配人の義務　支配人は営業主に対し，雇用契約に基づく義務（民623条以下），支配権が委任による代理権であることに基づく義務（民643条以下）を負う。支配人が絶大な代理権をもって営業に関与することは，支配人が営業の機密に通じていることでもある。それらは営業主と支配人の間の強度の信頼関係を前提とする。商法はこの強度の信頼関係を考慮して，支配人にさらに営業避止義務，競業避止義務を課している（23条1項，会社12条1項）。営業機密に通じることは代理権があるために限らないから，この義務は強度の信頼関係ある雇用契約に基づいているといえよう。代理権の有無を問わず，少なくとも高級使用人には類推の余地がある。

(ア) 営業避止義務　支配人は，営業主の許可を受けなければ，自ら営業し，会社の取締役・執行役・業務執行社員となり，他の商人の使用人となることはできない（23条1項1号3号4号，会社12条1項1号3号4号）。兼業による精力の分散を防ぐ趣旨である。

(イ) 競業避止義務　支配人は，営業主・会社の許可を受けなけ

れば，自己または第三者のために，営業主の営業・事業の部類に属する取引，すなわち営業主・会社の営業・事業の目的である取引はできない（23条1項2号，会社12条1項2号）。背任的な，営業機密を利用した競業を許さない趣旨である。

(ｳ) **違反の効果**　義務の違反は，損害賠償義務を生じ，解任の正当事由となる。

競業避止義務に違反して取引をしたときは，支配人または第三者が得た利益の額は，営業主に生じた損害の額と推定される（23条2項，会社12条2項）。平成17年改正前商法は，支配人が自己のために競業したときは，営業主は，取引を知ったときから2週間内，競業取引のときから1年内なら，営業主のためにしたものとみなすことができる，という営業主の奪取権（介入権）を認めていたが（平17改正前商41条2項3項），改正法はこれを廃止し，代わりに支配人・第三者の得た利益の額を損害と推定する規定を設けた。この改正は，一方で，第三者の得た利益を営業主の損害と推定するとして，営業主の保護を拡大するとともに，支配人が自己のためにしたときに限っていたとはいえ（「自己のために」は，「自己の名をもって」か「自己の計算において」かについては争いがあったが，奪取権の効果に着目すると，後者といってよかったといえる），営業主の保護を後退させたといえるであろう。たとえば，支配人が競業として物を買い入れたとき，営業主が奪取権（一方的意思表示でできる形成権）を行使する際は，競業であることさえ立証すれば，支配人の手元にある物を移転する債務を支配人に負担させることができ，損害を問題にするまでもないからである。その場合，営業主は，支配人の取引に要した費用を補償し，負った債務を免れさせる必要はあるが，その立証責任は，支配人にあった。

(5) **表見支配人**　支配人であるか否かは，支配権の有無による　★

から，営業主により，支店長などの支配人らしい名称を付されていても，支配人とは限らない。そこで，商法・会社法は取引安全の見地から，権利外観法理ないし禁反言則を採り入れて，本店または支店の主任者たることを示すべき名称を付した使用人は，裁判外の行為については，一切の権限があるものとみなした（24条本文，会社13条本文。平17改正前商42条1項は支配人と同一の権限を有するものとみなしていた）。

表見支配人の行為が，客観的な種類，性質により，営業主の営業に関する行為であれば，代理権ありとみなされる。しかし，相手方が悪意のとき，すなわち取引のときに代理権がないことを知っていたときは別である（24条ただし書，会社13条ただし書。立証責任は営業主・会社。平17改正前商42条2項では，支配人でないことを知っていたときというのが通説といえたが，支配人の定義を，本店・支店の主任者と解する説〔(1), 95頁〕では，新商法・会社法による改正で，要件が変わったこととなるし，包括的代理権を与えられた者を支配人とする通説によるときも，支配人でないことの悪意の立証と，代理権のないことの悪意の立証とは，その対象となる事実が異なることが多いであろう）。取引のときに，相手方に重大な過失があったときはどうか。同様の制度である表見代表取締役（代表取締役の登記がありつつ，「善意の第三者」に対し会社の外観責任を認める，会社354条）について，最高裁は，重大な過失があるときは，悪意の場合と同視して，会社はその責任を免れると判示している（最判昭52・10・14民集31巻6号825頁〔会社百選48〕。なお，商業使用人の代理権の制限を「善意の第三者」に対抗できないとする，25条2項，会社14条2項に対応する規定〔平17改正前商43条2項〕についても，最高裁は代理権の制限があることを知らなかった過失のある第三者は含まれるが，重大な過失のある第三者は含まれないとする。最判平2・2・22集民159号169頁〔百選30〕。なお，名板貸人の責任に関する

第 2 章 I 6(エ)，67 頁参照）。判例を形式的に見る限り，事実につき善意の第三者に対し外観責任を負う規定のときは重過失のある第三者は保護されないが，事実につき悪意の第三者には責任を負わないという規定のときに重過失ある第三者についても悪意と同視できるかどうかは，まだ分からないともいえる。なお，表見支配人の権限濫用につき，相手方が表見支配人自身の利益を図ることを知りまたは知り得べき場合は，民法 93 条ただし書（平成 29 年改正民 93 条 1 項ただし書）の類推適用により，営業主は責任を負わないとするのが判例である（最判昭 51・10・1 集民 119 号 1 頁。なお，手形行為と表見支配人の相手方〔24 条ただし書，会社 13 条ただし書〕に関して，最判昭 59・3・29 判時 1135 号 125 頁〔百選 28〕参照）。

小商人は支配人（20 条）を選任することができ，その登記ができないだけで（7 条・22 条），表見支配人の規定（24 条）は小商人にも適用される。

営業・事業の主任者たる名称は，本店営業部長，（支）店長が好例である。（支店）次長，支店長代理などは，本・支店に他に上席者がいることが明らかで主任者たる名称といえない。

本店・支店は営業所の実質（第 1 章Ⅳ4，50 頁）を備えていなければならないが（最判昭 37・5・1 民集 16 巻 5 号 1031 頁〔百選 27〕，保険相互会社の支社は従たる事務所の実質を備えず支店に準ずるものでなく，支社長は支店の営業の主任者に準ずるものでないとした），営業所である以上名称が出張所でもよく，出張所長も表見支配人とされることがある（最判昭 39・3・10 民集 18 巻 3 号 458 頁）。

3　その他の商業使用人

(1)　ある種類または特定の事項の委任を受けた使用人　　営業全般についてではないが，営業に関するある種類または特定の事項に

ついて委任を受けて、営業主を代理する者がある。商法は番頭、手代を例示していたが（平17改正前商43条）、現代では部長、課長、係長などを指す。ある種類または特定の事項、たとえば販売・仕入・資金借入れに関し、これらの者が委任による代理権を与えられているとき、その裁判外の代理権は包括的であって、代理権に制限を加えても善意の第三者に対抗できない（25条、会社14条）。

このような理解が伝統的であったといえようが、最高裁（前掲最判平2・2・22〔百選30〕）は、平成17年改正前商法43条1項の趣旨は、「反復的・集団的取引であることを特質とする商取引において、番頭、手代等営業主からその営業に関するある種類又は特定の事項（例えば、販売、購入、貸付、出納等）を処理するため選任された者について、取引の都度その代理権限の有無及び範囲を調査確認しなければならないとすると、取引の円滑確実と安全が害される虞があることから、右のような使用人については、客観的にみて受任事項の範囲内に属するものと認められる一切の裁判外の行為をなす権限すなわち包括的代理権を有するものとすることにより、これと取引する第三者が、代理権の有無及び当該行為が代理権の範囲内に属するかどうかを一々調査することなく、安んじて取引を行うことができるようにするにあるものと解される。したがって、右条項による代理権限を主張する者は、当該使用人が営業主からその営業に関するある種類又は特定の事項の処理を委任された者であること及び当該行為が客観的にみて右事項の範囲内に属することを主張・立証しなければならないが、右事項につき代理権を授与されたことまでを主張・立証することを要しないというべきである」と判示している。この規定の沿革、文言に照らしてそうだといわれるのだが、両方に疑問もあるし（文言については、平成17年改正前商法の43条が2項で38条の3項〔代理権がある場合〕を準用し、44条が2項で42条の2項

〔代理権はなくてよい場合〕を準用する点を参照),事実行為の準委任により,本人代理人間の内部関係における代理権の授与と認めることは,なお議論の余地があるといえよう(事実行為の準委任が,民法109条の第三者に対して代理権を与えた旨の表示にあたりうることは別論である)。

「善意の第三者」に,代理権に加えられた制限を知らなかったことにつき過失のある第三者は含まれるが,重大な過失のある第三者は含まれない(前掲最判平2・2・22〔百選30〕)。

(2) 物品販売等を目的とする店舗の使用人　物品の販売・賃貸その他これに類する行為を目的とする店舗の使用人は,店舗にある物品の販売・賃貸等の代理権があるものとみなされる。ただし相手方が悪意であるときは別である(26条,会社15条)。店舗において,そこに販売・賃貸等のために現存する物品を,現実に販売・賃貸等をする場合に関する規定である(新商法・会社法で賃貸等が追加された)。したがって,店舗における取引でも,無形のものを扱う取引には適用されない。

II　代　理　商

1　意　義

代理商とは,商業使用人以外で,一定の商人(1人に限らない)のために,平常すなわち継続的に,その営業の部類に属する取引の代理(締約代理商),または媒介(媒介代理商)をなす者をいう(27条,会社16条)。保険代理店が好例である。そうすると,保険相互会社は商人ではないので,保険の相互会社を本人とする保険代理商はありえなくなりそうであるが,保険業法21条1項は相互会社につき,会社法の代理商の規定を,会社法18条の規定を除き,準用すると

定めている。このように本人が商人でないときの代理商を民事代理商と呼んでいる。

1商人のための代理商であっても商行為の代理・仲立ちを反覆・継続するので、多数の本人との代理商契約の締結は業としなくとも（502条柱書参照）、独立の商人とされる（502条11号12号）。代理商か商業使用人かは、その名称だけによるのではなく、営業所の所有関係、営業費の負担関係、報酬が手数料か定額か、などを総合して決するしかない。本人たる商人にとって代理商の利用は、代理商の知識経験の利用、手数料による経営費用の節約、業務監督の不要（民715条参照）、企業規模の伸縮の弾力性などの長所がある。

2 営業主と代理商との関係（代理商契約）

営業主、代理商間の権利義務は、代理商契約で定めたところによる。この契約は委任（締約代理商）または準委任（媒介代理商）で、民商法の委任に関する規定（民643条以下、商505条・506条）の適用がある。両者の継続的信頼関係を考慮した次の特則がある。

(ア) 代理商は代理・媒介後遅滞なく本人に通知を要する（27条、会社16条。民645条・656条対照）。

(イ) 代理商は本人の許可を受けなければ、自己または第三者のために本人の営業の部類に属する取引をすることができず（競業の禁止）、本人の営業と同種の事業を営む会社の取締役・執行役・業務執行社員となれない（28条1項1号2号、会社17条1項1号2号）。

(ウ) 代理商の留置権（31条、会社20条）。要件、効果は民事留置権（民295条）よりも商人間留置権（521条）に近いが、留置物の占有取得の原因が本人との間の商行為による必要がないこと、および留置物が本人の所有物でなくてもよい点で、商人間留置権より広い（第3編第1章Ⅲ4(4)、158頁参照）。

(エ) 解約告知の一般原則（民651条）に対する特則として，代理商契約の期間を定めていないときは，当事者は2か月前に予告して契約を解除（解約告知）でき，契約の期間を定めたか否かにかかわらず，やむをえない事情があるときはいつでも契約を解除（解約告知）できる（30条，会社19条）。

3　代理商と第三者との関係

契約締結の代理権は締約代理商にあって媒介代理商にないことは当然であるが，その他の代理権の有無，範囲は代理商契約による。商法・会社法は，物品の販売またはその媒介の委託を受けた代理商は，商法526条2項の売買目的物の瑕疵または数量の不足に関する通知その他売買に関する通知を受ける権限を有するとする（29条，会社18条）。平成17年改正前商法は目的物の瑕疵，数量不足その他売買の「履行」に関する通知の受領権限であったが（平17改正前商49条），「その他売買に関する通知」の受領権限とされたから，代理商は，買主のなす売買取消しの意思表示，売買契約解除の意思表示，支払猶予の申入れ，目的物引渡場所の指定などの受領権限がある。しかし，支払猶予，代金の減額をする権限は当然にはない。立法論としては，代理権限を適当に拡張すべきことが，特に保険代理商について，いわれる。

第4章　企業の公示・商業登記

I　商業登記制度

1　企業の公示

★　**企業の公示はなぜ必要か**。商人が商号をもって営業するとき、これと取引関係に入る一般公衆にとって、商人について知るべき情報は多い。たとえば、商号による取引で責任主体となるのは誰で、それは自然人か会社か。会社であるとき会社の債務について社員は責任を負うのか否か。具体的に誰と取引すれば、商人と取引したことになるのか、すなわち、商人自身の営業能力、商業使用人の代理権の有無・範囲、会社の代表機関。さらには商人の資力などである。これらの事柄が公示されていれば、すなわち公衆が知りうるようになっていれば、安心して取引できる。商人の一定の情報を公示するのが商業登記制度である。

　企業内容を広範に公示すればするほど、商人の信用維持に寄与するが、内容によってはときに営業秘密の保持を期しがたいことがある。また一般公衆にとって、商人につき確実な知識を得て安心して取引できるが、公示されていた事項を知らなかったときは、公示されていたのだから、すなわち知ろうと思えば知りえたのであるから、知らなかったことの不利益はこの者が負担すべきであるとされる欠点もある。公示の内容・範囲は、商人にとっても、一般公衆にとっても、相矛盾する要素を含む。したがって、何を公示させるか、す

なわち何を商業登記事項とするかは、高度の政策判断であり、法律をもって決めざるをえない。法律が登記事項としたもの（商登1条参照）以外は、登記の必要がないどころか、登記できない（同24条2号）。誤って登記されても無効で、登記の効力がない。

2 商業登記の意義

商業登記とは、商人に関する一定の事項を商業登記簿に記載してなす登記をいう。

商業登記簿には、商号・未成年者・後見人・支配人・株式会社・合名会社・合資会社・合同会社・外国会社の各登記簿、計9種があり、法務局、地方法務局またはその支局、出張所に備えられている（商登1条の3・6条）。

登記事項は、商法その他の法律（担保附社債信託法、会社更生法、破産法、保険業法、企業担保法など）が定めている。

商法の規定による登記でも、商業登記簿にされるのでないもの（686条、船舶34条）は商業登記ではない。

各種協同組合や保険相互会社は、商人でないから、その登記は商業登記ではないが、登記の実体法上の効力や登記手続は商業登記と類似する（農協9条、生協7条・74条以下、保険業64条以下など）。

商業登記は、法律に特別の定めがなければ、事実・法律関係の公示の機能を有するだけで（Ⅲ、115頁参照）、不動産登記が権利の公示と権利変動の対抗要件とされている点と相違する。

3 商業登記事項

登記事項は、商法その他の法律で定められ、それ以外は登記できないことは前述した。

(1) 登記事項の分類　　(ア) 登記事項は、それが①商人一般に関

するか（商号，支配人），②自然人たる商人に関するか（未成年者，後見人），③会社に関するか（会社）に分類できるが，さほどの実益はない。ただ，会社法に定める登記を怠ると罰則の制裁がある（会社976条1号）。

(イ)　商人が必ず登記しなければならないものを絶対的登記事項といい，大多数の登記事項がこれにあたる。登記するか否かが商人の自由であるものを相対的登記事項といい，自然人の商号・支店の登記がこれにあたる。相対的登記事項でもいったん登記すると，その変更・消滅は絶対的登記事項である（10条）。

絶対的登記事項といっても登記しなければ罰則の制裁があるわけではなく（たとえば未成年登記〔5条〕，後見人登記〔6条〕。会社には罰則がある〔会社976条1号〕），商人は商法9条1項，会社法908条1項の不利益を受けるだけである（Ⅲ1，115頁参照）。

(ウ)　登記事項が事実・法律関係が創られたことであるとき，たとえば商号の選定（11条2項），支配人の選任（22条，会社918条），会社の設立（会社49条・579条・911条〜914条），代表取締役・代表執行役の選任（会社911条3項14号23号ハ）などを設定的登記事項といい，これと対比区別して，登記事項がその事項（事実・法律関係）の関係当事者の責任を免かれさせるものであるとき，たとえば支配人の終任（22条，会社918条），社員の退社（912条5号・913条5号・915条），代表取締役・代表執行役の辞任（会社911条3項14号23号ハ・915条）などを免責的登記事項として分類するのが一般である。しかし，設定的登記事項と免責的登記事項とは，登記事項はこのどちらかの一方であれば他方ではない，という関係にあるものではない。その意味では分類的意義は乏しいことに注意を要する。たとえば平成17年改正前商法における共同支配の登記（39条・40条，平17改正前商登51条1項5号）は，商人にとって設定的であるととも

I 商業登記制度

に免責的であった。現商法では，商号の変更がこれにあたるといえよう（11条2項・10条，会社911条3項2号・912条〜914条の2号・915条）。新商号が登記されると（同時に旧商号の抹消がなされる），その後旧商号でした行為につき免責的であるとともに，新商号でした行為につき設定的である（なお，商号譲渡の登記〔15条2項〕は，譲渡人につき免責的であり，譲受人につき設定的である）。登記すべき者につき事実・法律関係が創られたことを設定的登記事項とするなら，それがなくなったときを解消的登記事項として対比させ，次いで，登記事項が登記すべき者の下で法律要件事実として展開する効力に着目して，登記すべき者に義務を負担させる法律効果をもたらす要件事実であるときに拘束的登記事項，登記すべき者が義務負担を免れる法律効果をもたらす要件事実であるときに免責的登記事項と呼ぶほうが理論的であろう。もっとも一つの登記事項が，登記すべき者にこの意味における拘束的にも免責的にも作用することがあるから（たとえば，商号変更の登記，平成17年改正前商法下の共同支配，共同代表の登記），登記事項が拘束的登記事項に属するか免責的登記事項に属するかの分類を論ずるよりは，登記事項を登記することあるいはしないことによって，登記すべき者に，拘束的に作用するのか免責的に作用するのかを個別的に検討することのほうが実利的であろう。

　商業登記は，会社の設立登記（会社49条・579条・911条〜914条）のように創設的効力をもつ登記事項（登記により会社という法律関係が発生）を別にすれば，一般的には，登記すべき者に免責的要件事実が発生しているにかかわらず，第三者がこれを知らないことにより不測の損害を受けることを回避するために，その事項を公示することに重要な意義があるといえよう。実際上登記の功用があるのは，多く免責的要件事実を含む登記事項（一般にいわれる免責的登記事項）に関してである（後述Ⅲ1，115頁）。

(2) 登記事項の通則　(ア) 本店での絶対的登記事項は，商法に別段の定めがない限り，支店でも登記しなければならなかったが（平 17 改正前商 10 条），商業登記の電子化に伴い，会社の支店の所在地における登記は，商号・本店の所在場所・支店の所在場所のみとなっている（会社 930 条 2 項，商登 48 条〜50 条・95 条・111 条・118 条）。なお，自然人たる商人は「本店」・「支店」は登記事項でなく「営業所」のみが登記事項であることは前述した（第 1 章 Ⅳ 4 (2)，51 頁）。

(イ) 登記事項（それが相対的登記事項でも）が変更または消滅したときは，その旨を遅滞なく登記しなければならない（10 条，会社 909 条）。もっとも遅滞しても，登記は事実・法律関係を公示することが目的であるので，登記官は登記を受け付けねばならない。

Ⅱ　商業登記の手続

1　登記の申請・管轄

(ア)　商業登記は原則として当事者，すなわち登記事項たる事実・法律関係の主体たる商人の申請による（8 条・10 条，商登 14 条・36 条 1 項。会社の設立登記〔会社 49 条・579 条・911 条〜914 条〕は，会社は未だ法的に成立前なので会社を代表すべき者の申請による。商登 47 条 1 項・95 条・111 条・118 条）。例外として，官庁の嘱託による場合（商登 15 条），利害関係人の申請による場合（商登 33 条），職権による場合（会社 472 条 1 項本文，商登 72 条・135 条〜138 条），その他，一方当事者の申請でよい場合（商登 30 条 1 項・31 条），商人の後見人による場合（商登 41 条 1 項 3 項）がある。

官庁の嘱託は，登記事項が裁判によって生じた場合の裁判所の嘱託が適例で，会社関係に多い。たとえば会社設立無効の登記，登記事項に関する株主総会決議の取消判決の登記等（会社 937 条・938 条

に列挙），会社更生手続開始の決定（会更258条・259条，なお民再11条），会社の破産（破257条）などである。

(イ) 登記申請は，書面により（商登17条），登記当事者の営業所の所在地を管轄する法務局，地方法務局または支局，出張所に行う（商登1条の3）。登記事務を取り扱う者を登記官といい，法務事務官があたる（商登4条・5条）。

2 登記官の審査権

商業登記は事実・法律関係の公示を目的とするから，登記は実体的に真実であることが望ましい。他方，多くの登記申請を取り扱う登記官は，たとえ職権探知ができるとしても，真実を確かめるのは容易ではない。商業登記法制定（昭和38年）前の非訟事件手続法151条は，抽象的・概括的に，申請が商法，有限会社法または本章（旧非訟 第5章 商業登記）の規定に適合しないときは，登記所は申請を却下する旨を規定していたため，学説に対立があった（職権探知は非訟49条，平成23年法制定前非訟11条）。形式的審査主義は，申請の形式上の適法性，すなわち，申請事項が登記事項か，登記所の管轄に属するか，申請書および添付書類が法定の形式を具備するかなどについて，登記官は審査の職務と権限を有するとする。実質的審査主義は，それを超えて，申請事項の実体的真実の審査についても職務と権限があるとする。判例は一貫して形式的審査主義の立場をとり，審査の対象も，申請書，添付書類，登記簿等法律上許された資料に限るものとする（最判昭43・12・24民集22巻13号3334頁〔百選11〕参照）。

商業登記法は24条で，申請の却下事由を個別的に列挙して，登記官の審査権の範囲を明確にしている。その大部分は形式的事由であり，現行法は形式的審査主義をとるものと解されている。ただ問

題となるのは，同条10号が，登記事項に無効または取消しの原因があるときを却下事由としてあげている点である。現行法を形式的審査主義と解する立場からは，この場合の無効は，法律関係の無効が客観的に明白であるときを指すもので，解釈上疑のあるときは一応登記を受理し，有効無効は関係者の後の争訟に委ねるべきであるとする。また，無効原因の有無については，申請書および添付書類によってのみ判断すべきであるとする。取消原因のあるときを却下事由としている点は，いつ取り消されるかわからない事項を登記するのは取引安全上好ましくないという考慮によるといえるけれども，取消原因があっても取り消されるまでは有効なのであるから（民121条。なお，商登25条参照），立法論的に批判が多い（なお，商登134条1項2号・135条参照）。

3 商業登記の公示

登記事項，すなわち登記する事実・法律関係の公示は，商業登記自体の公示により完成する。

登記事項の公示は，かつては登記簿の閲覧，謄・抄本の交付，登記事項に変更のないことや，ある事項の登記のないことの証明など（平16改正前商登10条・11条）の個別的公示（受動的公示）を行ってきたが，平成16年商業登記法の改正により，商業登記簿はブック式から，磁気ディスクをもって調整されたこと（商登1条の2第1号）に伴い，手数料を納付すれば，登記簿に記載されている事項を証明した書面（登記事項証明書）の交付（商登10条），登記事項の概要を記載した書面の交付（商登11条）を請求できることとなっている。しかし，より簡易迅速に登記情報に接するには，電気通信回線による登記情報の提供に関する法律（平11法226）に基づくオンライン登記情報提供制度により，料金を支払って，インターネットを

利用して，民事法務協会のホームページから，たとえば対象となる会社を特定して，登記情報の送信を受けることである（ただ，業務規定で商業登記については会社の登記事項に限られる）。なお，登記簿の附属書類の閲覧について利害関係のある者は，手数料を納付して，その閲覧を請求することができる（商登11条の2）。

平成17年改正前商法は一般的公示（能動的公示）として，登記所は遅滞なく公告すべきものとし（官報による），公告が登記と相違するときは，公告はなかったものとみなすとしていたが（平17改正前商11条），平成17年改正で削除され，公告はしないこととなった（戦時中から平成17年改正まで，公告は当分の間しないものとされ〔法務局及び地方法務局設置に伴う関係法律の整理等に関する法律，附則9条〕，登記のときに公告があったものとみなしていた〔同，附則10条〕）。

なお，文書の真正性を担保するため，登記所に印鑑を提出した者，たとえば会社代表者，商号・未成年者・後見人登記の申請人，登記申請の代理人，支配人等は，自己が登記所に提出した印鑑の証明書の交付を請求できる（商登12条1項・17条2項柱書・20条。印鑑証明）。最近の電子取引の拡大に対処して，これら印鑑提出者は，コンピュータを使った通信において，送信された電磁的記録が印鑑提出者の作成に係るものであること（真正性）の証明（同時に，送信後の電磁的記録の改変も防止できる）を請求することができる（商登12条の2。受信者の確認方法として，同条8項。証明も，確認もコンピュータ同士で行われる，同条9項）。

III　商業登記の効力

1　商業登記の一般的効力

(1)　序　　商法9条1項，会社法908条1項によれば，登記すべ

き事項は，登記の後でなければ，これをもって善意の第三者に対抗することができず，登記の後であっても，第三者が正当な事由によってその登記があることを知らなかったときは，これをもって善意の第三者に対抗することができない。これを商業登記の一般的効力（宣言的効力・確保的効力）という。対応する平成17年改正前商法12条は，その後段では，登記事項を知らなかったことにつき正当の事由ある者に対抗できなかったのであるが，改正法は，正当な事由によってその登記があることを知らなかった者に対抗できないことに変更している（9条1項後段，会社908条1項後段）。

★　(2)　**登記前の効力（消極的公示力・消極的公示原則）**　登記すべき事項，すなわち登記すべき事実・法律関係が実体法上存在していても，当事者はこれを善意の第三者に対抗，すなわち主張，できない（9条1項前段，会社908条1項前段）。第三者から当事者に対してはもちろんその事実・法律関係を主張することができる。登記事項たる法律関係の当事者間，たとえば営業主と支配人間，会社と社員・株主間では事実に従った主張ができる。第三者相互間でも同様に解されている（最判昭29・10・15民集8巻10号1898頁〔百選5〕）。しかし第三者の一方が消極的公示力により登記すべき者に対して取得した法的地位は影響を受けないと解すべきであろう（たとえば，解任されたが未登記の支配人から，善意で本人の土地に1番抵当の設定を受けたAは，その後本人との間で〔不動産登記上やむなく〕2番抵当の設定を受けたBにより排斥されることはないというべきである）。

消極的公示力として，たとえば，終任後の支配人の無権代理について，営業主は終任の登記がないと，代理行為の効果を引き受けねばならない（選任の登記もないときは，選任登記をし直ちに終任登記が必要となる）など，商人にとって免責的要件事実が問題となっているとき（いわゆる免責的登記事項のとき）に重要な意味をもつ。それに

III 商業登記の効力

限らず,設定的登記事項にも消極的公示力があると一般に解されている。しかし,会社の商号変更や会社代表者就任などの登記が未了の間に,新商号や新代表者名で手形行為などの法律行為がなされた場合は,平成17年改正前商法12条前段の適用の問題ではなく,代表した者の無権代理人の責任は問えないとされている(最判昭35・4・14民集14巻5号833頁。適用があるとしても,新商号や新代表者を相手にした者,または新商号や新代表者による手形を取得した者は,そのことを承知して取引に入ったのであって,所期の効果は得られており,不測の事態に陥るわけでなく,換言すれば,商人の商号が新商号であることや新代表者が代表権を行使していることについて悪意であるから,9条1項前段,会社908条1項前段の要件を欠いている。同条前段は,登記すべき事実・法律関係が発生または変更されたが,それを知らずに取引に入った第三者に対しては,登記すべき者はその事実・法律関係を主張できないものとすることによって,第三者を不測の不利益から保護する規定であって,第三者に特別の利益を与えることによって登記しない者を制裁することを目的とするものとはいえないであろう。第三者は,それ故,取引に入る際に認識していた事実に従って,すなわち,登記すべき事項より前の事実・法律関係を前提に自己の法的主張を組み立てることができるにすぎない)。

第三者の善意は,利害関係を生じた時,取引の時を基準とする。善意であれば,(重)過失があってもよい。第三者に,重過失があっても保護されるべきだというのは次の考慮があるからである。表見支配人の場合,重過失者が保護されないという説はありうることは,前述したところである(第3章 I 2(5), 101頁)。それは外観惹起の帰責性,外観信頼の程度によるところが大きいから,信頼者に重過失あるときは保護しないという考え方も十分に成立する。登記に関して第三者の重過失が問題となるのは,登記前の効力(9条1項前段,会社908条1項前段)に関してであろう。しかし,この場合は

法律が，登記事項を登記しない登記すべき者を不利に扱うことを予め宣言しているといってよい。第三者が善意である限り，第三者の過失は程度を問わないとすることに一貫性があるといえる。登記のないことが，第三者の取引の原因となったか否かは問わない。悪意の立証責任は登記すべき者にある。

★ **(3) 登記後の効力（積極的公示力・積極的公示原則）** (ア) 登記すべき事項を登記した後は，登記当事者はその事項を知らない第三者にもそれを対抗，主張することができる（9条1項後段，会社908条1項後段）。これを，登記事項につき第三者の悪意が擬制される（通説）とか，登記前には善意の第三者に対抗できなかったものが登記により原則にかえって対抗できるようになるとか説明するものも多い。積極的公示力も免責的登記事項のときに功用が大きい。というより，設定的登記事項が，会社の成立など（会社49条・579条等）同時に創設的登記事項でもある場合は別として，登記すべき者にとって何ら免責的要件事実を含まず，拘束的要件事実だけであるときには，登記した者がその登記事項を第三者に対抗・主張することは，その事実は自らを拘束するという不利益な事実であるから実益がなく，考えがたい。

登記後でも，第三者が正当な事由によって登記があることを知らなかったときは対抗できない。平成17年改正前商法は，登記後でも，第三者が正当の事由で登記事項を知らなかったときは対抗できないとしており，その正当の事由に関して，第三者の主観的事由（たとえば長期旅行や病気）でよいとする説もあったが，通説は登記の閲覧を妨げる客観的事由（交通の途絶，登記簿の滅失汚損など）に限るとする（最判昭52・12・23判時880号78頁〔百選8〕参照）。改正法はこの通説の立場，登記事項の不知ではなく，その登記のあることの不知（(1)，115頁・116頁）を成文化したといえようか（登記事項が

存在していないという外観の信頼保護規定であると考えられるが，立法としての適切さには疑問もある）。

正当事由の立証責任は第三者にある。

(ｲ)　商法9条1項，会社法908条1項の **商業登記の一般的効力と**，★ 商法24条，会社法354条・421条などの **外観保護規定との関係**については議論が錯綜する（後掲最判昭49・3・22〔百選7〕参照）。とくに，積極的公示力は第三者の悪意擬制がその唯一の機能であると解すると，支配人の例でいえば，支配人の登記があれば第三者は支配人が誰かにつき悪意で，他の者が支配人らしいと信頼する（表見支配人）余地はないようにみえるからである。学説では，商法24条，会社法354条などを商法9条1項後段，会社法908条1項後段の例外規定（特別規定）であるとする説，商法9条1項などは登記義務の励行を，商法24条などは外観保護をというように，それぞれ次元の異なることを規定しているとする説，商法24条などの事情があることは商法9条1項後段などの「正当の事由」となるとする説などがある。

しかし，たとえ積極的公示力は第三者の悪意を擬制すると解しても（登記事項を対抗・主張できることと，素直に解するだけでよいのだが），9条1項後段は24条などと矛盾しない（支配人・会社代表者は唯一人でなければならないという法制度であれば，矛盾することはありうる。しかし，それは支配権・代表権は登記によって発生するという創設的効力を認めることに等しいことになろう）。いまAが支配人として登記されているとして，第三者の悪意が擬制されるとしても，それはAが支配人であることにつき悪意となるだけであって，A以外の者，たとえばBが支配人でないことの悪意が擬制されるわけではない（営業主との内部関係でBに支配権の授与があれば，Bは登記はないが支配人である）。したがって，Bに支配人らしい名称を付与したためB

が支配人とみなされても (24条), それは A が支配人であることにつき第三者の悪意が擬制されることとは, 何の関係もない。支配人・代表者の登記についていえば, 登記すべき者は登記された者 (A) が支配権・代表権を有することを主張できる (通説によれば登記された A の支配権・代表権につき第三者の悪意が擬制される) だけで (このことは, いわゆる設定的登記事項であって登記すべき者が主張したところで何かの利益をもたらすものでないことは(ア), 118頁で前述した), 登記されていない者 (B) に支配権・代表権がないことを主張できる (通説によればこのことの悪意が擬制される) わけではない。登記された支配人・代表者以外の者 (B) に代理権・代表権を与えた旨を第三者に表示すれば, 民法 109 条の表見代理が, 登記の積極的公示力と何ら矛盾衝突することなく成立する。民法 109 条を基礎とする, 商法 24 条, 会社法 354 条・421 条の外観保護規定も積極的公示力とは矛盾しないから, これら外観保護規定は商法 9 条 1 項後段, 会社法 908 条 1 項後段の特別規定であると解するいわれはない。

　支配権・代表権喪失の登記があると, 登記した者は, 旧支配人・代表者に支配権・代表権がないという事実を, 登記があることを知らない第三者に「正当の事由」がない限り主張でき, 裁判所もそれが真実である以上そのように事実認定せざるをえず, 別に民法 112 条を適用ないし類推適用する余地はない (最判昭 49・3・22 民集 28 巻 2 号 368 頁〔百選 7〕)。外観保護規定と商法 9 条 1 項, 会社法 908 条 1 項は異次元の規定であって, 9 条 1 項後段, 会社法 908 条 1 項後段にかかわらず民法 112 条の適用があるとする説がある。この異次元説は商法 9 条 1 項, 会社法 908 条 1 項は登記の奨励を定めただけの規定とするのだが, 登記の奨励は要するに公衆が登記事項をよく知りうるようにすることであるが, それを, 商法 9 条 1 項, 会社法 908 条 1 項はアメ (後段の積極的公示力) とムチ (前段の消極的公示力)

の手段で行っていることを看過しているといえるのではなかろうか。

　平成17年改正前商法下でABの共同支配・共同代表が登記されているとき、Aが単独で支配権・代表権を行使したときも42条・262条の類推適用を認めるのが、多数説、判例（最判昭43・12・24民集22巻13号3349頁）であった。しかし、それを一般的に認めれば、登記の積極的公示力の制度も共同支配・共同代表の制度も共に没却されてしまうという問題があった。平成17年改正により、共同支配・共同代表とその登記の制度は廃止するという形で、この問題は解消された。

　積極的公示力と外観保護規定についてまとめると、積極的公示力は民法109条またはそれを基礎とする外観保護規定（24条、会社354条・421条）と何ら矛盾するところはなく、積極的公示力はまさに民法112条を排除するために法定されているといえる（前掲最判昭49・3・22〔百選7〕参照）。なお、民法110条型の外観保護については、商法においては代理権・代表権を無制限で、制限しても善意の第三者に対抗できないものとしているので（6条2項・21条3項・25条2項、会社349条5項・420条3項・483条6項・599条5項・655条6項）、重ねて民法110条をいう（権限が制限されていないと「信ずべき正当な事由」）必要性はないであろう（第三者の〔重〕過失が問題となるとしても、前掲6条2項以下の各条の解釈問題である）。

　(4) 支店の取引と登記　　商法が「支店の取引」というときは、会社が営業主であることを指すが（前述、第1章Ⅳ4(2)、51頁参照）、平成17年会社法が会社の支店の登記事項を簡素化（商号、本店の所在場所、支店の所在場所のみ、会社930条2項）するとともに、平成17年改正前商法13条が支店の取引については支店の登記が商業登記の一般的効力を有するものとしていたのを平成17年改正で廃止したので、会社は本店の登記をもって第三者に対抗できるようになっ

た。支店と取引に入る第三者の保護に欠けるようであるが，支店の管轄登記所（商登1条の3）において登記情報（登記事項証明書）を得られる（商登10条2項）。前述（Ⅱ3，114頁）のオンライン登記情報提供制度により，インターネットを利用して，民事法務協会のホームページから対象となる会社を特定して，登記情報の送信を受けることもできる。

(5) 商法9条の適用範囲　本条は，大量的，反覆的に取引をなす商人と第三者との利害調整を図るものであるから，取引行為に適用がある。判例（最判昭43・11・1民集22巻12号2402頁〔百選6〕）は，民事訴訟で誰が会社を代表するかに関して本条の適用を否定するが，訴訟行為についても原則として適用があるとする説が多い。純粋な不法行為には適用がないが，取引的不法行為や取引に基因する不当利得には適用してよい。

2　不実登記の効力

★　真実でないこと・虚偽の法律関係を登記するとどういう効果を生じるか。商業登記は既存の事実・法律関係を登記によって公示するものであるから，当該登記事項が現実に存在していなければ，登記があっても何の効力もないことになる。そうすると第三者が登記を信頼して行為しても，登記した者が登記事項の不存在を主張，立証すると，第三者は保護されずに終わってしまう。それでは商人に関し取引上重要な一定の事項を公示するという，商業登記制度そのものの存在意義を失ってしまいかねないので，商法は，故意または過失によって不実の登記をした者は，善意の第三者に対して，その事項の不実であることを対抗できないとして（9条2項，会社908条2項），登記への信頼を保護している。外観信頼保護の規定であり，禁反言則の顕われである。商業登記の公信力と呼ぶ見解もある。

登記当事者の故意，過失が必要であるから，たとえば登記官の過誤や，第三者の虚偽の申請による場合は入らない（最判昭55・9・11民集34巻5号717頁）。しかし，現になされている不実の登記につき，これを是正すべき義務があるといえるのに放置していた場合には，9条2項，会社法908条2項の類推適用があるといえる。

登記当事者ではないが，不実登記につき承諾を与えた者にも，故意，過失がある限り平成17年改正前商法14条（9条2項，会社908条2項）の類推適用があるとする判例がある（最判昭47・6・15民集26巻5号984頁〔百選9〕。もっとも，取締役でない者に，取締役としての義務違反に基づく責任を認めた結論には異論もある）。

第三者が登記を信頼した善意者である限り，過失は重過失を含めて問わない。登記の記載を信頼したことを要しないとの説もあるが，その説の権利外観理論での根拠づけは困難であろう。

3　特殊の効力

商業登記は，既存の事実や法律関係の公示を一般的な目的とするものであるが（宣言的効力），登記により事実・法律関係が，遅くとも登記の時にはそれが発生していたことが明らかになる点も含めて，より明確になることから，特殊の効力を認められることも多い。

(ア)　創設的効力　　登記によって新たな法律関係が創設される，すなわち登記が一定の法律関係の成立要件または効力要件とされるものである。会社の設立登記が典型である（会社49条・579条。他に，会社754条1項・756条1項・764条1項・766条1項・774条）。

(イ)　補完的効力ないし治癒的効力　　登記があると，法律関係に存する一定の瑕疵の主張が許されなくなり，瑕疵が補完されたと同一の効力をもつものがあり（会社51条2項・102条6項。いわゆる事実上の会社として，会社839条)，登記と一定期間の経過で瑕疵の主張が

封殺される場合がある（会社828条1項）。

(ウ) **強化的効力**　外国会社は，1人以上の日本に住所を有する代表者を選任し（登記事項である，会社933条2項2号），外国会社の登記（会社933条）をすると，日本において継続して取引ができる（会社817条1項・818条1項）。外国会社の登記をしないで取引を継続してなすと，取引をした者は相手方に対して，外国会社と連帯して，取引によって生じた債務の弁済の責めに任ずる（会社818条2項，罰則，979条2項）。この登記は外国会社の地位を強化する（代理人の免責の効果を生ずる）という意味で，強化的効力ともいう。

(エ) **対抗力**　商号譲渡の登記（15条2項）は物権変動の対抗要件（民177条参照）の意味での効力がある。

(オ) **付随的効力**　登記によりある種の責任の加重・免責の基礎となる（会社583条・612条・673条）。

(カ) **特殊の効力をもつ登記と商法9条1項・会社法908条1項**

会社の設立登記（会社49条・579条），商号譲渡の登記（15条2項），営業譲受人の免責登記（17条2項前段，会社22条2項前段・24条），退社の登記（会社612条1項），外国会社の登記（会社818条1項）は，登記だけがある種の効力の基準とされている。

会社の設立登記について多数の学説は，法律関係の画一性から会社法908条1項の適用を否定している。商号譲渡の登記については，物権変動の対抗要件の意味での第三者である譲受人は，悪意であっても商号の譲受を対抗できるが（すなわち商法9条1項の適用はない），取引関係において誰が行為主体か（すなわち主体は営業の譲渡人か譲受人か）に関しては9条1項の適用を肯定すべきである。商号を続用する営業の譲受人の免責の登記については，当該譲受人の責任は法定の責任であり，いまひとつの免責要件である17条2項後段，会社法22条2項後段の通知では，譲受人が責めを負わないことに

ついての債権者の善意・悪意とは関係しないものとされていることに鑑みると，第三者の善意を問題とする9条1項，会社法908条1項（前段および後段で正当の事由あるとき）は適用がなく，専ら登記のみが基準となるというべきであろう。退社の登記について判例（大判昭14・2・8民集18巻54頁）は，退社の事実についての第三者の善意悪意を問わず，登記までの会社債務に責任を負うとして，平成17年改正前商法12条の適用を否定している。ただし，死亡退社のときは，登記の時までの会社債務ではなく，死亡時までの会社債務につき退社員の相続人は責任を負う（前掲大判昭14・2・8）。会社法818条1項の登記については，外国会社はいずれにせよ責任を負うし，この登記をしないときの外国会社のために行為した者の責任（同条2項）は，相手方が外国会社と知っていたかいなかったかに関わらない責任であると解すべきであるし，当該登記をなすべき者は外国会社であって外国会社のために行為した者ではないから，会社法908条1項とは関係しない。

第5章 企業の移転・担保化

I 営業譲渡

1 営業譲渡の意義

判例(最大判昭40・9・22民集19巻6号1600頁〔百選18〕〔会社百選85〕)は,平成17年改正前商法245条1項と24条以下にいう営業譲渡の意義は同一としたうえで,営業の譲渡とは,「一定の営業目的のため組織化され,有機的一体として機能する財産(得意先関係等の経済的価値のある事実関係を含む。)の全部または一部を譲渡し,これによって,譲渡会社がその財産によって営んでいた営業的活動の全部または重要な一部を譲受人に受け継がせ,譲渡会社がその譲渡の限度に応じ法律上当然に同法25条に定める競業避止義務を負う結果を伴うものをいう」とする。基本的には,営業譲渡とは客観的意義における営業(第1章IV3, 48頁)を移転する債権契約をいうとする通説と同じといえよう。あるいはそれに,営業の本体を営業活動とし,営業譲渡は営業の存続を前提とする営業者たる地位(営業用財産の所有者,利用者たる地位を含む)の譲渡,とする説を加味したものといえる。他に,営業を財産的価値ある事実関係と解し,営業譲渡とはこれを譲渡することであり,営業用財産は従物としてこれに伴って移転するとする説もある。ともかく営業譲渡は,単なる営業用財産の譲渡とは(たとえその全部であっても)異なる(なお,会社法では「事業譲渡」〔会社467条1項1号~3号〕。本シリーズ商法II第

I 営業譲渡

4編第5章参照)。

2 営業譲渡・事業譲渡の機能

営業譲渡は，客観的営業の解体を防ぎ，企業の維持に役立ち，また商人が転廃業を欲するとき，既存営業の簡易な清算方法となる。

譲受人にとっては企業規模の拡大となり，企業合同の一方法である。両当事者が会社のときは，社団法上の合併と類似の機能を有する（なお，独禁15条・16条参照）。

営業譲渡は企業分割にも利用される。企業がまず子会社を設立し，これに従来一部門であった営業を譲渡するときである。機能的には現物出資による子会社の設立と同じである（なお会社更生46条・167条2項・174条6号参照）。

ここでは取引法上の特定承継としての営業譲渡を説明しているが，平成12年改正商法は，企業組織の再編成のための法制度の一環として会社分割法制を創設し，新設分割（平17改正前商373条以下），吸収分割（平17改正前商374条ノ16以下）のもとに，組織法上の包括承継としての営業譲渡を認めるに至った。分割する会社をA，Aの営業の全部または一部を承継して新設される会社をB，既存の会社でAの営業の全部または一部を承継する会社をCとして（いずれも株式会社）簡単に説明する。新設分割の場合にはB社の設立に際し発行する株式について，吸収分割の場合にはC社の分割に際して交付する株式について，①その全部をA社に割り当てる物的分割ないし分社型分割，②その全部をA社の株主に割り当てる人的分割，③その一部をA社に残部をA社の株主に割り当てる一部分割（一部物的，一部人的）があった。

会社法は①の物的分割だけを規定し（会社2条29号30号），②・③の人的分割と一部分割は，物的分割の分割会社A社における剰

余金の配当（会社453条・454条1項1号）の問題として整理した（会社758条8号・763条12号）。また，吸収分割の場合は，A社に交付すべきものは，C社株式に限らず，他の財産でよいものとした（会社758条1項4号ロ～ホ〔再編対価の柔軟化〕。会社763条6号参照）。なお，A社，B社，C社に当たるものが複数存在してもよい（共同分割）。新設分割のときはB社の設立登記により分割の効力を生じ（会社764条1項・49条），分割計画書の記載（会社763条5号）に従い，A社の事業の全部または一部を構成していた権利義務は，義務者・権利者の同意を要することなく，包括的にB社に承継される（会社764条1項）。吸収分割のときはAC間の分割契約書に定める効力発生日（会社758条7号）に効力を生じ（会社759条1項。吸収分割の登記〔会社923条〕は商業登記の一般的効力〔会社908条1項〕），分割契約の記載（会社758条2号3号）に従い，A社の事業を構成していた権利義務は，同じく包括的にC社に承継される（会社759条1項）。会社分割は原則としてA社，C社の株主総会の特別決議が必要である（会社804条1項・783条1項・795条1項・309条2項12号。株主総会決議不要の例外は，A社について簡易分割〔会社784条2項・805条：A社の総資産額の5分の1以下〕・略式分割〔会社784条1項本文：C社がA社の議決権の10分の9以上を有する特別支配会社〕とC社について簡易分割〔会社796条3項：C社が与える分割の対価が，C社の純資産額の5分の1以下〕・略式分割〔会社796条1項本文：A社がC社の特別支配会社〕）。分割後A社の債務についてA社に履行を請求できなくなる債権者の保護手続（127頁②③の人的分割，一部物的・一部人的分割のときはA会社のすべての債権者保護〔会社789条1項2号・810条1項2号〕），およびC社のすべての債権者に対する保護手続（会社799条1項2号）が必要である。

I 営業譲渡

3 営業譲渡契約

事柄の重要性から契約は書面によるのが普通であるが，法律上は方式は自由である。

譲渡人が会社のときは，契約は，代表機関が締結するが，効果として競業避止義務（会社21条）を負い，他方社員は当該事業（定款目的）のために出資しているのであるから，会社内部的に，株主総会の特別決議（会社467条1項1号2号・309条2項11号。なお，会社467条1項3号参照。譲受会社が譲渡会社の特別支配会社であるとき〔譲受会社が譲渡会社の議決権の10分の9以上を有している〕，および逆に，譲渡会社が譲受会社の特別支配会社であるときは，両当事会社の株主総会の特別決議は不要である〔略式事業譲渡，会社468条1項〕。なお，事業全部の譲受で譲受会社が支払う対価が，譲渡契約の日における譲受会社の純資産額〔会社則137条〕の5分の1を超えない場合は，譲受会社の株主総会の特別決議を要しない〔簡易事業全部の譲受け，会社468条2項。ただし一定の議決権を有する株主の反対があるときは，株主総会の特別決議が必要，会社468条3項，会社則138条〕。反対株主の株式買取請求権〔会社469条〕），持分会社の総社員の同意（会社637条。事業の全部または重要な一部譲渡をすると，競業避止義務があるので〔会社21条〕，定款の目的〔会社576条1項1号〕の変更を伴う。全部譲渡で解散するときも，総社員の同意が必要〔会社641条3号〕）という慎重な手続が要求される（特則として，持分会社の清算のときは，社員の過半数で決する〔会社650条3項〕）。その違反は事業譲渡契約を無効とする。なお，会社の事業の全部譲渡は法定解散事由（会社471条・641条）とはされていない。譲渡会社は譲渡代金をもって，解散して簡易に清算するか，定款目的を変更して別事業に転向するかを自由に決めうる。

譲受人は非商人でよく，そのときは，営業（・事業）譲受契約締結により商人となり，それはその者の附属的商行為となる（第**1**章

II 1，35頁)。

4 営業譲渡の効果

(1) 当事者間における効果　　(ア) 営業移転義務　　譲渡人は，客観的営業を構成する各種の財産を移転し，必要とされる第三者対抗要件（民177条・178条・467条，商15条2項など。なお，民612条）を備える義務を負う。特約で，たとえば債務，不良資産を除いてもよい。営業を構成する債務について，営業譲渡契約により，譲受人が債務者の交替による更改，債務引受け，譲渡人債務の履行の引受けなど（民514条・474条〔・平成29年改正民470条・472条〕参照）をなすことが必要となることもある。

営業の積極財産を構成する財産的価値ある事実関係については，その性質に従い相当の措置，たとえば営業上の秘訣についてはその伝授，得意先・仕入先関係については案内・紹介などが必要である。

譲渡人の労働者に対する債権者としての権利も営業譲渡の対象となるかについては争いがある（第3章 I 2(2)(イ)，97頁）。黙示でよいが，労働者の同意が必要であろう（民625条1項。なお，平12法90商法改正附則5条，会社分割に伴う労働契約の承継等に関する法律参照）。

(イ) 競業避止義務　　譲渡人のその後の競業は営業譲渡の実効を失わしめるが，他方，無制限の競業禁止は譲渡人の営業の自由を制約する。商法は競業禁止の地理的，時間的範囲を定める。

(a) 競業禁止につき特約がないときは，譲渡人は，同一市町村および隣接市町村（市町村は，東京都の特別区および政令指定都市〔地方自治252条の19第1項〕の区または総合区）内では，20年間同一の営業はできない（16条1項，会社21条1項）。競業を許す積極的な特約があればこの限りではない。

(b) 競業禁止の特約は，30年の期間内に限り効力を有する

(16条2項, 会社21条2項)。平成17年改正前商法は, 競業禁止の特約は同一府県と隣接府県内に限り, 30年であったが（平17改正前商25条2項）, 運輸・通信の発達した現代では, 地域の限定は意味が薄く, その制限を解除した。

　(c)　競業禁止に関する特約の有無にかかわらず, 譲受人の顧客を奪うという不正競争の目的をもってするときは, 上記の地理的・時間的範囲に限らず許されない（16条3項, 会社21条3項）。

(2)　第三者に対する関係　　譲渡人の営業・事業上の債権者は, ★譲渡当事者のどちらに請求できるか, 営業・事業上の債務者はどちらに弁済すべきか。営業債務・債権は客観的営業の構成要素として譲受人に移転するのであるが, 特約で除外されたり, 営業債務の移転に債権者が同意していなかったり（民514条〔・平成29年改正民466条・466条の5・470条3項・472条3項〕参照）, 営業債権が譲渡の対抗要件（民467条）を備えていなかったりした場合が問題である。営業債務・債権は, 取引により生じたものに限らず, 営業に関連して生じた不法行為債務・債権も含まれる。

　(ア)　営業上の債権者に対する関係　　(a)　商号続用の場合は, 債権者は, 営業主の交替を知りえず, また知っても営業債務も移転したと考えるであろうことに配慮して, 商法・会社法は, 譲渡人の営業債務について譲受人も弁済の責を負うものとした（17条1項, 会社22条1項・24条。不真正連帯債務〔平成29年民法改正後は連帯債務を真正か不真正かで分けることの理論的根拠はなくなった〕。営業上の債務は〔譲渡された譲渡人の〕営業〔財産〕が担保となっている点に譲渡人の責任の根拠を求める説もある）。譲受人は, 譲渡され承継した営業財産の価額を限度としてではなく（会社分割に関する, 会社759条3項・761条3項・764条3項・766条3項対照）, 無限に責任を負う。

　商号続用の場合でも, 営業譲渡後（契約後ではなく履行後の意）遅

滞なく，譲受人は譲渡人の債務につき責を負わないことを，①登記したときは一般に，②譲渡人と譲受人で債権者に通知したときはその債権者に対して，譲受人は弁済の責を負わない（17条2項，会社22条2項）。免責の登記は，譲受人の申請により（商登31条），当該商号の登記の登記記録にし，会社が譲受人であるときは，譲受人である会社の登記記録にする（商登則53条）。

　商号の続用は事実上の続用であって，登記（15条2項）は関係ない。商法15条1項によると，商号は，廃業の場合か営業とともにする場合にしか譲渡できないが，同条は会社には直接適用できないところ（11条1項かっこ書・15条1項。第2章Ⅰ5，63頁），営業（事業）の重要な一部譲渡の場合にも商号の続用はありうる。その場合にも商法17条1項，会社法22条1項の適用があるか否かは議論が分かれうる。譲受人の責任を適用または類推適用により認めるという解釈論もありうるが，商法17条1項，会社法22条1項は，後述のように（(d)），私法における私的自治の見地からは疑問があるので，適用・類推適用は否定すべきではなかろうか。

　有限会社米安商店と合資会社新米安商店間に，判例（最判昭38・3・1民集17巻2号280頁〔百選20〕）は続用がないとする。

　判例は，商号続用者の責任規定（会社22条・24条2項，平17改正前商26条）を，営業の現物出資の場合（最判昭47・3・2民集26巻2号183頁〔百選22〕），ゴルフ場の営業譲渡において譲受人が譲渡人の商号ではなくゴルフクラブの名称を継続して使用した場合（最判平16・2・20民集58巻2号367頁〔百選21〕），会社分割に伴いゴルフ場の事業を承継した会社が商号とは別のゴルフクラブの名称を引き続き使用している場合（最判平20・6・10判時2014号150頁）に類推適用している（後述(d)参照）。

　(b)　商号を続用しない場合は，譲受人は譲渡人の債務について

I 営業譲渡

弁済の責を負わないのが原則である。営業債務の移転は譲渡当事者間の問題であり，債務者の交替による更改（民514条）や債権者が少なくとも承諾した債務引受け（平成29年改正民470条2項3項・472条2項3項）がなければ，営業上の債権者に，営業譲受人に対する請求権を基礎づけないからである。

しかし，譲受人が債務を引き受ける広告をした場合は，外観法理ないし禁反言則を基として，商法は譲受人も弁済の責に任ずるとする（18条1項，会社23条1項）。広告に債務引受けの趣旨が含まれていればよい。かつては緩やかに債務引受けを認めた判例もあるが（最判昭29・10・7民集8巻10号1795頁。「地方鉄道軌道業並に沿線バス事業を……譲受け」に債務引受けを認定），単なる挨拶状の配布はそれに当たらないとしている（最判昭36・10・13民集15巻9号2320頁〔百選23〕。旧3会社が営業を廃止し，新会社が設立されて旧3会社と同一の業務を開始する，というのは単なる挨拶状）。

(c) (a)で原則的に，(b)で例外的に，譲受人が譲渡人の債務について弁済の責に任ずるときも，譲渡人は本来の債務者として弁済の義務がある。この場合につき商法・会社法は，譲渡人の責任の特別消滅原因を定め，営業の譲渡（履行行為の完了）または債務引受けの広告の後，2年以内に請求または請求の予告をしない債権者に対しては，2年の経過で譲渡人の責任は消滅するものとした（17条3項・18条2項，会社22条3項・23条2項・24条）。その後は譲受人のみが責任を負う。請求の予告は，条件未成就，期限未到来の債権者のために規定されている。

この2年間は時効期間でなく除斥期間であり中断はないものと解されている（平成29年改正民法は時効の中断の語を止め，時効の完成猶予と更新に改めた）。譲渡人の営業によって生じた債務にはそれ本来の時効期間があり，本条による請求により，その時効期間は中断さ

れるし（民147条1号，平成29年改正民法によるときは，本文の請求は平成29年改正民150条の催告に当たり6か月間の時効完成猶予となる），期限未到来，条件不成就の債務についても期限到来後，条件成就後に本来の時効が進行し，請求の予告自体は請求権を生じさせるものでなく，予告権の時効消滅・時効中断は意味をなさないからといえる。

　(d)　(a)で原則的に，(b)で例外的に，譲受人が譲渡人の営業によって生じた職務の弁済責任を負う基礎は，前述のように商号の続用，債務引受けの広告という権利外観にあるというべきであるが，いわゆる権利外観理論による責任（民109条・110条・112条，表見支配人・表見代表取締役を例とするような）ではなく，商号の続用，債務引受けの広告を要件とする法定責任であって，債権者が，自己の債権（譲渡人の債務）が譲受人に承継されなかったことを知っていても，譲受人はこの者にも責任を負うというべきであろう。なぜなら，いわゆる権利外観理論による責任とすると，2年経過により譲渡人が免責を受ける営業債権者の範囲が確定しないし，債権者保護のための規定が，2年経過によって，かえって悪意の（自己の債権が譲受人に承継されなかったことを知っている）債権者のほうがなお譲渡人にかかっていけるという不都合が生ずるからである。

　(a)(b)の譲受人の責任，特に事業譲受会社の責任（会社22条1項）は，経営不振の譲渡会社に債務を残したまま，新会社に事業譲渡して再建を図ろうとする場合，債権者としては商号の続用を立証するだけでよく，その保護のためには有力である（債権者としては，事業譲渡につき債権者取消権〔民424条〕を行使し，あるいは譲渡会社と譲受会社を同一視する法人格否認の法理によることが考えうるが，その要件の立証は実際上は容易でないと指摘される）。しかし，商法17条1項3項・18条2項，会社法22条1項3項・23条2項は，私的自治の原

則に反する内容を包含しているといわざるをえないのではなかろうか。すなわち，商号の続用だけで，譲受人は，譲渡人の営業上の債務（契約当時譲受人が計算に入れなかった債務，また譲渡人さえ知りえなかった営業上の債務も含まれる）について，譲渡代金による制限あるいは譲渡代金の対価（承継した営業財産の価額）による制限なしに，無限に責任を負う点，また，営業譲渡当事者間で，譲受人に移転しないことになっていた債務について，本来的債務者が2年経過で免責される点である（吸収合併の場合に，事業の全部譲渡の譲渡人に対応するのは合併消滅会社であるが，合併存続会社は消滅会社のすべての権利義務を承継し〔会社750条1項・752条1項〕，消滅会社は清算なくして解散して〔会社471条4号・475条1号かっこ書・641条5号・644条1号かっこ書〕法人格を失うから，存続会社が消滅会社の全債務につき責任を負うというのとは，理論上も異なる）。したがって，(a)(b)の責任は，営業譲渡・事業譲渡の「商号」の続用・「債務引受けの広告」に限定すべきであって，解釈による要件の緩和によって多用することは望ましくないといえよう。

　(e)　詐害的営業譲渡の場合の営業債権者の保護。(a)～(d)の場合は，営業上の債権者が譲受人に請求できる場合であったが，営業債権者の中には譲受人に承継されない債権者もあり（これを残存債権者という），営業譲渡が債権者詐害的に行われた場合の保護が問題になる。これについては債権者詐害行為取消権（民424条以下）や営業譲渡の当事者が会社のときは法人格の否認法理による保護のほか，平成26年の改正商法と会社法によって認められた，商法18条の2，会社法23条の2の保護がある。これによれば，残存債権者は，営業の譲渡人が残存債権者を害することを知って営業を譲渡した場合には，営業の譲受人に対して，その承継した財産の価額を限度としてではあるが，なお譲受人に当該債務の履行を求めうる，ただし譲

受人が営業譲渡の効力発生の時に残存債権者を害することを知らなかったときはこの限りではないとする（商18条の2第1項，会社23条の2第1項）。この譲受人の責任は，残存債権者が請求またはその予告をしないと，詐害的営業譲渡であることを知った時から2年間の，もしくは営業譲渡の効力発生から10年間の除斥期間にかかる（商18条の2第2項，会社23条の2第2項）。

なお，残存債権者のこの請求権は，営業の譲渡人・事業の譲渡会社に破産手続・再生手続・会社更生手続の開始決定があったときは，行使できない（商18条の2第3項，会社23条の2第3項）。

商法18条の2，会社法23条の2は，詐害的会社分割のときの分割会社の残存債権者の保護を図る平成26年改正会社法の759条4項・6項・7項，764条4項・6項・7項・に対応するものとして，営業譲渡・事業譲渡にも新設された（前述Ⅰ2, 127頁参照）。

(イ) 営業上の債務者に対する関係　譲渡人の営業上の債権は，特約で除外されず譲渡の履行行為も終わっていれば，譲受人に移転しており，譲受人に対する弁済は，対抗要件（民467条）を備えなくとも，本旨弁済として有効である（平成29年改正民法では，譲渡当事者間の譲渡の合意だけで，譲受人に対する弁済を有効とする〔平成29年改正民466条〕のを原則とする）。しかし除外の特約があったり，営業譲受人への譲渡が二重譲渡にあたったりすると，債務者に二重弁済の危険が生じる。そこで商法・会社法は，商号の続用があるときは，債務者に悪意，重過失がない限り，譲受人への弁済を有効とする（17条4項，会社22条4項。民478条参照）。

Ⅱ　営業の賃貸借，経営委任

営業・事業を他人に貸して自らは賃料を受け取り，また営業・事

表4　営業の賃貸借，経営委任

＊従来の営業者をA，Aの契約相手方をBとする。

		営業活動の主体(名義)	営業利益の帰属(計算)	A→Bへ	B→Aへ
営業の賃貸借		B	B	営業の使用収益権	賃料
経営委任	狭義の経営委任	A	B	営業の使用収益権	報酬※(賃料に近い)
	経営管理	A	A	管理報酬※	営業の指揮
営業譲渡		B	B	営業	代金

※報酬は，共に，営業利益あるいは収益の何％と約定されることも多い。

業の指揮を他人に委ねることがある。これらを営業の賃貸借，経営委任（狭義の経営委任と経営管理を含む）と呼ぶ。従来の営業者をA，賃借人・受任者をBとすると，営業活動の名義，営業利益の帰属者，A・B間の対価の名称は，表4のようになる。

これらは，企業の損益共通契約とともに，企業合同の手段とされ，企業存続の基礎に重大な影響を与えるため，会社法は株式会社につき営業譲渡と同じ規制に服させている（会社467条1項4号・309条2項11号。なお，会社468条・469条参照。なお，独禁16条1項3号〜5号参照）。

III　営業の担保化

客観的営業そのものを担保物権の目的とすることは，公示方法を欠き，また特に財産的価値ある事実関係の把握に欠け，現行法上はできない。それに近づけたものとして，各種の財団抵当，企業担保があるが，事実上大企業しか利用できない不便さがある。これを利

用できない者は,各個の営業財産に抵当権,質権を設定するか,在庫商品や営業用固定資産を一括して譲渡担保を設定するしかない。

法人が商人である場合は,営業用の動産につき譲渡担保を設定するときは第三者対抗要件（民178条）を動産譲渡登記ファイルへの登記により代えることができ（動産債権譲渡特3条1項），営業から生じる債権（将来債権を含む）を譲渡しまたは債権質を設定するときは,債務者・質権の目的となる債権の債務者（第三債務者）以外に対する確定日付による第三者対抗要件（民467条2項・364条）を債権譲渡登記ファイルへの登記により代えることができる（動産債権譲渡特4条1項・14条1項。債務者・第三債務者に対する対抗要件〔民467条1項・364条〕は,譲渡人もしくは譲受人からする登記事項証明書〔動産債権譲渡特11条2項〕の交付による通知または債務者・第三債務者の承諾〔動産債権譲渡特4条2項〕）。この面では中小企業である会社の金融の便が図られているが,営業自体の担保化はなお検討課題としては残っている。

財団抵当は,企業に属する財産を一括して1個の物（物財団型。鉄道財団など）または1個の不動産（不動産財団型。工場財団など）とみなし,その上に抵当権を設定するものである。財団の組成要素が法定され,営業を一体として担保するものからはやや遠いといえる。

企業担保は,株式会社の総財産を,その発行した社債のための担保とするもので（企業担保1条），その換価方法も一括競売または任意売却で（同37条），営業の担保に近いといえる。欠点は,被担保債権の限定と優先的効力が弱くて追及力がなく（同6条），その後に設定された抵当権,質権に後れる（同7条）ことである。

第3編 企業取引

第1章 総　　論

I 企業取引の類型と性質

1 企業取引の類型
　取引の両当事者または少なくとも一方の当事者が企業である取引を企業取引ということとする。現代社会の複雑性を反映してきわめて多様な企業取引が行われているが（企業取引化が不可能な取引はないといっても過言ではない），取引の目的の面から分類すれば，売買（財貨についての権利の移転），金融（信用の授受・為替など），保険（危険に対する保障），運送（財貨の場所的移転），通信・情報（情報の伝達・提供）などの諸類型に分類することができる。

2 企業取引の性格
　企業とは，営利を目的として活動する組織であり，その行う企業取引には，当然に，企業の基本的な性格が反映される。すなわち，売買などの取引は利益を得るための手段であり，寄付など営利と関係のない取引は例外にすぎない。また，効率的に利益を得るために，取引を多数反復して行うことが不可欠であるし，さらに，個々の取引を迅速に行うことも要請される。そのためには，取引を定型化しておくことが望ましく，現に企業取引は約款の使用などによりきわ

めて定型化されている。一般的にはこのような性質をもつ企業取引も，しかし，企業間取引と消費者取引とに分けられる。

企業間取引にあっては，双方の当事者が企業であり，それぞれ自己の営利の観点からいかなる取引を誰とすべきかを冷静に判断したうえで取引をすることが期待される。そこでは，それぞれの打算に任せておけば個々の取引においていずれかの当事者にとって著しく不利益な内容の取引となるおそれも小さいし，社会全体にとっても市場の機能を通じて最も効率的な資源の配分が達成される。このような観点から，企業間取引については，契約自由の原則を広く妥当させることとし，取引に対する法の干渉は最低限にとどめられる。

これに対して，一方当事者が企業で，他方当事者が消費者である消費者取引においては事情はまったく異なる。消費者とよばれる人々は，自己のする取引について十分な情報をもたないし，取引内容について判断し，また交渉する能力も不足しているのが通常である。企業はこのような消費者に対して自己にのみ都合のよい不当な取引を結ばせることが可能である。このような状況では，契約自由の原則をそのまま妥当させていては，とうてい社会的正義は達成されえず，法の後見的作用としての消費者の保護が要請される。消費者法とよばれる法の分野にはこのような事情から発生してきた企業取引における消費者の保護のための法が重要な一部として含まれている。それによって，消費者取引においては，契約自由の原則がきわめて広い範囲において制限を受けているのである。

もっとも，以上のような企業間取引と消費者取引の区別は，理念型的なもので，企業間取引にあっても，下請取引などのように企業間の経済力などの格差に基づき消費者取引におけると同様の状況が生まれてくることも少なくないが，この分野での法の後見的作用は消費者取引に比してはるかに小規模にとどめられている。

3 企業取引内容の形成と自由の制限

　企業取引内容形成の出発点は、いうまでもなく両当事者間の商議（交渉）であるが、現実には取引内容のすべてについて商議が及ぶことは多くなく、約款、モデル・ルール、商慣習、商慣習法など取引内容形成の補助的手段があり、企業取引の合理化に役立っている（それぞれについては、第1編第3章3・4、18頁～20頁を参照）。

　企業取引についても民事法の一般原則としての契約自由の原則（民521条）が妥当するが、大きく分ければ三つの方向から自由が制限される。

　㈦　業法に基づく制限　　ある種の事業を営むことに対する行政的な規制を根拠づける法律を講学上、業法という。たとえば、銀行業に関する銀行法がその例で、銀行業は、同法により、内閣総理大臣の免許を受けなければ営むことができない（銀行4条）。このような開業規制は、銀行業のほか、保険業（保険業3条1項）について行われる免許制、金融商品取引業や包括信用購入あっせん業および個別信用購入あっせん業についての登録制（金商29条、割賦31条・35条の23）など多様な形で存在している。また、開業規制と併せて、企業の営むことのできる業務が業法により制限されることが多い。一般的には企業の財務上の健全性の確保とともに取引相手方である顧客の保護を図ることが目的であるが、たとえば、銀行と有価証券関連業・投資運用業（証券会社など）との間の業務範囲の規制の調整など高度に政策的な判断に基づくものもある（銀行10条2項・11条・12条、金商33条・35条等参照）。このような、業務範囲についての規制は、取引の内容形成そのものをも拘束したり、影響を及ぼすことがある。たとえば、保険業について、保険業法は、損害保険業と生命保険業の兼営を禁止しているため（保険業3条3項）、損害保険会社が生命保険の性質をもつ保険を行うことは（またはその逆も）

(イ) 独占禁止法に基づく制限　独占禁止法は，公正な競争の阻害を防止するための規制を行うが，このうち，不公正な取引方法に関する規制（独禁19条・2条9項，不公正な取引方法〔公正取引委員会告示〕）は，企業取引に大きな影響を及ぼしうる。そのうちでも，排他条件付取引（独禁2条9項6号ニ，不公正な取引方法11項。たとえば，自社製品以外の取扱いをしないという条件で商品を供給するような場合）や，拘束条件付取引（独禁2条9項6号ニ，不公正な取引方法12項。買主である事業者の販売できる地域を限定する条件を付して商品を供給するような場合）の規制は，公正な競争の阻害という理由で規制されることが比較的明確であるが，とくに優越的な地位の濫用の禁止（独禁2条9項5号）は，実質的には，企業間取引における弱者の保護のために契約自由を制限する機能を果たしているとみることができる場合が少なくない（たとえば，大手都市銀行が中小企業の取引先に融資するに当たり，併せて必要以上のデリバティブ取引をすることを要求したことが優越的な地位の濫用に当たるとされた例がある）。下請取引では，経済力の格差による下請業者の保護をより確実なものとするために，優越的地位の濫用禁止をさらに具体化すべく，下請代金支払遅延等防止法が制定され，親事業者と下請業者との間の契約内容について詳細な制限を設けている。

(ウ) 消費者法に基づく制限　顧客である消費者に不利益な内容の契約条項の有効性については，公序良俗（民90条）など一般私法法理による限界があると考えられるが，一般私法法理上の消費者保護とは別に，個々の取引類型ごとに消費者を保護するために多数の特別法が制定されている。割賦販売法や特定商取引に関する法律はその代表的な例であり，契約締結に際しての取引条件の開示義務が定められるとともに，契約内容についても消費者を保護するための

私法上の強行規定がおかれている（第2章V，199頁参照）。もっとも，わが国では，このような特別法は業法として私法上の規定を含まないものも少なくないし，個別取引分野ごとに特別法が制定されるため，新種の取引分野については多数の被害が生じて新たに特別法が制定されるまでは法規制が何もないという状態が生じやすいという問題があった。このような在来型の消費者法の限界とともに，規制緩和という時代思潮を背景として，業法に依存せず，取引分野の如何を問わず包括的に消費者保護を図る一般私法として平成12年に消費者契約法が制定された。

(エ) 平成29年の民法（債権関係）改正により新設された定型約款の規定（民548条の2〜548条の4）は，従来約款とされてきたもののうちの一部について，それが契約内容に組み入れられるための要件を法定し，その中に実質的な不当条項規制が含まれている。消費者取引のみでなく企業間取引の約款も定型約款に該当するものがあるので，今後契約自由の制限として機能することとなる。

4　本編の叙述について

本編では，まず，本章において，企業取引の全般に適用される商法の規定，および消費者取引と企業間取引に包括的に適用される消費者契約法と民法の定型約款に関する規定に基づく不当契約条項規制について総論として説明する。そのうえで，次章以下では，各論として，代表的な企業取引について個別具体的に説明する。商法は，個別の企業取引のうち，商事売買取引，運送取扱取引，運送取引，倉庫取引，場屋取引について規定しているが，本編ではそれらの取引について説明する。商事売買取引について，商法は売買一般についてのきわめて限られた規定しか設けていないが，現実の売買取引のうちとくに重要と思われる若干の具体的類型についても説明を加

える。また，商法が規定をおいている交互計算および匿名組合については，金融取引の性質を有するものであるということができるから，商法には規定がないが多用されるリース取引とともに金融取引の章をたてて説明する。そのほか，証券取引についても商法で規定されていることに限定しないで説明し，商法から保険法へと規定が分離された保険取引についても説明する。

なお，商法は，仲立営業，問屋営業についても規定するが，これらの業種は，企業取引を仲介するという面では代理商などとともに企業取引の補助者として一括して説明したほうが理解しやすいように思われるので，本章Ⅳ（160頁）において説明している。

Ⅱ 企業取引と商行為の概念

1 企業取引と商行為

企業取引を規律する法の中核が商法であることは明確であるが，その中に企業および企業取引という概念はみられない。それに対して，商法では，商人および商行為という概念が用いられている。この企業（第1編第1章，6頁〜7頁参照）および企業取引という概念と，商人（第2編第1章，27頁参照）および商行為という概念とは一致しない。すなわち，商法には，絶対的商行為を認めることにより，企業ではない者の行う行為についても適用される部分があり，他方，商人の概念と企業の概念の間にもずれがあるということであり，商法の企業法としての性格は徹底されていない。

2 商行為であることの効果

商法は次にみるように絶対的商行為，営業的商行為，附属的商行為という商行為の類型を規定するが，**ある行為が商行為とされること**

にはいかなる効果が結びつけられるか。第1に、絶対的商行為・営業的商行為の概念は商人の概念を導く（4条1項。第2編第1章、27頁参照）。第2に、商行為に対しては商行為の種類を問わずに適用される総則規定がおかれ（商法第2編第1章）、内容的には民法に対する特則が規定されている。民法に対する特則がおかれるのは商取引が営利性、迅速性、反復継続性などの性質を有することによるが、これらの諸性格も商行為の当事者の如何により一様には発現しない。したがって、この商行為に対する総則規定も、売買や運送というような具体的な商行為の類型にかかわらず適用されるという意味においてのみ総則規定なのであって、取引の当事者の観点からは、商人間の商行為にのみ適用される規定、商人の商行為にのみ適用される規定、あらゆる商行為に適用される規定に区別されることに注意しなければならない。

3　絶対的商行為

商法501条は、絶対的商行為として4種類の行為を列挙する（表5）。絶対的商行為は誰が行っても（したがって商人以外の者が行っても）、また、1回限りで行われるのであっても商行為となる。この部分に関する限りでは商法は企業法の枠を超えたものとなっている。

4　営業的商行為

商法502条は、営業的商行為として13種類の行為を列挙する（表5）。この列挙は限定的列挙であり、そのため新たな種類の取引を商行為として把握しえないという限界がある（たとえば、通信は営業的商行為とはされていない）。営業的商行為は営業として行う場合に商行為となる。営業として行うとは、営利の目的で反復・継続して行うことをいう。営利の意思があれば初めて行う場合でも営業とし

第 3 編　企業取引　　第 1 章　総　　論

表 5　商行為の種類

絶対的商行為 （商 501 条）	利益を得て譲渡する意思をもってする動産，不動産もしくは有価証券の有償取得，またはその取得したものの譲渡を目的とする行為（転売を意図した仕入とその物の売却。仕入れた物に製造加工した場合も含む。大判昭 4・9・28 民集 8 巻 769 頁〔百選 33〕）
	他人から取得する動産または有価証券の供給契約，およびその履行のためにする有償取得を目的とする行為（先物を高く売っておいて，後で安く買い入れて差額を儲ける行為。動産または有価証券に限る）
	取引所においてする取引
	手形その他の商業証券に関する行為（振出し・引受けなどの証券的行為。証券の売買を含まない）
営業的商行為 （商 502 条）	賃貸する意思をもってする動産もしくは不動産の有償取得もしくは賃借，またはその取得しもしくは賃借したものの賃貸を目的とする行為（建物賃貸業，レンタル業。リース業も含む）
	他人のための製造・加工に関する行為
	電気・ガスの供給に関する行為
	運送に関する行為
	作業・労務の請負（土建業，建設業，労働者派遣業）
	出版・印刷・撮影に関する行為
	場屋取引（ホテル，レストラン，劇場，野球場，遊園地）
	両替その他銀行取引（両替，為替取引，信用の授受。信用の供与のみを行う貸金業，質屋営業を含まない。最判昭 50・6・27 判時 785 号 100 頁〔百選 35〕）
	保険
	寄託の引受け（倉庫業）
	仲立ち・取次ぎに関する行為（仲立営業，媒介代理商，問屋，準問屋，運送取扱人）
	商行為の代理の引受け（締約代理商）
	信託の引受け

附属的商行為（商 503 条）

て行うものと解される。ただし、もっぱら賃金を得る目的で物を製造し、または、労務に従事する者の行為は含まれない（502条ただし書）。小規模な賃仕事・手内職には商法を適用するまでもないという考え方による（具体例に関しては、大判昭18・7・12民集22巻539頁参照）。

5 附属的商行為

商人がその営業のためにする行為を附属的商行為といい、これも商行為とされる（503条1項）。商人が営利のために本来的に営業の目的とする絶対的商行為・営業的商行為（両者をあわせて基本的商行為ということがある）以外でも営業のための手段的行為であるものについて商行為として扱うものである。

個人商人の場合は、本来的に営業の目的とする基本的商行為以外の行為は、営業のためにする附属的商行為と、営業とは無関係で附属的商行為とはされない行為とがあり、いずれかを区別しなければならない。販売業者の運送依頼などの営業に直接関連する行為、営業資金の借入れなどの営業を補助する行為のほか、無償でする取引先の債務の保証など営業を有利に導くための行為も営業のためにする行為とされる。このように附属的商行為とされる範囲は広いが、商法は、さらに、商人の行為はその営業のためにするものと推定することとしている（503条2項）。判例は、商人のする人の雇用についても附属的商行為と推定されるとしている（最判昭30・9・29民集9巻10号1484頁）。

6 会社と商行為法の適用

会社法では、商法の商行為の定義とは別に、会社がその事業としてする行為およびその事業のためにする行為を商行為としている

(会社5条)。この規定に基づいて、会社のそれらの行為については、商法の商行為に関する規定の適用があることになる。判例は、会社は自己の名をもって商行為をすることを業とする者として商法4条1項にいう商人に該当し、その行為については商法503条2項の規定の適用があるので、会社の行為は事業のためにするものと推定されるとする(最判平20・2・22民集62巻2号576頁〔百選36〕)。会社は商法上の商人に該当するので、商人の商行為に関する規定も会社に対して適用される。

7 擬制商人と商行為法の適用

擬制商人(4条2項。第2編第1章、27頁参照)も商人であるから、その営業のためにする行為は附属的商行為となるが、営業の目的である行為自体についてはこれを商行為とする旨の規定が存在しない(平成17年改正前には、擬制商人の一種とされていた民事会社の営業の目的である行為について商行為の規定を準用する旨の523条の規定があり、これを準商行為とよんでいたが、会社法の制定に伴う平成17年改正により廃止された)。しかし、擬制商人も商人とする商法の趣旨からは、営業の目的である行為についても解釈上商行為の規定が適用されるものと解すべきであるが、この点については異論もある(第2編第1章Ⅰ1(1)、30頁)。

8 一方的商行為と双方的商行為

小売商が消費者に商品を販売する場合のように取引の一方の当事者にとってのみ商行為である取引を一方的商行為といい、これに対して、卸売商が小売商に対して商品を販売する場合のように取引の両当事者にとって商行為である取引を双方的商行為という。双方的商行為に商行為に関する商法の規定が適用されるのは当然であるが、

商法は、さらに、一方的商行為についても双方の当事者に商法の規定を適用することとしている（3条1項）ほか、一方当事者が2人以上ある場合において、その1人のために商行為となる行為については、全員について商法の規定を適用することとし（3条2項）、商法の適用範囲を広くしている。もっとも、後述する商行為に関する総則規定の適用については、それぞれの規定ごとに当事者の一方または双方が商人であることなど個別的に適用の要件が定められていることも少なくないので注意を要する。

III　商行為総則

1　商行為総則の意義

商法524条以下では、各取引類型に関する規定がおかれているのに対して、商法504条ないし522条では、同501条・502条・503条で定義される商行為一般に関して規定している。内容的には、商行為の営利性・迅速性・取引安全の要請ということなどから説明され、民法の特則である。

商行為に関する総則といっても、個々の規定があらゆる商行為に適用されるものでないことは既に述べたとおりである。商行為の営利性や迅速性などといっても、どのような局面において具体化すべきかは様々な政策的考慮を経なければ決められないからである。

以下では、総則の規定を、契約の成立に関するもの、契約の効力に関するもの、および担保に関するものに分けて説明する。

なお、平成29年の民法（債権関係）改正により、商行為総則の規定のうち、商行為による債務についての法定利率を民事法定利率の5％よりも1％高い6％とする商事法定利率を定めていた規定（平成29年改正前商514条）、商行為により生じた債権の消滅時効期

間を民法の債権の消滅時効期間期間の10年（平成29年改正前民167条1項）よりも短縮し5年としていた商事消滅時効の規定（平成29年改正前商522条）は、民法の法定利息（民404条）および消滅時効の規定（民166条1項）の改正に伴い削除され、また有価証券に関する規定（平成29年改正前商517条〜520条）は、改正の上民法に移された（民520条の2〜520条の20）。

2 契約の成立

(1) 申込みの効力　　商法508条1項は、商人である隔地者の間において承諾の期間を定めないで契約の申込みを受けた者が相当の期間内に承諾の通知を発しなかったときは、その申込みは、その効力を失うとする。この規定も商行為についてのみ適用される。民法によれば、隔地者間の承諾期間のない申込みは、申込者が撤回する権利を留保したときを除き、相当な期間の経過後に申込者が撤回してはじめて効力を失うこととなるのにとどまるので（民525条1項参照）、ここでも商行為の迅速性に基づき民法の特則をおいていることになる。なお、508条1項により申込みの効力が失われた後にされた承諾は、新たな申込みとみなすことができる（508条2項、民524条）。

(2) 申込みに対する諾否通知義務　　商法509条は、商人が平常取引をする者からその営業の部類に属する契約の申込みを受けたときは、遅滞なく、契約の申込みに対する諾否の通知を発することを要し（1項）、これを怠ったときは、申込みを承諾したものとみなすと規定する（2項）。この商法509条は、一定の要件のもとでは、商人が承諾するか否かの通知を遅滞なく発しなかったときに承諾を擬制するもので、民法の特則となる。この場合には、申込みが承諾される可能性が高く、申込みを受けた商人の沈黙は承諾されるであろ

うという申込者の期待を生じさせ，申込者のそのような期待を保護すべきだからである。これは，商人間の取引の迅速性を促進することにもなる（適用の具体例として，最判昭28・10・9民集7巻10号1072頁〔百選39〕）。

(3) **送付物品保管義務**　商法510条本文は，商人がその営業の部類に属する契約の申込みを受けた場合において，申込みとともに受け取った物品（たとえば商品見本）があるときは，その申込みを拒絶したときであっても，申込者の費用をもってその物品を保管しなければならないと規定する。これも，民法によれば存在しない義務を商人に課すもので，企業取引の円滑な発展を促進しようとするものである。ただし，その物品の価額が保管の費用を償うのに足りないとき，または，商人が保管によって損害を受けるときは，保管義務を課すことは商人にとって酷であるので例外が認められる（510条ただし書）。

(4) **代理**　(ア) 本人の死亡と代理権の存続　商法506条は，商行為の委任による代理権は，本人の死亡によっては，消滅しないと規定し，民法111条1項1号の特則となっている。個人商人が死亡した場合にも，営業そのものは直ちに消滅しないことも多く，支配人などの商業使用人やその他の代理人の代理権を存続させて営業活動の中断による不利益を回避できるようにし，かつ相手方にとっての取引安全の要請にも応えようとしたものである。この立法趣旨から，商行為の委任による代理権とは，支配人の選任行為のように，代理権を授与する行為である委任自体が商行為である場合をいい，委任される事項に属する行為が商行為である場合をいうものではないと解されている。

(イ) **非顕名の代理**　商行為の代理については，民法の顕名主義　★
の原則の例外が規定されている（504条）。たとえば，AはBとの

間で契約を締結したが，実は，BはCから代理権を与えられており，この代理権に基づきCのために契約を締結したものとしよう。民法では，このような場合，代理について顕名主義がとられているから，Bが代理意思を有していたとしても本人たるCのためにすることを示さなければ契約の効果はBとの間で生じCに対しては生じないが（民99条1項・100条本文），例外的に，Aが，BがCを代理しているものであることを知っていたか，または，知らなかったことについて過失があったときには契約の効果はCに対して生ずる（民100条ただし書）。ところが，商法504条は，この契約がCにとって商行為であれば，Bが本人たるCのためにすることを示さなかったときでもBの行為の効果はCに対して生ずるとともに（本文），BがCのためにすることをAが知らなかったときは，AはBに対して履行の請求をすることを妨げないと規定する（ただし書）。このことから本文は，民法の顕名主義の例外を定めたものであることがまずわかるであろう。このような顕名主義に対する例外は，商行為においては本人の名を一々顕名することは煩雑であり，相手方も本人を知りうることが多く，または本人が誰かということに重点がおかれないことが多いということから説明される。しかし，顕名主義の例外を無制限に認めると，契約当事者はBであると考えていたAの期待を害することがある（Bの資力をあてにしていたところ実は無資力のCが当事者であるとされる場合を考えよ）。そこでただし書は，相手方がBであると信じていたAを保護しようとしたというわけである。ただし，BがCを代理するものであることをAが知らなかったことにつき過失があった場合には（知らなかったことにつきAに過失があったことについてBが立証すべきものとされる），Aは，保護に価せず，ただし書の適用はない。

以上が，商法504条に関する判例の理解であるが（最大判昭43・

4・24民集22巻4号1043頁〔百選37〕参照），同条本文の理解については多数学説もこれを支持する。

　しかし，判例・学説においても商法504条ただし書の解釈については争いがある。それは，契約は誰と誰の間に成立していることになるかという点に関係する。判例（前掲）は，本文によりA・C間に契約が成立しているが，ただし書に基づきA・B間にもA・C間と同一の法律関係が生じ，Aはその選択に従いCとの法律関係とBとの法律関係のいずれか一方を主張でき，一方を選択して主張したときにはもはや他方の主張はできなくなるとする（図2 (1)）。これに対して，学説では，504条本文により，A・C間にのみ契約関係が成立しているが，これとともにただし書によりAはBに対してCの債務についての履行請求ができ，CとBの債務は不真正連帯債務の関係に立つとする見解が多数説である（図2 (2)）。この多数説は規定の文言には忠実であるが，契約関係はA・C間に成立するとするので，Aの債務については債権者はCということになるが，Aはそのことを知らずにBに対して弁済してもその弁済をCに対抗できないというような不当な結果が生ずると批判される。もっとも，Aに過失がなければAの弁済は受領権者としての外観を有する者に対する弁済（民478条）として有効となりうる（AがBを当事者と考えてした相殺や更改についても同様に解すべきであろう）。そうだとすると，多数説によってもAが不利益を受ける危険は排除されていることになるが，反面，Aは，BとCの両者に対して債権者の地位に立つことになるため，これはもともとBの資力のみをあてにしていたにすぎないAの利益を保護しすぎることにならないかという疑問が出てくる。ここから，規定の文言からはいささか逸脱するが，判例のようにAはBまたはCのいずれか一方を当事者として選択しうるにとどまるとする考え方が生まれてくる。

図2 非顕名の代理

(1) 判 例

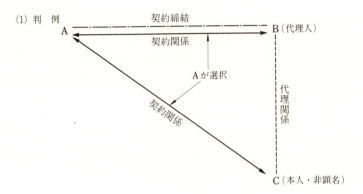

(2) 多数説

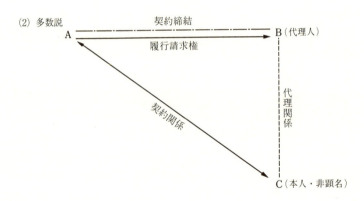

判例は,さらに,前述の立場に立ったうえ,Aがその選択によりCまたはBのいずれかに対して債務を負担することを主張することができる場合に,CがAに対して債務の履行を求める訴えを提起し,その訴訟の継続中にAが債権者としてBを選択したときは,Cの請求は,その訴訟が継続している間BのAに対する債権につき催告に準じた時効の完成猶予の効力を及ぼすものと解している(最判昭48・10・30民集27巻9号1258頁〔百選38〕)。

立法論としては,商法504条は削除すべきであるという見解が多数を占める。商取引では相手方は誰でもよいという商法504条の前提としているところが,そもそもあらゆる取引分野で成り立ちうるかが疑問であるからである。

3 契約の効力

(1) 商人の報酬請求権　商法512条は,商人がその営業の範囲内において他人のために行為をしたときは,相当の報酬を請求することができると規定する。商人の営利的性格に基づいて,委任・寄託などに関する民法の無償性の原則の特則を定めたものである。

(2) 消費貸借の利息請求権　商法513条1項は,商人間において金銭の消費貸借をしたときは,貸主は,法定利息(民404条)を請求することができると規定する。民法上の消費貸借の無償性の原則に対する特則であり,商人の営利的性格に基づく規定であるが,商人間の行為に適用対象を限定していることに対しては批判がある。貸主が商人であれば,その営利的性格により借主が商人か否かにかかわらず利息請求権を認めるべきであるからである。

(3) 立替金についての利息請求権　商法513条2項は,商人がその営業の範囲内において他人のために金銭の立替えをしたときは,その立替えの日以後の法定利息(民404条)を請求することができ

(4) 商行為の受任者の権限　商法505条は，商行為の受任者は，委任の本旨に反しない範囲内において，委任を受けていない行為をすることができるとする。今日では民法644条の解釈としても委任の本旨は柔軟に解釈すべきであるとされ，他方，商行為の委任といえども受任者の権限をあまりに拡大して考えることは本人の利益を害するおそれがあることから，商法505条も民法644条と同一のことを定めるにすぎないものと解され，その故に立法論としては不要な規定であると考えられている。

(5) 受寄物についての商人の注意義務　たとえば小売商が客の荷物を一時保管するように商人がその営業の範囲内において寄託を受けたときは，報酬を受けないときでも善管注意義務を負う（595条）。無償の寄託について民法（民659条）よりも商人の責任を強化することにより，商人の信用を高めようとするものである。

(6) 債務の履行　商法516条1項は，商行為によって生じた債務の履行をすべき場所について，その行為の性質または当事者の意思表示によって定まらないときは，特定物の引渡しはその行為の時にその物が存在した場所，その他の債務の履行は債権者の現在の営業所（営業所がない場合にあってはその住所）とする。特定物の引渡債務以外の債務については，民法と同様の持参債務の原則（民484条1項）を商行為に適合させたものである。特定物の引渡しを目的とする債務については，債権の発生が条件にかかる場合などには債権発生時にその物の存在した場所を履行地とする民法の規定（民484条）と異なってくる。

4　担　保
(1) 多数債務者の連帯　数人の者が，その1人または全員のた

めに商行為となる行為によって債務を負担したときは，その債務は，連帯債務となる（511条1項）。民法の分割債務の原則（民427条）の特則であり，商行為により生じた債権の効力を強めている。具体例として，複数の建設会社が請け負った建設工事のために結成した建設工事共同企業体は民法上の組合の性質を有し，共同企業体の債務については，共同企業体の財産がその引当てとなるとともに，各構成員がその固有の財産をもって弁済すべき債務を負うところ，共同企業体の構成員が会社である場合に，会社が共同企業体を結成してその構成員として共同企業体の事業を行う行為は，会社の附属的商行為にほかならず，共同企業体がその事業のために第三者に対して負担した債務につき構成員が負う債務は，構成員である会社にとって自らの商行為により負担した債務というべきであり，したがって，共同企業体構成員のこの債務は商法511条1項により連帯債務となるとされたものがある（最判平10・4・14民集52巻3号813頁〔百選40〕）。

(2) 保証人の連帯　保証人がある場合において，債務が主たる債務者の商行為によって生じたものであるとき，または，保証が商行為であるときは，主たる債務者および保証人が各別の行為によって債務を負担したときであっても，その債務は，各自が連帯して負担することになる（511条2項）。保証人の催告の抗弁（民452条），検索の抗弁（民453条），および複数保証人の分別の利益（民456条）を排除するものである。判例は保証が商行為であるときとは，保証が保証人にとって商行為であるときのみならず，債権者にとって商行為となる場合も含むと解する（大判昭14・12・27民集18巻1681頁）。しかし，学説には反対説も多い。保証人が数人ある場合には，保証が別個の行為によるときであっても，保証人間に連帯関係を生ぜしめる（大判明44・5・23民録17輯320頁）。

(3) 流質契約の許容　　商行為によって生じた債権を担保するために設定された質権には民法349条の流質契約の禁止は適用されない（515条）。担保設定者の保護よりも商行為についての信用供与の可能性を高めようという趣旨である。

(4) 商人間の留置権　　(ア) 留置権の成立　　商法は，民法に基づく留置権（民295条）とは成立要件を異にする各種の留置権を規定している。これには，取引類型の如何にかかわらず商人間の双方的商行為により生じた債権について認められる留置権（521条，商人間の留置権という）と，特定の取引類型ごとに認められる留置権とがある（557条による問屋の留置権，562条による運送取扱人の留置権など）。

商法521条による商人間の留置権は，商人間の，かつ，双方的商行為により生じた債権について成立する。留置される物（目的物）と債権との間に関連性があることを要しないことが民事留置権と異なる。目的物は債務者の所有に属する物であることを要し（この点では民事留置権よりも成立が困難となっている），かつ，債務者との間における商行為によって債権者の占有に属したことを要する（521条本文）。商人間の留置権は，動産および有価証券について成立しうることは問題がないが，不動産についても成立しうるかどうかについては学説・裁判例が分かれていたが，近時の判例は不動産も商法521条にいう物に当たり，商人間の留置権の目的物となるとした（最判平29・12・14民集71巻10号2184頁）。また，建物建築請負人の有する完成した建物の請負代金債権に関して，当該請負人が建築のために占有していた敷地について留置権が成立するかどうかについては，占有の取得が留置権成立の要件である商行為としての建築請負契約に基づく占有に当たるといえるかどうかなどについての見解の相違により裁判例が分かれている（肯定するものとして，東京高決平10・11・27判時1666号143頁，否定するものとして，東京高決平11・

7・23判時1689号82頁〔百選46〕)。商人間の留置権は特約により排除することができる(521条ただし書)。

(イ) 留置権の効力　商人間の留置権に限らず商法に基づく留置権(商事留置権)の効力は一般的には民法に基づく留置権(民事留置権)の効力に従い,留置的効力はあるが(民295条1項),優先弁済権はない。しかし,民事留置権は破産財団に対しては効力を失う(破66条3項)のに対して,商事留置権は破産手続においては特別の先取特権とみなされ(破66条1項),優先弁済権が認められる。商事留置権者は,留置権の対象となる物を債務者が破産手続開始の決定を受けた後においても継続して占有する留置権能を有し(最判平10・7・14民集52巻5号1261頁〔百選47〕),これに基づいて特別先取特権を実行して優先弁済権を行使することができる。また,会社更生手続においても更生担保権とされ(会更2条10項),担保としての効力が強化されている。

銀行が融資先との取引により融資先の所有する手形その他の有価証券を占有している場合には,融資先との間で,銀行は手形等を取り立てまたは処分し,取立てまたは処分による取得金を融資先の銀行に対する債務の弁済に充当することができる旨約定されているのが通例である。このような約定がある場合において,手形について商人間の留置権を有する銀行は,この約定に基づき,融資先について破産手続開始決定がされた後も,破産法66条2項に定める民法その他の法律の規定による他の特別先取特権のない限り,銀行は取立てによる取得金を破産手続開始決定がされた融資先の債務の弁済に充当することができる(前掲最判平10・7・14)。

民事再生手続においては,商人間の留置権を含めて,担保権については別除権を有するにとどまるが(民再53条1項2項),商人間の留置権者は,上記のように,留置的効力のみを有し優先弁済権を有

さないので，銀行が上記のような商人間の留置権に基づき占有する手形の取立金から優先的な満足を受けることはできない。しかし，判例（最判平23・12・15民集65巻9号3511頁）は，上記の銀行と融資先の約定に基づき，銀行は，民事再生手続開始後の手形取立てに係る取立金を融資先の債務の弁済に充当することができるとした。取立金についても留置権が及び，別除権に基づき取立金を留置することができることから，取立金が債務者の再生のために使用されることは予定されないので，取立金を債務の弁済に充当することができるものとする約定も有効であるという理由によるものである。

IV 企業取引の補助者

1 総　説

　企業取引はその成立から終了までの過程において，様々な性質の補助者により支えられている。とくに企業取引の成立という観点からこれをみると，まず，企業内部にあって企業の指揮命令に服する者（使用人・従業員などとよばれる）のうち，取引に関する代理権を与えられている者があげられる。商法上このような者を商業使用人といい，商法第1編第6章がそれに関して規定している（第2編第3章I，94頁）。ただし，会社の使用する使用人については，会社法に商法の商業使用人に関する規定と同様の規定がおかれている（会社10条〜15条）。これに対して，企業の外にあって，企業とは独立して企業取引の成立を仲介する者もあり，企業取引の成立への仲介自体が営業の目的となっていることが多い。商法は，そのうち，代理商，仲立人，問屋について規定をおいている（それぞれの法律関係につき，図3参照）。このうち，代理商は，継続的に特定の企業のための取引の成立に関与するのに対して，仲立人および問屋は単発的

に個々の企業取引の成立に関与する点が基本的に異なる(もっとも,仲立人や問屋と企業の間に継続的な関係があることも多いが,それは,仲立人や問屋の本質とは関係がない)。

2 代理商

代理商とは,商業使用人でなく,一定の商人または会社のためにその平常の営業の部類に属する取引の代理または媒介をする者のことをいう(27条,会社16条)。代理を行う代理商を締約代理商といい,媒介を行う代理商を媒介代理商という。代理商については既に第2編第3章Ⅱ(105頁)で説明した。

3 仲立人

(1) 意義　他人の間の法律行為の成立のために尽力すること(媒介ともいい,代理とは異なり事実行為であるにすぎない)を仲立ちという。仲立ちに関する行為は,営業的商行為であり(502条11号),これを業としてする仲立人は商人となる。商法は,仲立人のうち,他人間の商行為の媒介をすることを業とする者のみを仲立人として,それに関する規定をおくが(543条以下),商行為以外の行為の媒介をする者(結婚相手の紹介業者や商人でない者の間の投機的でない不動産売買契約等の媒介を業とする宅地建物取引業者がその例)も商人としての仲立人でありえ,これらを区別するために,商法543条以下で規定する仲立人を商事仲立人,それ以外の仲立人を民事仲立人という。商事仲立人は,商人のために取引の成立に尽力する場合には,媒介代理商と共通の機能を果たすが,媒介代理商が特定の商人のために継続的に尽力するのに対して,商事仲立人は不特定の者のために尽力する点で本質を異にする。

(2) 仲立人の義務　商事仲立人・民事仲立人のいずれも,委託

図3 企業取引の補助者と法律関係

①締約代理商

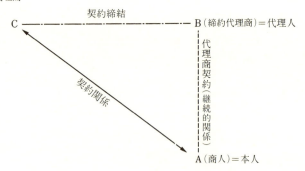

②媒介代理商

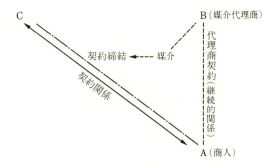

Ⅳ　企業取引の補助者

③仲立人

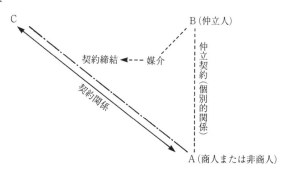

④問屋・準問屋

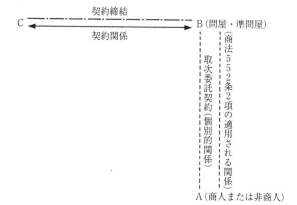

者との間で締結される仲立委託契約に基づいて媒介をする義務を負う。仲立委託契約は準委任契約の性質を有し，仲立人は善良な管理者の注意をもって媒介をすることを要する（民644条）。

商法は，さらに商事仲立人の具体的な義務を法定している。そのうちでは，媒介により成立する契約当事者間の紛争を防止することを目的として，媒介に係る行為について受け取った見本を行為が完了するまで保管する義務（545条），媒介に係る行為が成立したときに，各当事者の氏名または名称，当該行為の年月日およびその要領を記載して自ら署名または記名押印した結約書を各当事者に交付するとともに，当事者が直ちに履行すべき場合を除き，各当事者に結約書に署名または記名押印させた後相手方に交付する義務（546条1項2号），結約書記載事項を記載した帳簿を作成し当事者の請求があれば謄本を交付する義務（547条）が重要である。結約書は契約書とは異なるが，両者を兼ねさせることは可能である。これらの商事仲立人に関する規定は民事仲立人には適用がない。

宅地建物取引業者は，場合により商事仲立人・民事仲立人いずれかの地位を有することになるが，仲立人として媒介をすることについては，委託者の保護の観点から，宅地建物取引業法が特別の規制を加えている。すなわち，宅地建物取引業者が仲立委託契約（媒介契約）を締結したときには委託者に媒介しようとする不動産および媒介契約に関する重要事項を記載した書面を交付する義務を負い（宅建34条の2），また，媒介により成立する売買契約等の両当事者に対して契約成立までに不動産および契約に関する重要事項の説明をする義務（宅建35条）を課している。また，宅地建物取引業者は，前述の善管注意義務に基づいて，媒介しようとする不動産の現況，権利関係や法令上の利用制限等について調査し委託者が損害を被らないように注意を尽くす義務を負い，この義務を怠ると，委託者に

対して損害賠償責任を負うことになる。さらに，宅地建物取引業者は，委託関係がなくとも，当該宅地建物取引業者の仲介を信頼して取引をした取引の相手方当事者に対しても，同様な義務と責任を負うものとされている（最判昭36・5・26民集15巻5号1440頁）。

(3) **仲立人の報酬請求権**　仲立人の報酬請求権はどのような要件 ★
のもとに認められるか。商事仲立人にせよ，民事仲立人にせよ商人であるから特約がなくとも報酬請求権を有する（512条）。商事仲立人については，結約書交付の手続（546条）を終了した後でなければ，報酬を請求することができない（550条1項）が，民事仲立人にもこれが類推適用されると解される。ただし，委託者が，仲立人である宅地建物取引業者が媒介行為に着手後に，故意に報酬の支払を免れる目的で仲立委託契約を解除したうえ直接仲立人の紹介した相手方と契約を成立させることは，信義則に反し，委託者は故意に仲立人の報酬請求権の発生を妨害したものといえる。そこで，媒介による契約の成立が報酬請求権の発生についての停止条件であり，そのような委託者は停止条件の成就を故意に妨げるものであるとして，民法130条に基づき報酬支払の義務を負うとされる（最判昭45・10・22民集24巻11号1599頁〔百選83〕）。

商事仲立人の報酬は，特約がなければ，当事者双方が等しい割合で負担するものとされている（550条2項）。仲立委託契約の相手方でない当事者にも報酬を請求しうるという点に意味があるが，この規定は，商事仲立人は前述の結約書の交付義務などに現れているように当事者双方の間に立って中立的な立場で媒介をするという性格を帯びることに基づくものである。実際上は，この規定に基づき報酬を当事者が平分している例はあまりないものとみられる。

当事者双方の間に立って中立的な立場で媒介をするという性格を当然には伴わない民事仲立人には商法550条2項は類推適用されな

いと解されている。しかし，判例は，民事仲立人である宅地建物取引業者が客観的にみて委託を受けない相手方当事者のためにする意思をもって仲介行為をしたと認められるとき（事務管理にあたるとき）は商法512条に基づく報酬請求権を取得する可能性を認める（最判昭44・6・26民集23巻7号1264頁〔百選41〕）。しかし，単に委託者のためにする意思をもってした媒介行為によって契約が成立し，その媒介行為の反射的利益が相手方当事者にも及ぶだけでは足りないとする（最判昭50・12・26民集29巻11号1890頁）。このような主観的なあいまいな基準により報酬請求の可否を決めることが妥当であるかについては疑問がもたれているが，実際に委託を受けない相手方当事者に対する報酬請求が認められるのは，形式上は仲立委託契約が締結されていないが，実質上はその相手方当事者の利益のためにも売買価格その他の契約条件の交渉に尽力したことが客観的に認められるような場合であり，その限りでは報酬請求を認めることにも合理性がある。

4 問　　屋

自己の名をもって他人のために法律行為をすることを取次ぎといい，これは営業的商行為とされている（502条11号）。取次ぎを業とする者のうち，物品の販売または買入れをすることを業とする者を問屋（といや）といい（証券取引所に上場された証券を顧客のために売買する証券会社の業務がその典型例である），商法551条以下がその法律関係について規定している。また，取次ぎを業とする者のうち，販売または買入れ以外の行為をすることを業とする者を準問屋といい，これについては問屋に関する規定が準用される（558条。たとえば旅行業者の業務の一部がこれにあたる）。運送に関する取次ぎは，運送取扱いとよばれ，商法は運送取扱営業に関して独自の規定をおいてい

る（559条～564条）。

本書では，取次ぎについては具体的な例である委託販売の例に即して説明することとする（第2章Ⅱ，179頁参照）。また，証券取引所における証券の売買の委託についても証券会社は問屋としての地位に立つのでその説明を参照されたい（第8章Ⅲ，291頁）。

V 民法および消費者契約法による不当契約条項規制

1 消費者契約法の不当契約条項規制

(1) 総説　2000年に制定された消費者契約法は，消費者と事業者との間の情報の質および量ならびに交渉力の格差に鑑み（消費契約1条），消費者と事業者との間で締結される契約である消費者契約に関する民事法上の規制として，契約締結の過程における事業者の不実表示等の不当行為があった場合の消費者の契約の取消権を認める規制（消費契約4条～7条）とともに，消費者契約の内容となった不当契約条項を無効とする規制を規定している（消費契約8条～10条）。不当契約条項規制は，該当すると直ちに無効となる具体的な不当条項を定める規定（消費契約8条～9条）と，あらゆる契約条項に適用される一般条項の規定（消費契約10条）とから構成されている。

(2) 具体的な無効条項　事業者の債務不履行責任または不法行為による損害賠償責任の全部を免除する条項（消費契約8条1項1号3号），事業者の故意または重過失による債務不履行責任または不法行為責任としての損害賠償責任の一部を免除する条項（消費契約8条1項2号4号），消費者契約の解除に伴う損害賠償の額を予定し，または違約金を定める条項であって，これらを合算した額が，当該条項において設定された解除の事由，時期等の区分に応じ，当該消

費者契約と同種の消費者契約の解除に伴い当該事業者に生ずべき平均的な損害の額を超えるものにつき，当該超える部分（消費契約9条1号）などである。

解除による違約金等に関する無効条項の例として，最判平18・11・27（民集60巻9号3437頁）は，大学と入学予定者の間の在学契約における入学予定者が契約の解除（入学辞退）をしても入学金を返還しない旨の約定は有効であるが，前納授業料についても返還しない旨の約定は入学予定者による解除の場合の損害賠償額の予定または違約金の約定であるところ，3月31日以前に入学辞退すなわち在学契約が解除されれば入学者の数は高度の蓋然性をもって予測でき，大学としても補欠入学等により定員を充足するなどの措置をとることができるので，解除により大学に生じる損害額はないとして，前納授業料を返還しない旨の約定は全額について無効であるとした。同判決は，約定の全部または一部が平均的な損害の額を超えて無効であることの主張立証責任は消費者である入学予定者が負うものとした。

★ **(3) 一般条項**　　一般条項である消費者契約法10条は，消費者の不作為をもって当該消費者が新たな消費者契約の申込みまたはその承諾の意思表示をしたものとみなす条項その他の法令中の公の秩序に関しない規定（任意規定）の適用による場合に比して，消費者の権利を制限し，または消費者の義務を加重する消費者契約の条項であって，民法1条2項に規定する基本原則（信義則）に反して消費者の利益を一方的に害する契約条項を無効とするものである。このうち申込みまたは承諾の意思表示をしたものとみなす条項は，消費者契約法10条が実定法上任意規定のある場合に限らず任意規定と同等の意義がある判例法理や解釈法理がある場合にも適用されるものであることを明らかにするために，実定法上の任意規定はない

V　民法および消費者契約法による不当契約条項規制

が不当契約条項として同条により無効となる条項の例として示されているものである。

判例では、このような規定の構造に即して、まず契約条項と任意規定の内容を比較して契約条項の内容が任意規定の内容よりも消費者の権利を制限し、または消費者の義務を加重するものであるか否かを判断し、これが肯定されるときは、次に当該契約条項が信義則に反して消費者の利益を一方的に害するものであるかどうかを判断するという2段階の判断を経るという判断の仕方が定着している。

判例は、消費者の利益を一方的に害するものであるか否かの判断については、消費者契約法の趣旨、目的に照らし、当該条項の性質、契約が成立するに至った経緯、消費者と事業者との間に存する情報の質および量、ならびに交渉力の格差その他諸般の事情を総合考量して判断すべきものとする（最判平23・7・15民集65巻5号2269頁）。

このような考え方に基づき、生命保険の約款条項について一般条項により無効となるかどうかについて、最判平24・3・16（民集66巻5号2216頁）が判断を示している。生命保険の約款において、保険契約者の月払保険料の各月の保険料は、払込期月という1か月の期間内に支払わなければならないが、その期間内に支払わなければ、さらに1か月の猶予期間がおかれ、猶予期間内にも支払がないときは、猶予期間の翌日から保険契約は失効するものと定める条項は、履行遅滞に基づく債権者の契約解除権についての民法の規定（民541条）と比較すると、催告なく契約を終了させるもので、民法の任意規定よりも消費者である保険契約者にとって不利益である。判決は、その上で、上記猶予期間は民法上の催告期間よりも長いこと、および保険会社の実務では、約款には定めがないものの、払込期月内に保険料の支払がないときは、猶予期間内に保険料の支払督促のはがきによる通知を行っており、これにより保険契約者にも注意が

喚起されることなどを考慮して，督促の通知の運用が確実にされている限りでは，信義則に反して消費者の利益を一方的に害するものではないとした。

(4) 消費者契約法と商法との適用関係　消費者契約法にいう消費者契約とは，消費者と事業者との間で締結される契約をいう（消費契約2条3項）。同法上，消費者とは，個人が事業としてまたは事業のために契約の当事者となる場合を除き，個人をいい（消費契約2条1項），事業者とは，法人その他の団体および事業としてまたは事業のために契約の当事者となる場合における個人をいう（消費契約2条2項）。ここにいう事業とは，営利を目的とするものに限らず，商人としての会社のみでなく法人その他の団体はすべて事業者となる。また，個人でも個人商人に限らず何らかの事業をしているのであれば，その事業に関する契約である限り，事業者として扱われ，これらの意味での事業者は消費者契約法の保護の対象外とされていることとなる。

消費者契約法と他の私法上の規律をする法律との適用関係については，まず民法および商法との関係では，消費者契約法が特別法として位置づけられ，消費者契約法の規定と民法または商法の規定との間に抵触がある場合には，消費者契約法の規定が優先して適用される（消費契約11条1項）。

たとえば，商法739条は，海上物品運送契約における海上運送人の堪航能力担保義務違反による損害賠償責任を免除または軽減する特約を無効とするが，消費者契約法8条1項1号2号は，前述のような事業者の損害賠償責任を免除または制限する契約条項を無効とする。商法は，堪航能力担保義務以外の義務違反による損害賠償責任を免除または軽減する特約は有効とするものであるので，その限りで商法と消費者契約法との間に抵触があり，商法の方が無効とさ

れる範囲が狭いが，消費者契約に当たる限りでは，消費者契約法の規定が適用されることになる。

(5) **特別法の私法規定との適用関係**　以上に対して，民法，商法以外の特別法において，ある種類の契約について特別の私法規定がおかれている場合には，その特別法は，当該種類の契約について特別の立法政策的判断に基づいて制定されているのに対して，消費者契約法は消費者契約一般についての立法政策的判断に基づくにすぎないので，両者が抵触するときは，特別法が優先的に適用されることになる。消費者契約法11条2項はこのことを定める。

たとえば，国際海上物品運送法は，いわゆる海上運送人の航海過失免責を規定し（国際海運3条2項。運送人またはその使用する者に故意・過失があっても運送人は免責とされる），この免責は，消費者契約法8条1項1号2号によると無効となるべきものであるが，上述の原則から国際海上物品運送法が優先して適用され，有効となる。同様に，割賦販売法は，同法の適用のある信用購入あっせんにかかるいわゆる抗弁切断条項を支払総額が一定金額以上であることという要件をみたす限りで無効とするが（割賦30条の4・35条の3の19。第2章Ⅴ3(3)(ウ)，215頁参照），仮に抗弁切断条項が消費者契約法10条の一般条項により無効とされる場合でも（この点は見解が分かれるであろう），割賦販売法の適用のある契約に関しては，同法上有効とされる限りでは同法が優先して適用されるのである。

2　民法の定型約款に関する規定

(1) **総説**　平成29年の民法（債権関係）の改正においては，約款についての規律が必要であるという立場からの規定の新設が課題とされたが，賛否の鋭い意見対立があり，最終的には，約款のうちでも定型約款というものについてのみ，定型約款の契約内容への

組入れの要件，定型約款の内容の表示および定型約款の変更についての3か条の規定が新設された（民548条の2～548条の4）。これらの規律については，民法の一部として学習することとなるが，ここでは，それが企業取引にも適用され，重要な意味を有することから，とくに不当契約条項規制の部分について解説する。

(2) 定型約款の意義と規律　　定型約款は，「定型取引において，契約の内容とすることを目的としてその特定の者により準備された条項の総体」と定義され，その中の定型取引とは，「ある特定の者が不特定多数の者を相手方として行う取引であって，その内容の全部または一部が画一的であることがその双方にとって合理的なもの」と定義される（民548条の2第1項）。内容が画一的であることが契約の双方の当事者にとって合理的であることという難解な要件が盛り込まれているが，これは企業間取引に使用される契約書式，モデル契約条項，契約書ひな型など約款または約款類似のものはそれがそのまま契約内容とされる場合でも，両当事者間で交渉による修正の可能性がある限りでは，定型約款としては扱わないということを実質的に意味している。これに対して，保険約款，運送約款，銀行預金約款など，企業間取引に使用されるものでも，およそ交渉されることなく顧客側にも受け入れられているものは定型約款であると理解されている。定型約款は，その個別の条項について交渉がなく契約内容に組み入れられ，個別の条項についての実質的な合意はないか，または希薄であることから，組入れ等について規制のための規律が必要であるとともに，その規律が明確とされることにより企業活動の円滑な発展が可能になるというのが，定型約款に関する規定を新設した理由である。

(3) 定型約款の個別条項の不当契約条項規制　　約款による取引においては，約款の個別の条項についても交渉等を経て双方の当事

V 民法および消費者契約法による不当契約条項規制

者が合意して契約内容となることは稀れであり，それにもかかわらず約款全体が契約内容として相手方を拘束するかということが議論されてきた。定型約款については，民法は，定型約款を契約の内容とする旨の合意をしたときのほか，定型約款を準備した者（通常は企業）があらかじめその定型約款を契約の内容とする旨を相手方に表示していたときに，個別の条項についても合意したものとみなすというみなし合意の規律を定めている（民548条の2第1項）。このみなし合意の要件では，定型約款の内容を契約締結前に相手方に表示（開示）することは必要とされておらず，定型約款の内容の表示は，定型取引をする合意をする前または後に相手方の請求があった場合にすれば足りるとされている（民548条の3）。

このようなみなし合意の規律を前提として，定型約款の条項のうち，相手方の権利を制限し，または相手方の義務を加重する条項であって，その定型取引の態様およびその実情ならびに取引上の社会通念に照らして民法1条2項に規定する基本原則，すなわち信義則に反して相手方の利益を一方的に害すると認められるものについては，合意をしなかったものとみなすという規定が設けられた（民548条の2第2項。以下，これをみなし合意排除規定という）。

みなし合意排除規定は，その法文をみると明らかなように，前述の消費者契約法10条の一般条項をベースとして立案されているが，当然のことながら，消費者契約に限らず，企業間の契約の定型約款の条項にも適用される。そのことを反映して，信義則に反して相手方の利益を一方的に害するか否か，すなわち不当か否かについての判断をする際の考慮要素として，その定型取引の態様および実情ならびに取引上の社会通念が明示されている。これらの考慮要素をどのように考慮するかについては，いまだ共通の理解はないが，消費者契約だけではなく企業間の契約も広く適用対象とするものである

ために，考慮すべき事情も広くなり，柔軟な判断が求められるという理解をすべきものである。

みなし合意排除規定が消費者契約法10条と異なる最大の点は，不当とされる条項が無効とされるのではなく，みなし合意がないものとみなされるとされているということである。無効とされなかったのは，民法の不当契約条項規制が強いものとなることを懸念した経済界の反対との妥協的産物であり，平成29年改正前民法の下での判例には，不当な約款条項が契約内容に組み入れられなかったものとして実質的に効力を否定しているものがあり，みなし合意排除規定は，このような既存の不当契約条項規制と同程度の規制を定めるものとして説明され，その新設が実現したという経緯による。理論的には，みなし合意の要件が，かなり緩やかなものであることから，みなし合意の効力発生が正当化できない不当契約条項をみなし合意の対象から除外したという説明となろう。

みなし合意排除規定が，平成29年改正民法の施行後どのように機能するかは不透明であるが，無効という構成をとっていないとしても，当然に弱い規制しかできないということではないと考えられる。しかし，企業間の取引の定型約款の条項については，過剰な適用をすべきではないであろう。

みなし合意排除規定と消費者契約法10条との関係については，実質的には重複する規律であるから，特別法としての消費者契約法10条が優先して適用されるという考え方もありうるが，文言上は，みなし合意排除と無効という効果は異なるので，2つの規定はそれぞれの要件をみたせばそれぞれが適用可能と解すべきであろう。

第2章　商事売買取引

Ⅰ　商事売買と商法の規定

1　商法の規定の意義

　商法は，商事売買について自己完結的な規定をおくことはせず，民法の売買に関する規定の適用を前提として，ただ，商人間の売買の特質に基づいて5か条の特則をおくにとどめている。商法のこの規定も任意規定であり，現実の売買契約では様々な異なる内容の取決めがなされるのが通常である。

2　売主の供託権・自助売却権

　商人間の売買では，買主がその目的物の受領を拒み，または，これを受領することができないときは，売主は，その物を供託し，または相当の期間を定めて催告をした後に競売に付することができる（524条1項前段）。売主が引渡義務を免れるようにするための権利で，供託については，民法494条・495条の特則である。競売の権利のことを売主の自助売却権というが，民法497条の特則である。売主が供託し，または競売に付したときは，遅滞なく，買主に対してその旨の通知を発しなければならない（524条1項後段，ただし競売の有効要件ではない）。損傷その他の事由による価格の低落のおそれがある物は，催告をしないで競売に付することができる（524条2項）。また，競売をした売主はその代価を供託することを要するが，代金

175

債権の弁済期が到来しているのであれば，代価の全部または一部を代金に充当することを妨げない（524条3項。弁済期が到来していることを前提とする）。

3 買主の目的物検査・通知義務

商人間の売買において，買主は，その目的物を受領したときは（売買の履行として現実に受領したことをいい，船荷証券等の引渡しを受けたことでは足らない），遅滞なく，その物を検査しなければならない（526条1項）。この検査により売買の目的物が種類，品質または数量に関して契約の内容に適合しないことを発見したときは，直ちに売主に対してその旨の通知を発しなければ，その不適合を理由とする履行の追完の請求，代金の減額の請求，損害賠償の請求および契約の解除をすることができない（526条2項前段）。また，売買の目的物が種類または品質に関して契約の内容に適合しないことを直ちに発見することができない場合において，買主が6か月以内にその不適合を発見したときも同様である（526条2項後段）。6か月以内に契約内容への不適合があることを発見して通知することができなかったときは，もはや売主に対して契約内容への不適合に対する上記各種権利を行使することはできなくなる。商人である買主には商品知識のあるのが通例であり，受領した商品についてすみやかに検査することを求めるのが妥当であること，また，法律関係の早期安定のために権利の早期消滅を規定しておくのが合理的であるということに基づく。ただし，売買の目的物が種類，品質または数量に関して契約の内容に適合しないことについて悪意であった場合には売主保護の必要がないので商法526条2項の規定は適用がない（526条3項）。通知は発すれば足り，到達しなくとも買主の権利は保存されるが，契約内容にどのように適合しないかの説明を含んでいな

けらばならない。

　土地が売買契約の目的である場合において，当該土地に土壌汚染が発見されたときについても商法526条が適用されるが，買主は同条による検査・通知義務を負わない旨の特約は有効であるとした裁判例がある（東京地判平23・1・20判時2111号48頁）。

　商法526条は，買主が種類または品質に関する契約内容への不適合に基づく責任を追及する権利を保存するには，買主が不適合を知った時から1年以内に売主にその旨を通知することを要するものとする民法566条に対する特則となる。買主が商法526条による検査・通知義務を履行したときには，買主の売主に対する民法に基づく権利は消滅時効（民166条）が完成するまで行使することができる（最判平4・10・20民集46巻7号1129頁〔百選53〕は，平成29年改正前民法の下で，買主が商法526条の義務を履行することにより行使することができる権利の内容およびその消長は民法の規定によるものとしていたが，その考え方は平成29年改正民法の下でも維持されると考えられる）。

4　買主の目的物保管・供託義務

　商人間の売買において，買主は，契約を解除したときであっても，売主の費用をもって売買の目的物を保管し，または供託しなければならない（527条1項本文）。ただし，目的物について滅失または損傷のおそれがあるときは，裁判所の許可を得て競売に付し，かつ，その代価を保管しまたは供託しなければならない（527条1項ただし書。許可に係る事件は売買の目的物の所在地を管轄する地方裁判所が管轄する。527条2項）。買主が競売に付したときは，遅滞なく，売主に対してその旨の通知を発しなければならない（527条3項）。買主に民法上は認められない義務を課し，売主の利益を保護しようとするのであるが，それにより，売買取引関係の形成も間接的に促進され

る。以上のような買主の義務は、売主および買主の営業所（営業所がない場合にあっては住所）が同一の市町村の区域内にある場合には認められない（527条4項）。両当事者が同一市町村の区域内に存するときは、売主が直ちに自分で必要な措置をとれるからである。

　以上のような買主の義務は、売主から買主に引き渡した物品が注文した物品と異なる場合における当該売主から買主に引き渡した物品、および売主から買主に引き渡した物品の数量が注文した数量を超過した場合における当該超過した部分の数量の物品について準用される（528条）。

5　確定期売買

　商人間の売買において、売買の性質（たとえば中元用のうちわの売買）または当事者の意思表示により（具体例として最判昭44・8・29判時570号49頁〔百選50〕参照）、特定の日時または一定の期間内に履行をしなければ契約の目的を達することができない場合（確定期売買という）において、当事者の一方が履行をしないでその時期を経過したときは、相手方は、直ちにその履行の請求をした場合を除き、契約の解除をしたものとみなし（525条）、解除の意思表示なくして解除の効力が発生するものとする。定期行為の履行遅滞による解除につき催告なく解除を認める民法542条1項4号の特則であり、相手方の履行を請求するか、解除するかの選択の余地を狭め法律関係のより早期の安定を図ろうとするものである。確定期売買にあたるか否かは、個々の契約の趣旨ないし当事者の意思に従い判断しなければならないが、履行期が特定されたことにより当然に確定期売買となるものではない。

II 委託販売

1 総　説

　商品の販売のために問屋（といや）が利用されることがあり，これを委託販売という。たとえば，Aが自己の製品の販売の取次ぎをBに委託する。Bがこのような物品の販売の取次ぎを業としていれば商法上の問屋に該当する。Bは，自己の名で，しかし，Aの計算において買主Cとの間で売買契約を締結する（このことをもって取次ぎという）。この場合，売買契約はB・C間に成立するが，その経済的成果はBではなくAに帰属する（第1章IV3図3④，163頁参照）。この形式的な当事者と実質的な当事者との食い違いが複雑な問題を生ぜしめる。なお，商法の問屋に関する規定は販売の委託と買入れの委託を併せ規定するが，以下では販売の委託に即して説明する。買入れの委託についても買入れということによる差異を除けば法律関係は販売の委託と変わらない。

2 問屋と委託者との関係

　問屋Bと委託者Aの法律関係はまず委任および代理に関する規定（民643条以下）に従う（552条2項）が，商法はBの義務を具体化した規定をおいている。委託販売の場合には，BはAのために善良な管理者の注意をもってAの製品についてCとの間で売買契約を締結しなければならない（民644条）。Aが販売の最低価格（指値〔さしね〕という）を指定したときは，Bはこの価格未満で販売をしてもその販売の効果をAに帰せしめることができない（指値遵守義務）。しかし，商法は，Bが自ら差額を負担するときは販売の効果をAに帰せしめることができるものとしている（554条）。Aと

しては予定どおりの利益を得ることができるからである。

　Ｂが売買契約を締結したときは遅滞なくＡに通知することを要する（557条・27条）。Ｂが売買契約を締結した相手方であるＣが代金支払債務を履行しないときは，別段の意思表示または慣習がない限り，Ｂは自ら代金支払債務を履行する義務を負う（553条。履行担保責任という）。Ｂが選択した取引相手方であるＣの債務不履行によりＡが損害を被るのを防止するためである。

　Ｂは，委託された取次ぎを実行することにより，Ａに対して報酬を請求するとともに，取次ぎの実行に必要な費用の前払・償還を請求することができる（民649条・650条）。これらの債権については，ＢはＡのために占有する物または有価証券につき問屋の留置権を有する（557条・31条）。

　Ｂが販売の委託を受けるとともに，自らが買主となることができるか。このような行為を介入というが，無制限にこれを認めると，一種の自己取引であるからＢが自己に有利な条件で売買契約を成立させる危険がある。したがって，このような行為は問屋であるＢの善管注意義務の観点からも禁止されるべきであるが，Ｂが買い入れてくれれば時間と費用が節約されることもあるので，一概に排斥するまでのこともない。そこで，商法は，問屋の裁量が排除され委託者の利益が害されるおそれのない場合に例外を認める。すなわち，取引所の相場のある物品の販売または買入れの委託の場合に限り問屋は介入する権利（介入権）を有するものとし（555条1項前段），この場合には，介入の通知をＢが発したときの取引所の相場が売買価格となる（555条1項後段）。また，この場合にはＡとＢとの間に売買契約が成立するとともにＢは委託の実行をしたことになり，したがってＢは報酬請求権を有するとされる（555条2項）。しかし，Ａ・Ｂ間を通常の売買契約関係と解すると，Ｂが介入によらずに委

託を実行した場合と比べてAの保護に欠ける（たとえば，Bが介入した後に破産手続開始の決定を受けるとAは目的物についての取戻権を有しないし，Aの代金債権は破産債権となるにすぎないのに対し，BがCに対して販売した後に破産手続開始の決定を受けたときは，後述のように代金債権についてAは代償的取戻権を有する）。そこで，Bの介入については，委託の実行という側面を無視しえないとして，有力な見解は，Bは問屋としての立場で，自己を相手方とする売買契約を締結することにより委託を実行したという法律構成をすべきであると主張している。

3 問屋の債権者と委託者の関係

委託の実行により売買契約はB・C間に成立するので，Cに対する売買代金請求権はBに帰属する。この売買代金請求権は最終的にはAに帰属すべきものであるが，そのためには債権譲渡によることが本来であれば必要である。しかし，商法は，A・B間ではこの債権譲渡手続を要求するまでのこともないという考え方により，代金請求権はA・B間の関係においては当然にAに帰属するものとする。商法552条2項でA・B間の関係においては代理に関する規定を準用するとしているのはその趣旨である。

このように，**問屋Bに対する関係では委託者Aは代金請求権が自己に帰属することを主張しうるが，AはこのことをBの債権者に対しても主張しうるか**。たとえば，Bに対して破産手続開始の決定がされたときに，Cに対する代金請求権はBの破産財団に属するか。また，Bが既にCから支払を受けていたが，この金銭をいまだAに引き渡していないときはどうか。

販売の目的物をAがBに事前に引き渡していたところBについて売買契約締結前に破産手続開始決定がされた場合には，通常はB

に対して所有権移転の授権がなされるにとどまり、いまだBに所有権が移転せられてはおらず、破産法62条によりAは取戻権を有する。売買契約の締結により買主Cに所有権が移転した後は、Bにいまだ代金請求権があるときにはAはこの請求権につき代償的取戻権を有する（破64条）。しかし、Bが破産手続開始決定前に既に代金の支払を受けていたときは、この金銭につき取戻権は認められず破産債権となるにすぎないというのが現在の支配的見解である。なお、問屋の破産の場合の法律関係については、第8章Ⅲ3(4)（296頁）も参照。

4 問屋と買主との関係

BがAの委託の実行としてCと売買契約を締結すると、B・C間に売買契約が成立する。すなわち、Cに対して売主として権利を有し、義務を負うのはBである（552条1項）。したがって、CはAに対して直接に目的物の引渡しを請求することはできず、逆に、AはCに対して直接に代金の支払を請求することはできない。A・B間では前述のように代金請求権は当然にAに帰属するが、これをCとの関係でも主張することはできないのである（債権譲渡の手続をとることを要する）。ところが、場合によっては、経済的にはBの行為はAのためになされたものであるという実質を法律関係にも反映させるべきではないかが議論される。

たとえば、Cが代金を支払わない場合、契約当事者としてCに対して損害賠償請求をすることができるのはBということになるが、Bの損害は報酬（手数料）額にとどまり、他方、実質的損害を被るAは、Cに対して債務不履行による損害賠償請求をすることができないことになるが、これは妥当でない。そこで、問屋であるBは自己の名でAの損害について賠償請求することが認められる

べきであると主張される。

さらに，B・C間の売買契約において引き渡された目的物または移転された権利が契約の内容に適合しない場合の売主の担保の責任（民562条1項本文・565条）を負わない旨の免責特約がなされたとしても，知りながら告げなかった事実および自ら第三者のために設定しまたは第三者に譲り渡した権利については，売主はその責任を免れることができないとする民法572条はAについて適用し，Aが瑕疵について悪意であったときにはBが善意であっても免責特約を主張することはできないと解すべきであるというように，売買契約の成立や効力に関する主観的要素について委託者の悪意を問屋の悪意と同視すべきであるという主張がなされる（民法101条3項の類推適用などを根拠とする）。

III 国内の企業間商事売買の実際

1 商品の流通と契約形態

あるメーカーの製品が最終消費者により購入されるまでの流通経路は，製品種類により異なる。たとえば，自動車は，メーカーから各地域の販売会社を介して消費者に販売されるのが通例である。家電製品も，メーカーから系列下の各地域や製品種類の販売会社を経て，特約店（小売店）や家電量販店などを介して消費者に販売されることが多い。これに対して，その他の多くの商品では，メーカーから1ないし2の問屋（とんや）等の卸売業者を経たうえ，さらに小売店を経て消費者に販売されるのが原則的流通経路となる。

このような商品流通について，各当事者の法律関係でみると，次のようになる。単純化のために，A（メーカー）→B（問屋等の中間販売業者）→C（小売店）の例で考えると，A・B間およびB・C間は，

それぞれ売買契約であることが圧倒的に多い（このような場合を仕切売買という）。A・B間が委託販売であり，Bが551条の問屋（といや）である場合や，BがAのための代理商である場合はあまり多くない。

A・B間およびB・C間が売買契約である場合には，Bは，Aから仕入れた商品を自己の判断でCに転売することになる。Bは，Aからの仕入価格とCへの転売価格の差額（転売差益）を自己の利益として得ることになる。しかし，仕入後の価格の下落のリスクはBが負担する。また，Bは，Aから仕入れた商品が転売できずに売れ残ったことによるリスクも負担する。さらに，Bは，Cが代金を支払わないリスクも負担する。

これに対して，Bが代理商や問屋（といや）である場合には，Bは，AのためにA・C間の取引を仲介するにすぎないから，商品の売れ残りのリスクやCの代金不払のリスクは負担しない。その反面で，Bは，転売差益を得ることはなく，Aから予め取り決められた報酬（手数料）の支払を受けるにとどまるのが通例である。

★　実務上，**仕切売買が多用されるのはなぜであろうか**。Bの立場からみれば，前記のようなリスクを負担する半面で代理商や問屋の場合よりも大きな利益が得られること，Aの立場からみれば，Bに前記のようなリスクを転嫁することが望ましいこと，とくに委託販売や代理商の場合のようにAがCの代金不払のリスクを負担することは望ましくないこと（多数のCのレベルの者の信用状態を把握することはAには困難である。ただし，委託販売の場合には，問屋（といや）の履行担保責任〔553条〕によりBがCの代金支払債務の保証人的地位に立つことに注意）があげられるし，問屋（とんや）のようなBはCのレベルの者に対する取引についてより多くの知識経験を有しているので効率的な契約関係の形成ができると考えられるからである。委託販

売や代理商のような形態がとくに選択されるのは、Bのような立場にある者が仕入商品の売れ残りのリスクを嫌う場合など特別な事情がある場合である。

ところで、仕切売買と委託販売等の差異は実際には大きくない。たとえば、仕切売買においても、買主が仕入れたが売れ残った商品を売主に返品する慣行が広く行われており（書籍や衣料品などに多い）、このような場合には、委託販売との違いは小さくなる。また、仕切売買によりBがAから仕入れた商品について、Bが自由に価格を設定して転売差益を得るといっても、商品の価格の変化が激しくない限りでは、Bの利益はメーカー希望小売価格のほぼ一定割合と予め決まっていることもあり、この点でも、委託販売や代理商の場合と実際の差異は小さくなる。

2 継続的取引関係

企業間の取引は特別の仕様で作られた工場機械の売買契約のように単発的なもの（スポットの取引）もあるが、多くの商品に関する取引は、継続的に行われるのが通例である。たとえば、メーカーと問屋（とんや）との間の売買取引が継続的に行われるような場合である。特約店・代理店契約も継続的な売買取引関係の典型例である。このような場合に、売主・買主間では、個別の売買契約に共通する契約条件（個別の売買契約の締結方法、商品の引渡方法、代金支払条件、契約内容への不適合についての責任など）を定めた基本契約書を最初に取り交わすことが多い。基本契約書では、さらに、売主側が、一定の範囲で商品を売り渡すことを約定する場合もあるが、そこまでは約定されず、売主側が個別の売買契約の締結に応ずるか否かの自由を保留している場合も多い。

3 特約店・代理店契約

実務上，メーカーやその販売会社から商品の供給を受ける卸売段階または小売段階の販売業者が特約店・代理店とよばれることがあるが，この場合も，通常は，仕切売買が継続的に行われているにすぎないのが通例である。ただ，一般的な継続的仕切売買の場合と異なり，特約店・代理店側に，一定地域における独占的な販売権が付与されていたり，メーカーからの販売活動の援助などの便益が供される反面で，特約店・代理店の側に，販売先や販売地域を限定されたり，他のメーカーの商品を取り扱うことを禁止されるなどの制約が課されることが多い。このため，この種の契約は独占禁止法上の不公正な取引方法の規制との関係で問題となることが少なくない。

4 フランチャイズ契約

(1) 総説　コンビニエンス・ストアのような小売業，ファスト・フードや居酒屋のような外食業，ホテルや学習塾などのサービス業など広範な分野でフランチャイズ・システムによるビジネスが盛んに行われている。フランチャイズ・システムとは，一般的には，本部（フランチャイザー）が加盟店（フランチャイジー）に対して，特定の商標，商号等を使用する権利を与えるとともに，加盟店の物品販売，サービス提供その他の事業・経営について，統一的な方法で統制，指導，援助を行い，これらに対する対価として加盟店が本部に金銭を支払う事業形態と定義できる（公正取引委員会の定義による）。別な表現では，フランチャイズ・システムは，フランチャイズ・パッケージを利用させるシステムということになる。フランチャイズ・パッケージとは，ビジネスを行い，利益を上げる知的財産権や経営ノウハウの集合であり，本部は，このフランチャイズ・パッケージを開発し，加盟店にこれを利用してビジネスをすることを許諾

し，それに対する対価として，後述のような加盟料やロイヤルティの支払を受けることにより利益を得る。加盟店は，独自のビジネスの知識経験がなくとも本部のフランチャイズ・パッケージを利用することによりビジネスを行い，利益を得ることができ，それに対する対価を支払うことになる。

(2) フランチャイズ契約の内容　フランチャイズ・システムの下に本部と加盟店との間に締結される契約がフランチャイズ契約であり，物品の販売等の継続的取引関係の性質を有する。上記のフランチャイズ・システムの定義を具体化するために，本部の義務として，本部のフランチャイズ・パッケージとして経営ノウハウや商標等の使用許諾，加盟店の開業前の支援，開業後の経営指導等が定められ，加盟店の義務として，加盟金の支払，ロイヤルティの支払（算出方法として，定額式，売上歩合方式，純粋粗利益方式，後述の売上総利益方式などがある），経営に関する契約で定める基準や本部の指示の遵守，営業秘密の保持，競業禁止等が定められる。

このようにフランチャイズ契約は多様な内容を包含することから，民商法に定めのある典型契約ではないが，コンビニエンス・ストア・チェーンにおいて，加盟店は第三者からの商品仕入れを本部に委託するシステムがとられていた場合においては，このシステムに関しては本部と加盟店の間の関係は準委任契約としての性格があるとして，加盟店は本部に対して商品仕入れの具体的な内容（個々の商品名ごとの支払先，支払日，支払金額，単価，個数，仕入先から本部が受領したリベート）について報告を求める権利があるとされた裁判例があり（最判平20・7・4判時2028号32頁），法律問題ごとに典型契約の規定が参考とされることはありうる。

(3) フランチャイズ契約の締結　フランチャイズ契約は，複雑な内容であるとともに，ビジネス経験の乏しい者が加盟店になろう

とするため，加盟店になろうとする者の契約を締結するかどうかの判断にとっては，契約締結前の本部による加盟店への情報提供が重要な意味をもつ。物品の販売にかかるフランチャイズ・システムは，中小小売商業振興法上の特定連鎖化事業に該当し，同法は本部に対して契約締結前に契約内容を記載した書面の交付義務を課している（同法11条）。また，同法の適用がないサービスに係るフランチャイズ・システムも含めて，一般社団法人日本フランチャイズチェーン協会の自主規制による情報開示が行われている。

これらの法令等においては，情報提供が義務づけられていないが，実際には情報提供が行われることが多いのが開業後の売上げや利益に関する予測情報であり，開業後に予測した売上げや利益が得られなかった場合に，加盟店が本部に対して情報提供義務違反として損害賠償を請求することが少なくない。契約締結前ではあるが，予測情報を提供する以上は，本部は適切な情報を提供する信義則上の保護義務を負い，この義務に違反した場合には損害賠償義務を負うという判例が確立している（一例として，東京高判平11・10・28判時1704号65頁〔百選62〕）。訴訟においては，予測の手法が合理的なものであったかどうかが審査されることになる。賠償の対象となる損害については，見解が一致しないが，店舗開設費用や加盟金は賠償の対象となる。しかし，開業後に支払ったロイヤルティや開業後の事業損失は賠償の対象とならないとする裁判例が多い。

(4)　**本部によるビジネスの統制とその限界**　フランチャイズ・システムでは，統一的なフランチャイズ・パッケージの下に加盟店の事業が展開されることが，フランチャイズ・システム全体の信用とブランド価値を維持し，また顧客の期待に応えるためにも不可欠であるとして，フランチャイズ契約においては，加盟店の事業について本部による細かな統制が行われるのが通例であり，そのことに

III　国内の企業間商事売買の実際

は合理的な必要性がある（加盟店が競業避止義務等に違反したとして，本部に対して損害賠償義務を負うとされることがある。一例として，東京高判平24・10・17判時2182号60頁）。しかし，加盟店の事業を過剰に拘束することは，独占禁止法上の不公正な取引方法となりうる。

　一例として，あるコンビニエンス・ストアのフランチャイズ・システムにおいては，弁当やおにぎりなどのデイリー商品については，フランチャイズ契約には定めがなかったにもかかわらず，本部が販売期限近くなっての値引き販売（見切り販売）を禁じていたが，公正取引委員会は，この制限を不公正な取引方法としての優越的な地位の濫用に当たるとした（公取委排除措置命令平21・6・22審決集56巻第2分冊6頁）。その理由としては，コンビニエンス・ストアのフランチャイズ・システムにおいては，販売期限切れで販売できなくなり廃棄された商品（廃棄ロスという）の原価についてもロイヤルティ算定の基礎となる「売上総利益」に含まれる（廃棄ロスは原価で売れたものとみなすという意味である。売上総利益に一定の比率〔チャージ率〕を乗じた額がロイヤルティとなる）という特殊な算定方法が行われており，見切り販売による廃棄ロスに係るロイヤルティ負担を軽減させる機会を失わせているということがあげられている（このロイヤルティ算定方法に関する取決めの解釈については，最判平19・6・11判時1980号69頁〔百選63〕参照）。廃棄ロスもロイヤルティ算出の基礎に含める方式は，売上高から廃棄ロスも含めた総仕入原価を控除した額を基礎にロイヤルティを算出する方式に比べて加盟店のロイヤルティの額が大きくなるという問題はあるが，加盟店が廃棄ロスを架空計上してロイヤルティの支払額を小さくしようとする行為を防止するとともに，廃棄ロスが生じないように適正水準の仕入れをするインセンティブを加盟店に与えるという合理的な目的もあるといわれており，上記公正取引委員会の判断が合理的なものかどうか

については意見が分かれるところである。

5 継続的取引関係の解消

　企業間において継続的な取引関係が形成されている場合において，売主側が一方的な供給停止（取引関係の解消）をすることには問題がある。とくに，特約店・代理店契約の場合には，特約店・代理店の側は，当該商品の販売に専属的に従事していることが多く，供給を停止されることは直ちに企業活動の行き詰まりをもたらすし，それまでに販売活動のために投下していた資本も無駄になる。売主側の供給義務が合意されていない場合であっても，特約店等の買主側は商品の供給を期待して事業展開をしている場合が少なくなく，問題が生ずることは同じである。

　このようなことから，継続的な取引関係が形成されている場合には，一方の当事者が一方的に取引関係を解消することについて法的な制約を加えることが必要である。商法・会社法では，わずかに代理商契約について，終了事由を規定するが（30条，会社19条），代理商の保護のために十分なものとはいえないし，ことは代理商のみの問題ではない。

　継続的な取引関係といっても，その内容は多様であり，取引関係の解消が当事者に及ぼす影響の程度も一様ではないから，一般的な原則を立てることは適当でないが，被供給者（買主）の側に重大な義務の不履行がある場合には，解消が可能であることには争いがない。具体的な事例として，化粧品の卸販売会社（メーカーの系列会社）と小売業者との間で特約店契約に基づく継続的な化粧品の供給取引が行われていた場合において，特約店契約中で小売業者は小売販売に際して対面販売（購入者に説明して商品を販売すること）の方法により販売をする義務を負うものとされていたにもかかわらず，小

売業者が対面販売によらないカタログ販売をしており、卸販売会社の中止要請にもかかわらずこれを中止しなかったときは、重大な義務の不履行があるものとして、卸販売会社は特約店契約を解除することができるとされた事例がある（最判平10・12・18民集52巻9号1866頁〔百選60〕。対面販売を義務づけることは独占禁止法上、不当な拘束条件付取引〔不公正な取引方法12項〕には該当しないという判断を前提とする）。

これに対して、被供給者側に義務の不履行など責に帰すべき事由がないのに、供給者（売主）側の一方的な都合により取引関係を解消することについては、供給者側に供給義務がない場合であっても、信義則上供給を拒絶して取引関係を解消することができないとする余地があると考えられる。とくに、被供給者が特約店等として開拓してきた販路を供給者が奪取するような目的で特約店取引を解消しようとするようなことは制限されるべきである（これに近い具体例として、札幌高決昭62・9・30判時1258号76頁〔百選61〕）。ただし、相当の予告期間をおいていたり、相手方の不利益を補償するような場合には、解消が可能となる余地もある。契約期間が定められている場合に契約を更新しないことについても、当然に更新拒絶の自由ありとはいえない場合もある。このような取引関係の解消の制限は、フランチャイズ契約のように被供給者側が従属的な地位にたつ場合には一段とつよく認められる。

下請取引のように、供給者である下請業者が購入者である親事業者から取引を打ち切られる場合にも、下請業者に致命的な悪影響が生じうるのであって、同様の問題が生じうる。

Ⅳ 国 際 売 買

1 総 説

　国際売買では，目的物の引渡し，代金の支払などが国境を越えて行われる。二国の法秩序が異なる限り，当該売買契約がいかなる法の規律に服するかという国内売買については存在しない問題が生ずる。国際裁判管轄に関する法および国際私法がこの問題を解決するが，売買取引を円滑に行うためには，裁判管轄の合意，準拠法の指定などによりできるかぎり当該契約に関して適用される法を明確にしておくことが望ましく，また，適用される法の下で，それぞれの売買契約につき，契約自由に委ねられる範囲内で交渉に基づき詳細に契約内容を合意することなど予防法学的努力がとくに重要性を帯びる。

　しかし，国際売買がより円滑に発展するためには，国際売買について適用される法が各国間で統一されることが望ましいといえ，第二次大戦以前から売買法の統一作業が行われ，最も重要なものとして，1980年に，「国際物品売買契約に関する国際連合条約」が採択され，1988年に発効した。米国，英国を除く欧州主要国，中国などが加盟し，わが国も2008年に加盟した。この条約は，営業所が異なる国に所在する当事者間の物品売買契約について，①これらの国がいずれも締約国である場合，または②国際私法の準則によれば締約国の法の適用が導かれる場合に適用される（同条約1条1項）。ただし，内容的には，任意規定であり，また，売買契約に関するすべての法律問題について規定しているわけではない。

　条約とは別に，民間レベルで，国際売買契約において用いられる標準契約書式や標準的な取引条件の作成により，取引を円滑に行う

ことができるようにするための作業が行われ，成果を上げている。最も重要なものとして，1936年の国際商業会議所（International Chamber of Commerce: ICC）におけるインコタームズ（Incoterms）の制定があげられる（現在は2010年改訂のものが最新である）。インコタームズでは，次に解説するCIFなどの定型的取引条件における当事者の権利・義務を明確に定め，売買契約の当事者はインコタームズによるということを合意することにより簡便かつ確実に契約内容を形成することができるようになっている。

2 CIF売買とFOB売買

インコタームズの定める取引条件は，11種類あるが，今日のわが国の企業の行う国際売買契約において最も多く用いられる定型的取引条件がCIFとFOBである。

(1) **CIF** CIFとはCost, Insurance and Freightの略で，運賃保険料込みという取引条件である。CIF売買の基本型としては，売主は，契約所定の物品について買主所在国の目的港までの運送契約を締結し，運賃を支払ったうえ船積みをすること，海上運送人から船荷証券の交付を受け（船積船荷証券または船積証明のある受取船荷証券であることを要する），これとともに，譲渡可能な海上保険証券（海上運送に関して売主が保険者と海上保険契約を締結して交付を受けるもので，指図式または無記名式のもの）および送り状（インボイス）を買主に提供することなどを義務づけられる（売買代金は以上に応じて運賃および保険料込みとなる）。これに対して，買主の義務は，売主の提供する船荷証券等の書類が契約の定めに合致していれば，受領して売買代金を支払うこと，目的港において物品を受領することなどである。CIFにおいては，船積港において船上に物品を置くまで売主が危険を負担し，それ以後は買主が危険を負担するが，買主は，

売主の締結した海上保険契約により運送中の危険をカバーすることができる。海上保険契約は，所定の種類・範囲のリスクを担保する内容の保険約款によるものであることを要する。また，保険価額および保険金額は送り状価額に 10 パーセントを加算した額であることを要する。なお，現在のインコタームズでは，以上における船荷証券や保険証券などの書類については電子化されたものも含めて海運や保険の実務の現代化に対応できるよう柔軟な取扱いを認めている。

裁判例として，CIF と類似の取引条件である C&F（Cost and Freight，2010 年改訂のインコタームズでは CFR）条件において，約定の船積期間の特約がある場合には，当該売買契約は船積期間に船積みされなければ目的を達成することができない商法 525 条の確定期売買（Ⅰ5，178 頁）に該当するとされた事例がある（神戸地判昭 37・11・10 判時 320 号 4 頁〔百選 65〕）。

★　(2)　**FOB**　FOB とは，Free on Board の略であり，本船渡しという取引条件である。FOB の基本型としては，買主は，船舶を自分で手配し（傭船または船腹の確保），船舶名，船積港，船積日時などを指定して売主に対して通知することなどを義務づけられる（買主が約定の期日までに通知しないと債務不履行となる）。これを受けて，売主は，契約所定の物品を，買主の指定する船舶に船積みした後，直ちに買主にこれを通知することを義務づけられる。実際には，売主が買主のために海上運送の手配をすることも多い。FOB では，危険は，物品が売主により船上に置かれた時に危険負担が売主から買主に移転する（通知した期日までに船舶が指定港に到着しないときにはその期日から危険は買主に移転する）。運送中の危険に対する海上保険契約も，したがって買主が手配することになるが，運送を売主が手配するときには海上保険も売主が手配するのが通例である。売主

IV 国際売買

図4 荷為替手形（D/P条件）の仕組み

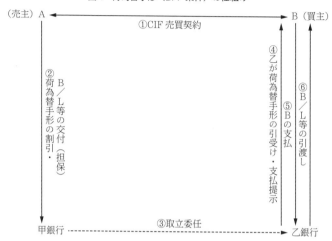

が指定の船舶に積込みをすると船荷証券の交付を受け，これと引換えで買主から代金の支払を受けることが多い。

3 荷為替手形

国際売買では，売主と買主は異なる国に存するので，売主は買主の信用を十分調査することができないことが少なくない。また，買主が約定どおり代金を支払ってくれないと強制的に取り立てることも容易でない。そこで，このような売主の不安を克服する手段が工夫されてきたが，それが最も完成の域に近づいたのが，CIF売買と結合した荷為替手形と荷為替信用状の利用という決済方法である。

CIF売買の場合，荷為替手形は典型的なケースでは以下のように利用される（図4）。売主であるAは売買代金の額を手形金額とし，買主であるBを支払人とする為替手形を振り出し，これに船荷証券・保険証券等の船積書類を添えて，Aの所在の甲銀行に割り引

いてもらう。この際，船積書類はBの手形の支払およびAの甲に対する遡求の義務を担保するために併せて甲銀行に交付される（譲渡担保）。このように船積書類が担保として付された為替手形を荷為替手形という。

甲銀行は，提携関係のあるBの所在地の乙銀行に対してBに対する手形の取立てを委任し，乙銀行はBに対して引受けのための提示および支払のための提示を行う。なお，売買契約において，為替手形の引受けと引換えに船積書類がBに引き渡されることとなっている場合（D／A条件という）と，為替手形の支払によりはじめて船積書類がBに引き渡されることになっている場合（D／P条件という）とがある。Bが引受けまたは支払を拒絶すれば，甲銀行は船積書類を換価処分するか，または，Aに対して手形による遡求権または手形の買戻請求権を行使して手形割引によりAに対して供した信用を回収する。このような荷為替信用状の仕組みによって，Bが売買の目的物を取得したまま代金を支払わないという危険は回避できるとともに，Aは為替手形の割引により即座に代金債権を現金化できるという金融上のメリットも享受することができる。

4　荷為替信用状

このようにして，荷為替手形を利用すればAの代金の回収は容易かつ確実となるし，また，甲銀行もAに対する手形割引による金融を供しやすくなる。しかし，それでもBが手形の引受けまたは支払を必ずするとはかぎらず，その場合には，甲銀行も船荷証券等の換価処分の方法があるとはいえ，手間がかかるし，有利な処分ができるとはかぎらない。Aも甲銀行から遡求または手形の買戻請求を受けることは困るであろう。そこで，Aが確実に売買代金の支払を受けることができる手段があればよいことになるが，荷為

IV 国際売買

図5 荷為替信用状を利用した CIF 売買

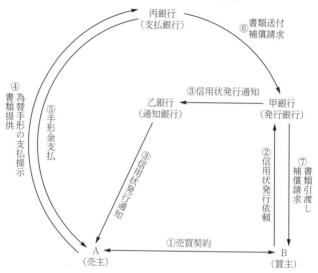

替信用状はまさにそのような手段である（図5）。

　荷為替信用状は，発行依頼人（買主B）の依頼を受けた信用状発行銀行（甲銀行）が，一定の条件（後述の信用状条件）に従い，第三者（受益者といい，この場合は売主A）もしくはその指図する者に支払をすること，受益者の振り出した為替手形を支払いもしくは引き受けること，または，そのような支払，為替手形の支払，引受けもしくは買取りを他の銀行に授権することなどを行うことを約束することを内容とする取決めである（そのような取決めを記載した書面も信用状とよばれる。なお，荷為替信用状の発行銀行は，後述の通知銀行，受益者などすべての関係者の同意がなければ信用状の内容の変更または取消しをすることができないとする取消不能信用状であるのが通例である）。

　定義からもかわるように，信用状には多様な類型があるが，一例

197

として発行銀行が荷為替手形の支払をすることを他の丙銀行（支払銀行という）に対して授権することを確約した取消不能信用状は次のようにして利用される。

　まず，A・B間の売買契約において，Bは上記のごとき信用状の発行を受けることを義務づけられる。Bは，これに基づいて，取引関係のある甲銀行に対してAの振り出す手形の支払をすることを確約する信用状の発行を依頼し，甲銀行はBの信用調査のうえ，適当と判断すれば信用状を発行するが，この発行は，受益者であるAの存する国の乙銀行（通知銀行という）を経由してAに通知される。発行に際しては，甲銀行が信用状に基づく義務を履行する条件として，Aが取得して提供すべき船荷証券等の書類の要件が詳細に定められ（信用状条件という），これに合致しない書類を提供しても甲銀行は信用状所定の義務を履行しない。信用状発行の通知を受けたAは，信用状条件をみたす船荷証券等の書類を取得したうえ，信用状において支払をする者として指定された丙銀行を支払人とする為替手形を振り出し，丙銀行に書類とともに提示して手形金の支払を受ける。丙銀行は，書類を甲銀行に送付して，Aに支払った手形金相当額の補償を請求する。これを履行した甲銀行は，Bに対してさらに補償を請求し，Bはこれを履行すれば，船荷証券等の書類の引渡しを受けることができる。

　注意しなければならないのは，信用状条件に合致する書類が提供されれば，A・B間の売買契約に基づきBがAに対して代金の支払を拒絶することができる抗弁事由を有していたとしても，甲銀行はその抗弁事由をもってAまたは丙銀行に対抗することができないということである。これを信用状の独立抽象性といい，手形債務の無因性と同じ性質である。逆に，甲銀行が信用状条件に合致する書類と引換えに義務を履行すれば，BがAに対して売買契約上の

抗弁を有していてもBは甲銀行の補償請求に応じなければならない。また，甲銀行は書類が信用状条件に文面上一致しているかどうかについてのみ注意を尽くせばBに対して補償請求権を取得するものと定められている（船積書類が信用状条件に合致しているかどうかが争われた具体例として，東京高判平15・5・27金判1178号43頁〔百選67〕）。

商業信用状の法律関係については，国際商業会議所が制定する信用状統一規則と略称される規則の定めるところに従い信用状を発行するのが通例であり，それにより信用状に関する法的規律の世界的統一化が進んでいる。現在の信用状統一規則はUCP600と略称される2007年に改訂されたものである。

V 消費者売買（訪問販売・割賦販売等）

1 総　説

(1) 特定商取引に関する法律と割賦販売法　　企業が売主，消費者が買主となる消費者売買のうち，民法・商法の一般私法では消費者保護が図れない類型については，特別法として，訪問販売等に関する法律と割賦販売法（以下，割販法という）とが制定された。訪問販売等に関する法律は，訪問販売，通信販売など商品の販売の仕方から問題が生じやすい取引類型について，また，割販法は，商品購入等の代金を分割払いで支払う取引類型についての消費者保護を図るものとして制定されたものである。両法とも，制定当初は，商品の売買取引を主たる適用対象としていたが，その後の改正により，権利の売買取引や役務（サービス）の提供にかかる取引にも適用が拡大されている。とくに訪問販売等に関する法律は，訪問販売以外にも多様な類型の取引に適用対象を拡大してきたことから，平成

12 年の改正により，題名も特定商取引に関する法律（以下，特商法という）と改められた。以下では，特商法・割販法の骨格となる法規整とその基礎にある考え方について焦点を当てて解説するが，総論的事項として若干の点を指摘しておく。

(2) 総論的事項　第1に，両法とも，適用対象である取引類型のほとんどについて，適用対象となる商品，権利および役務について政令による指定制がとられていたが，平成 20 年の両法の改正により訪問販売，信用購入あっせんなど多くの取引類型において，商品および役務については指定制を廃止して，あらゆる商品および役務を適用対象としたうえで，適用対象から除外される取引を個別に規定することとされ，新種の商品や役務について政令で指定されるまで規制が及ばないことになるという問題はなくなった（どの取引類型について指定制が維持されているかは，個別に条文で確認する必要がある）。

第2に，両法は，消費者保護を主たる目的とするものであるが，購入者等が消費者ではない場合も適用対象とされていることがある（とくに割販法）。法文上は，両法の規定ごとに，購入者にとって商行為となる取引には適用しない，などと適用除外取引を具体的に規定することにより適用範囲が確定される（それぞれの規定ごとに適用除外取引の規定内容は一様ではないので，条文で確認する必要がある）。

第3に，特商法・割販法とも，販売業者に対する行政的な監督を及ぼすものとしている。もっとも，両法で行政規制の性格は異なり，特商法では，販売業者に対する開業規制や開業後の継続的な事業監督はないが，販売業者が違法・不当な販売を行った場合における業務停止命令等の行政権限を認めている（特商8条など）。これに対して，割販法は，代金の前払を受ける業務など一定の種類の業務については登録制などの開業規制と継続的な事業監督とが及ぼされてい

V 消費者売買(訪問販売・割賦販売等)

表 6 特商法の規制対象取引

訪問販売 →本文
通信販売 →本文
電話勧誘販売(特商 16 条〜25 条) 販売業者または役務提供事業者が電話をかけて契約締結を勧誘したうえ、郵便等により申込みを受ける販売方法等。通信販売に当たるが、通信販売の規制には詐欺的・威迫的勧誘の規制が含まれていないため特別の規制類型とされている。
連鎖販売取引(特商 33 条〜40 条の 3) マルチ商法など、自分より序列的に下位の購入者がリクルートされるたびにその代金の一部を収受できるという条件の下に商品を購入させる取引。いずれ破綻して購入者が損害を被るので規制類型とされている。
特定継続的役務提供 →本文
業務提供誘引販売取引(特商 51 条〜58 条の 3) 有利な内職・モニターを紹介するが、その内職等をするために必要だとして高価なパソコン等を売り付け、その後内職等の紹介はしないというような取引。内職等をすると事業者に該当し、訪問販売等の適用が除外されることなどの問題があることから、特別の規制類型とされている。
ネガティブ・オプション(特商 59 条) 販売業者が一方的に売買契約の申込みをし、かつ、その申込みにかかる商品を送付する販売方法。送りつけられた者は承諾をする必要はないのは当然であるが、送りつけられた商品を一定期間内に販売業者が引き取らないときは、販売業者は商品の返還を請求できなくなるものとしている。
訪問購入(特商 58 条の 4〜58 条の 17) 住宅等を訪問して強引に貴金属等の買取りを求める取引。クーリングオフ期間中に訪問購入業者が第三者に転売しても第三者の即時取得が生じないように訪問販売業者が転売先にクーリングオフされた、またはされる可能性のある旨の通知を義務づけている。

る(銀行等の金融機関に対する規制に比べれば軽微な規制である)。行政規制については、以下では省略する。

2 特定商取引に関する法律

(1) 総説 特商法では、表 6 のような類型の取引について規定している。規制の内容としては、事業者の契約締結過程における契約の目的や契約内容等についての表示義務、契約書面交付義務、不

実告知等の禁止その他の行為規制と事業者が違反した場合の営業停止処分などの行政規制が加えられるという点が共通している。これに加えて，各種取引ごとに民事法上の規制が規定されている。以下では，重要性の高い訪問販売，通信販売および特定継続的役務提供の民事法上の規制を中心に解説する。

(2) 訪問販売　(ア) 訪問販売の定義　訪問販売にかかる契約の目的については，商品，政令指定の権利等である特定権利（会員制スポーツクラブの会員権など）および役務（サービス）の3種類がある（特商2条1項4項）。以下では商品に即して説明するが，特定権利，役務についても規定内容は共通する。商品について次の2類型の取引が訪問販売となる（特商2条1項）。

① 販売業者が営業所，代理店その他の経済産業省令で定める場所（以下，営業所等という）以外の場所において，売買契約の申込みを受け，または売買契約を締結して行う商品の販売。セールスマンが消費者の住宅や勤務先を訪問して行う販売や街頭で行う販売をいう。

② 販売業者が，営業所等において，営業所等以外の場所において呼び止めて営業所等に同行させた者その他政令で定める方法により誘引した者から売買契約の申込みを受け，もしくはそのような顧客（これを特定顧客という）と売買契約を締結して行う商品の販売。街頭で呼び止めたうえ消費者を営業所等に連れていき，そこで契約をさせるキャッチセールスなどをいう。

★　(イ) **クーリングオフ**　(a) 訪問販売の方法で契約締結の勧誘が行われる場合には，強いセールス圧力がかかり消費者が熟慮しないまま契約を締結することになりがちである。民法の原則に従えば，契約の締結の意思表示をした以上これに拘束されることになるが，セールス圧力が強い取引では民法の原則をそのまま適用することは適切でない。そこで，訪問販売については，購入者は契約締結後一

V 消費者売買（訪問販売・割賦販売等）

定の短期間内は無条件で契約締結がなかったことにできる権利を保障することとした。これがクーリングオフとよばれる権利である。クーリングオフが認められることにより，購入者に考え直す機会が保障されるとともに，訪問販売では往々にしてありがちな詐欺的な，あるいは威迫的なセールスがある場合に，民法上の詐欺・強迫・錯誤等による救済を求めることにともなう立証の困難さを回避して簡易に救済が認められることにもなる。ただし，契約締結後短期間内にしかこの権利が認められないことが限界となる。

　(b)　クーリングオフは，前述の訪問販売の定義に合致する販売が行われた場合において，申込みをした顧客または契約を締結した顧客がこれをすることができる（特商9条1項）。クーリングオフの権利は，正確には，販売業者がまだ顧客の申込みを承諾しておらず契約が成立していない段階における顧客がした申込みの撤回をする権利または既に契約が成立した段階では顧客が契約を解除する権利である。訪問販売では顧客のこのような権利が法定されているが，顧客がこの権利を行使することができるのは，販売業者から法定の申込書面または契約書面を受領した日から8日を経過するまでの期間（クーリングオフ期間）に限られる（特商9条1項）。申込書面または契約書面には，クーリングオフの権利について記載すべきものとされており，顧客がクーリングオフについて知る機会を与えられてからクーリングオフ期間を計算する趣旨である。したがって，書面が交付されていなかったり，書面にクーリングオフに関する記載がないときは，権利の濫用となる場合を別として，顧客はいつまでもクーリングオフをすることが可能である。なお，販売業者が後述の特商法6条に違反してクーリングオフに関する事実についての不実告知をし，または威迫により困惑させたことにより顧客がクーリングオフの権利を行使しなかったときは，クーリングオフの権利につ

いて正しく記載した書面を受領した日から8日間はクーリングオフができる（特商9条1項ただし書中の第2かっこ書）。

　顧客によるクーリングオフの権利の行使としての申込みの撤回・解除の意思表示については，書面によることを要するが，発信主義の原則がとられ，書面を発した時に申込みの撤回・解除の効力が生じる（特商9条2項）。

　(c)　クーリングオフは，その権利を行使した顧客に契約に基づく一切の経済的負担を生ぜしめないことを目的とするものである。具体的には，申込みの撤回または契約の解除の効力が生じ，申込みないし契約は遡及的になかった状態になり，顧客は商品を受領する義務および代金を支払う義務を免れる。販売業者が既に代金の支払を受けていたときは，これを顧客に返還しなければならない。顧客は既に商品を受領しているときは，返還する義務を負うが，その引取り・返還の費用は販売業者の負担となる（特商9条4項）。販売業者は顧客に対して損害賠償または違約金の支払を請求することができない（特商9条3項）。また，クーリングオフ期間内に商品を使用し，権利に基づく施設を利用し，または役務の提供を受けていることがあるが，その場合にも，販売業者・役務提供事業者は使用・利用による利益や役務の対価に相当する金銭を顧客に対して請求することはできない（特商9条5項）。これは顧客が既に得た利益等の対価を支払わなければならないとするとクーリングオフを認めることの意味がほとんどなくなるためである。役務の提供契約に関連して販売業者が金銭を受領していた場合にも，販売業者は速やかにこれを顧客に返還しなければならない（特商9条6項）。権利や役務についての訪問販売として，たとえば住宅の改装工事をするような契約においては，クーリングオフ期間内に事業者が工事の全部または一部を実施していた場合には，クーリングオフの権利を行使した顧客

は販売業者・役務提供事業者に対して原状回復措置を無償で講ずることも請求することができる(特商9条7項)。

以上のクーリングオフに関する特商法の規定は片面的強行規定であり、これよりも顧客にとって不利益な特約は無効である(特商9条8項)。

(ウ) **過量販売の場合の顧客の解除権等** 日常生活において通常必要とされる分量を著しく超えることとなる商品、特定権利または役務にかかる契約については、契約締結の時から1年間は、顧客は契約の申込みの撤回または契約の解除をすることができ、効果はクーリングオフと同じである(特商9条の2)。

(エ) **不実告知等に基づく顧客の取消権** 特商法は、販売業者は、訪問販売の勧誘に際し、または契約の申込みの撤回もしくは解除を妨げるために、①商品の種類および性能もしくは品質等、②販売価格、③代金の支払時期・方法、④商品の引渡時期、⑤申込みの撤回または解除に関する事項、⑥顧客が契約の締結を必要とする事情に関する事項等について不実のことを告げてはならず(特商6条1項)、また、①〜⑤の事項について故意に事実を告げない行為をしてはならないものとする(特商6条2項)。そのうえで、(i)販売業者がこれらの禁止に違反し不実のことを告げたことにより顧客が当該告げられた内容が事実であると誤認をし、または(ii)①〜⑤の事項について故意に事実を告げないことにより顧客が当該事実が存在しないと誤認したことによって契約を締結したときは、顧客は契約を取り消すことができるものとする(特商9条の3第1項。取消権に関して、同条2項〜5項も参照)。⑥は、シロアリの被害がないにもかかわらずシロアリがわいており放っておけば建物が腐るなどといって駆除剤を売りつける場合なども取消事由となるとするものである。

(オ) **契約の解除に伴う損害賠償額等の制限** 訪問販売による購

入者が代金を支払わないため,販売業者が売買契約を解除した場合には,購入者の支払うべき損害賠償額の予定または違約金の定めがあるときでも,販売業者が請求することができる額の上限が規定されている(特商10条1項)。また,販売業者が解除をしない場合においては,損害賠償額の予定または違約金の定めがあるときでも,販売業者が請求することができる額の上限が規定されている(特商10条2項)。制限の考え方は基本的には後述(3(2)(ウ), 211頁)の割販法6条と同じであり,約款等により過大な損害賠償額の予定・違約金の約定がされることを禁止するものである。これらは,強行規定である。

(3) 通信販売　　販売業者が郵便その他の経済産業省令で定める方法により売買契約の申込みを受けて行う商品,特定権利または役務の販売であって別に規定のある電話勧誘販売に該当しないものを通信販売という(特商2条2項)。経済産業省令では,郵便のほか,電話機,ファクシミリ装置その他の通信機器または情報処理の用に供する機器を利用する方法が通信販売に該当するものとしており,インターネット等による電子商取引も通信販売に該当する。

通信販売については,特商法の規制は簡略なものにとどまる。販売業者のする広告において,契約条件についての表示義務を課す(特商11条。電子メール等の電磁的方法による広告をするときは,販売業者の電子メールアドレス等の表示が義務づけられる)とともに,誇大広告等が禁止される(特商12条)。迷惑メール等による広告に対する対策として,相手方の請求があるか,または承諾を得ないで電子メール広告を送信することが原則的に禁止される(特商12条の3・12条の4)。また,販売業者が申込みを受けた者から商品の引渡し,特定権利の移転または役務の提供をする前に代金の全部または一部を受領する場合には,申込者に対して承諾をするか否かおよびその他

経済産業省令で定める事項を書面により通知しなければならないものとされている（特商13条）。

事前に広告において認められない旨が表示されていた場合を除き，商品または特定権利の購入者は，商品の引渡しまたは特定権利の移転を受けた日から8日を経過するまでの間は，申込みの撤回または契約の解除をすることができるものとされ（特商15条の3），返品についての購入者の期待を保障している。

(4) 特定継続的役務提供　　役務提供取引のうち，美容，語学の教授など役務が継続的に提供されることになる取引については，役務の効能を一方的に強調した広告・勧誘が行われることが多く，そのうえで契約期間を長期に設定して，顧客からの中途解約を認めなかったり，あるいは，解約の場合に前払金を返還しないものと約定すること，あるいは著しく高額の損害賠償額の予定または違約金の定めをしていることが少なくない。そこで，特商法では，特定継続的役務提供という範疇を設け，顧客の保護を図っている。

特商法では，特定継続的役務とは，国民の日常生活において有償で継続的に提供される役務であって，①役務の提供を受ける者の身体の美化または知識もしくは技能の向上その他のその者の心身または身上に関する目的を実現させることをもって誘引が行われるもので，かつ，②役務の性質上①の目的が実現するかどうかが確実でないものに該当するものとして政令で指定されるものをいうものと定義している（特商41条2項。現在，美容〔エステティックサロン〕，語学学校，学習塾，家庭教師等が特定継続的役務として指定されている）。①および②のような限定が付されているのは，次に述べるような特定継続的役務提供に関する規制は，顧客の契約解除（解約）権など民法では必ずしも認められていない権利を認めることを内容とするものであるが，そのような規制は，契約を締結したうえ役務の提供を

受け始めても顧客にはにわかには役務の効果があるかどうかがわからないような類型の取引に限り導入することが適当であると考えられるためである。

このような特定継続的役務をそれぞれの特定継続的役務ごとに政令で定める期間を超える期間にわたり提供することを約し，相手方がこれに応じて政令で定める金額を超える金銭を支払うことを約する契約（特定継続的役務提供契約）を締結して行う特定継続的役務の提供が特定継続的役務提供とされる（特商41条1項。特定継続的役務提供を受ける権利を販売する契約についても同様である）。特定継続的役務提供については，訪問販売や通信販売のように契約勧誘の態様により規制の適用範囲が左右されることはない。特定継続的役務提供契約の締結については，顧客のクーリングオフの権利が法定される（特商48条）。

さらに重要な規制として，クーリングオフ期間経過後においても顧客は，特定継続的役務提供契約を将来に向かって解除すること（解約）ができるものとされ（特商49条1項3項），これによる解除の場合に役務提供事業者が請求することのできる金額の上限が強行法的に規定される（特商49条2項4項）。顧客が代金を前払している場合には，この上限を超える金額は返還しなければならない。

この規制の適用例として，語学教室の受講契約において，レッスンポイント制と称し，登録ポイント数が多くなるに応じてポイント単価は段階的に安くなるように算定された受講料を前払いするが，受講者が中途解除をした場合における清算（未使用対応分の前払金返還）においては，前払い時のような割安にする単価の計算方法によらず，解除の時までの使用済みのポイントに基づいてそれまでに受けたレッスンの対価額を算定することとしており，契約締結時の単価によるよりも常に受講者に不利益となる場合について，このよう

な清算の約定は，特商法49条2項1号の定める法定限度額（提供された役務の対価に相当する額）を超える請求となり無効であるとされた（最判平19・4・3民集61巻3号967頁）。

また，特定継続的役務提供において役務提供事業者が役務の提供のみならず関連商品（エステティックの化粧品，語学学校の教材など）の販売を自らしたり，販売の代理または媒介を行っている場合にも，特定継続的役務提供契約を解除した顧客はこれらの関連商品の販売契約を解除することができ，この場合についても顧客に対して請求することのできる金額の上限が法定されている（特商49条5項6項）。

そのほかに，特定継続的役務提供に関して代金の前払がなされるときは，役務提供事業者は，経済産業省令で定めるところにより，その業務および財産の状況を記載した書類を事業所に備え置き，顧客はその閲覧・謄写を請求することができるものとされている（特商45条）。前払を受けた事業者が倒産して役務の提供を受けられなくなるような被害を顧客が受けることを防止しようとする規制である。

3　割賦販売法

(1)　総説　割賦販売は，商品・権利の販売または役務の提供に関して信用供与がなされる取引であるが，割賦払の条件など消費者にとって取引内容がわかりにくく，それにより消費者が思わぬ負担をすることになりがちであること，割賦代金の支払を怠った場合に関して消費者にとって不利益な契約条件が取り決められたり，過酷な債権回収が行われるおそれがあること，商品・権利の販売または役務の提供と信用供与とが別の事業者により分担される割賦販売の仕組みにおいては，後述のようなそれ特有の構造的な問題があることなどから，消費者保護を図るための規制を行うことを目的として

割販法が制定されている。適用される取引ごとに契約の目的や割賦返済条件等を含む契約内容についての契約勧誘時の表示義務および契約締結時の書面交付義務が課されるほか、信用購入あっせん業者等については過剰信用供与防止のための事業者の行為規制が課されているが、以下では、主として民事法的な規制について解説する。

割賦販売は往々にして訪問販売等の特商法の適用対象取引にも該当する。この場合の両法の適用関係については、割販法で特別に調整がなされていなければ、両法が競合的に適用される。

(2) 割賦販売（自社割賦）　(ア) 割賦販売の定義　割賦販売法にいう割賦販売は、商品の販売に即していえば、販売業者自身が購入者に対して信用を供与するタイプの割賦販売であり、次の2類型がこれに当たるものと定義されている（割賦2条1項）。

① 購入者から商品の代金を2か月以上かつ3回以上に分割して受領することとしたもの。

② カードまたは番号、記号その他の符号（以下、カード等という）をこれにより商品を購入しようとする者に交付または付与し、予め定められた時期ごとにそのカード等と引換えにまたはその提示または通知を受けて当該利用者に販売した商品の対価の合計額を基礎として予め定められた方法により算定して得た金額を当該利用者から受領することを条件として、指定商品を販売するもの。

①は、個々の商品ごとに代金を分割して支払うタイプの割賦販売であり、カード等を使用するものもこれに含まれる。②は、カード等を利用して商品を購入し毎月変動する代金合計額の残高の10パーセントを支払うこととするようないわゆるリボルビング（リボ払）方式の割賦販売を意味する。権利の販売および役務の提供についても同様のものが割賦販売とされる。商品、権利、役務のいずれについても、政令で指定されたもののみが適用対象となる。

Ⅴ 消費者売買（訪問販売・割賦販売等）

表7 売買契約等の解除に伴う損害賠償等の額の制限

1 売買契約が解除された場合（割賦6条1項）（リボルビング方式の場合を除く）
  以下の額と、これに対する法定利率による遅延損害金を加算した額が上限
  ア 当該商品が返還された場合　　当該商品の通常の使用料の額　　ただし、（割賦販売価格－商品返還時の価額）＞通常の使用料の額のときは、（割賦販売価格－商品返還時の価額）
  イ 当該商品が返還されない場合　　割賦販売価格相当額
  ウ 解除が当該商品の引渡し前の場合　　契約の締結および履行のために通常要する費用の額
2 売買契約が解除されない場合（割賦6条2項）（リボルビング方式の場合を除く）
  割賦販売価格から既払金額を控除した額とこれに法定利率による遅延損害金を加算した額が上限

(イ)　契約解除の制限　　顧客が割賦代金を支払わないことに基づいて販売業者が契約を解除するためには、20日以上の催告期間をおかなければならない（割賦5条）。解除のための催告期間を強行法的に法定するものである。

(ウ)　解除に伴う損害賠償額の制限等　　指定商品の販売において、購入者が割賦代金を支払わないために販売業者が契約を解除する場合、または解除しないで割賦代金を請求する場合における損害賠償額等についての制限が表7のように法定されている（割賦6条1項1号〜3号・2項。具体例として、最判昭52・7・12金法841号36頁）。もっとも、この法規定は、購入者の支払うべき金額を、商品が返還されるときには原則として当該商品の通常の使用料の額として、抽象的に定めているため、販売業者が一方的に不当に高い使用料を定めてしまい、問題が生ずることがある。この解除の効果を定める規定は、販売業者の側からの法定解除に関するものであるが、購入者の申出により行われる合意解除の場合にも準用すべきものである。指定権利、指定役務の販売についても同じような考え方による制限が

規定されている（割賦6条）。

(3) 信用購入あっせん　(ア) 総説　前述の割賦販売（自社割賦）は、販売業者が自ら購入者に対して販売にかかる信用を供与するタイプの取引であるが、今日では、販売業者とは別の者が購入者に対して販売代金にかかる信用供与をするタイプの取引が主流となっており、割販法はこれらのタイプの取引についても購入者保護のための規定を設けている。

(イ) 信用購入あっせんの仕組みと規制　(a) 購入者が販売業者から商品を購入したときに（なお、以下の説明は権利の販売、役務の提供についても当てはまる）、信用供与者（信販会社・クレジットカード会社等。信用購入あっせん業者という）がその代金相当額を一括して販売業者に交付し、信用購入あっせん業者はその後で購入者に対して代金相当額の支払をさせることとする仕組みが信用購入あっせんである。自社割賦では販売業者が自ら購入者に信用供与をして回収リスクを負担するのに対して、信用購入あっせんではそのような回収リスクは信用購入あっせん業者に転嫁され、販売業者にとっては手数料の支払は必要となるものの、現金即時一括払で販売できたのと同じ効果が得られ大きな利点となる。購入者にとっては、割賦などの与信を受け購入できる便宜に変わりはない。信用購入あっせん業者も金利・手数料から利益が得られるので、かかる仕組みが広範に普及することになる。

(b) 割販法では、信用購入あっせんを二つの類型に分けて規制している。第1に、包括信用購入あっせんであり、信用購入あっせん業者が、信用調査のうえで、予め顧客（購入者となる者）に対してカード等を交付しておき、顧客がこれを信用購入あっせん業者と加盟店契約を結んでいる販売業者（加盟店・売主）に提示して商品を購入した場合には（加盟店契約により加盟店はカード等を提示する者に

は商品を販売することと決められている)、信用購入あっせん業者は購入者に代って代金相当額を販売業者に支払ったうえで、購入者に対して代金相当額の支払を請求するという取引である (図6参照)。

法律的な仕組みは、典型的には図6のように、購入者と信用購入あっせん業者との間に一種の委任契約として立替払委託契約が締結され、信用購入あっせん業者がこれに基づき加盟店に対して代金を立替払したうえ、購入者に対して委任事務処理費用償還請求権の行使として分割払により立替金の返還を求めることになる。しかし、割販法の信用購入あっせんの定義では、信用購入あっせん業者が代金相当額を加盟店に交付したうえ購入者に支払を求める仕組みであればいかなる法形式をとっても信用購入あっせんに該当することとしているので、上記のような立替払方式に限らず、たとえば、販売業者が購入者に対する代金債権を信用購入あっせん業者に債権譲渡する (債権譲渡の対価として代金相当額が信用購入あっせん業者から販売業者に交付される) ような仕組みその他様々な仕組みがありうることになる。信用購入あっせん業者に対する支払がリボルビング方式の場合のほか、支払時期まで2か月を超える場合 (たとえば、ボーナス1回払のような場合) には、分割払であるか一括払であるかを問わず包括信用購入あっせんとなる (割賦2条3項1号2号)。

(c) 第2に、個別信用購入あっせんであり、予めカード等を交付することなく、顧客が信用購入あっせん業者と加盟店契約を締結している販売業者から商品を購入すると、信用購入あっせん業者が販売業者に対して代金を支払い、次に信用購入あっせん業者が購入者に対して代金相当額の請求をするという取引である (図7参照)。これも、信用購入あっせん業者に対する支払時期まで2か月を超える場合には、分割払であるか一括払であるかを問わず割販法の適用を受ける (割賦2条4項)。法律的な仕組みについては、包括信用購

図6 包括信用購入あっせん（クレジットカード）

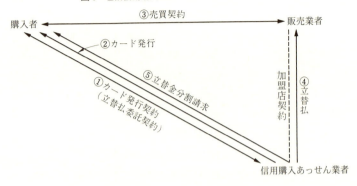

図7 個別信用購入あっせん

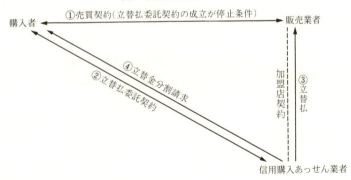

V 消費者売買（訪問販売・割賦販売等）

入あっせんと同じく実質が信用購入あっせんの定義をみたすかどうかで判断される。包括信用購入あっせんと個別信用購入あっせんとの違いは，客（購入者）の信用の評価がカード等の交付時に事前に一括してなされるか（包括信用購入あっせん），個々の商品の販売ごとになされるか（個別信用購入あっせん）にある。

なお，信用購入あっせんの定義規定では，販売業者以外の者を通じて販売業者に代金額が交付されるものが含まれることが明記されている。これは，信用あっせん業者が直接販売業者に代金相当額を交付するのではなく，別の者を介して交付する様々な仕組みが実務上行われているが，そのような場合にも法を適用する趣旨である。

(d) 信用購入あっせんに関しても，解除権の制限，損害賠償額の制限などの点において購入者が割賦販売（自社割賦）の場合と実質的に同じ保護が受けられるようにするための規定および過剰与信の規制のための規定がおかれている（包括信用購入あっせんにつき，割賦30条～30条の3，個別信用購入あっせんにつき，割賦35条の3の2～35条の3の18）。

(ウ) **抗弁切断の規制**　信用購入あっせんにおいては，商品の販売業者（売主）と信用供与者（信用購入あっせん業者）が別人である。このため，**商品に契約内容への不適合があった場合などに，購入者は単純な売買契約であったならば販売業者に対して対抗できる代金支払拒絶の抗弁を，信用購入あっせん業者に対しても対抗できるか**という問題が生ず　★
る。かつて，信用購入あっせん業者は，販売業者・購入者間の売買と信用購入あっせん業者・購入者間の信用の供与とは別の取引であるという理由により，約款において，購入者の販売業者に対する売買契約上の支払拒絶の抗弁は販売業者に対してのみ対抗でき，信用購入あっせん業者に対しては対抗できないと定めていた（抗弁権の切断という）。しかし，このような約款が有効であるとすると，購入

者の利益は著しく害される。なぜならば、販売業者は既に信用購入あっせん業者から代金相当額を一括して立替払等により受領しており、履行の追完など購入者の救済に力をそそぐとは期待できないからである。

しかし、そもそもこの場合の信用供与は売買と密接不可分の関係にあり、決して無色の金融が行われているのではない。また、不良な加盟店である販売業者を選択した信用購入あっせん業者が販売業者の行為について一切無関係であるという主張をすることは妥当でないし、むしろ購入者が支払を拒絶できるとする方が信用購入あっせん業者に対して不良な販売業者を排除することについてのインセンティブを与えることになる。このような考え方に基づき割販法では、信用購入あっせんにおいては、購入者は、商品の販売につき、それを販売した販売業者に対して生じている事由をもって信用購入あっせん業者に対しても対抗することができる（すなわち支払を拒絶できる）ものとしている（抗弁権の接続）。包括信用購入あっせんについては、割販法30条の4第1項・30条の5第1項がこれを規定するが、政令で定められる少額の契約（4万円未満、ただしリボルビング方式の場合は3万8000円未満）については抗弁の対抗を認めることにより生ずるコストとのバランスを考慮して抗弁の対抗が認められないものとされる（割賦30条の4第4項・30条の5第2項）。個別信用購入あっせんについても割販法35条の3の19において同様の定めがおかれ、やはり少額契約（4万円未満）については抗弁の対抗は認められない。

以上のことは、権利の販売および役務の提供にかかる信用購入あっせんについても妥当する。役務の提供では、役務提供業者が倒産して途中から役務の提供を受けられなくなるといったことが支払拒絶の抗弁事由となることが多い。

販売業者や知人から頼まれて，あるいは欺されて実際には購入していない商品の購入者として自己の名義を使用することを許諾する名義貸しがしばしば行われるが，名義の貸与者が販売業者から商品の引渡しを受けていないという抗弁を信用購入あっせん業者に対抗して割賦金の支払を拒絶することを認めるべきかどうかが問題となることがある。近時の判例は，販売業者が迷惑をかけないと告知して個別信用購入あっせんにかかる名義貸しを勧誘した場合には，この告知は割販法35条の3の13第1項6号（ロ，次頁）にいう購入者の判断に影響を及ぼすこととなる重要なものに関する不実告知に当たるとし，この告知を正しいと誤認した購入者は，同項により立替払契約締結の意思表示を取り消して，割賦金の支払を拒絶することができるとしている（最判平29・2・21民集71巻2号99頁）。

割販法の適用されない信用購入あっせん（信用供与期間が2か月以内のものなど）については抗弁権の切断を禁止する法規定はないが，割販法の抗弁権切断を禁止することとした実質的理由は等しく当てはまるのであり，抗弁権の切断条項の援用は信義則に反すると解すべきものである（ただし，判例は，割販法30条の4が新設される前の同法の下では，抗弁の対抗は原則として認められなかったものとする。最判平2・2・20判時1354号76頁）。

割販法が規定する抗弁権の切断の禁止は，購入者が信用購入あっせん業者に対して，販売業者に対して有する抗弁権を対抗することができるとするにとどまり，購入者が信用購入あっせん業者に対して既に支払った割賦金の返還までも請求することができるとするものではない。販売業者との間の売買契約と，信用購入あっせん業者との間の立替払契約等の信用購入あっせんにかかる契約は別個の契約であるからである。このことに基づき，近時の判例（最判平23・10・25民集65巻7号3114頁）は，販売業者との間の売買契約が公序

良俗違反で無効である場合にも，立替払契約についても無効とすることを信義則上相当とする特段の事情がない限り，立替払契約が無効となるものではないとする。販売業者と信用購入あっせん業者との間に資本関係など密接な関係があるような場合には特段の事情が問題となりうる。

(エ) 個別信用購入あっせん特有の規制　個別信用購入あっせんでは，包括信用購入あっせんのようにカード等の使用限度額が設定されず，訪問販売等により高額で悪質な契約が勧誘されて消費者被害を生じさせていることが少なくないという問題点が目立っていた。このため，平成20年の割販法改正により，個別信用購入あっせん業者にも登録制を導入するとともに，あっせん業者に，訪問販売等を行う加盟店の勧誘行為の調査を義務づけ，不適正な勧誘が行われた場合の与信が禁止されるものとされた（割賦35条の3の5～35条の3の7）ほか，民事法上の規制としても以下の規定がおかれた。

第1に，訪問販売等の特商法の適用のある販売契約にかかる個別信用購入あっせん関係受領契約（立替払契約など）にクーリングオフを導入し，あっせん契約をクーリングオフした場合には販売契約についても自動的にクーリングオフされるものとされた（割賦35条の3の10）。また，特商法により過量販売にかかる契約について購入者が1年間解除することができる場合には，その契約にかかる個別信用購入あっせん関係受領契約も解除することができる（割賦35条の3の12）。

第2に，訪問販売等の特商法の適用のある販売契約にかかる販売業者が販売契約にかかる個別信用購入あっせん関係受領契約の締結の勧誘に際し，同契約について不実告知等を行った場合には，購入者は同契約も取り消すことができ，また購入者はあっせん業者に既払金の返還を請求することができる（割賦35条の3の13～35条の3

V 消費者売買（訪問販売・割賦販売等）

図8 ローン提携販売

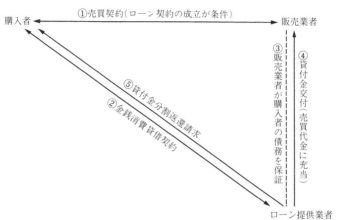

の16。名義貸しによる個別信用購入あっせんの利用のケースにつき割販35条の3の13による取消しが認められた事例として，前掲最判平29・2・21）。

(オ) ローン提携販売　信用供与者（銀行など。ローン提供業者という）と政令で指定された商品，権利または役務の購入者との間で代金の支払に充てるために金銭消費貸借契約が締結され，購入者が割賦で借り入れた金銭を返還するが，販売業者（ローン提携販売業者）がローン提供業者に対して，購入者の返還債務を保証しているものをローン提携販売という（割賦2条2項）。販売業者が保証をするところが信用購入あっせんと異なる（図8参照）。カード等が交付され，2か月以上かつ3回以上の分割払の場合およびリボルビング方式の場合に割販法の適用を受ける。カード等の交付されない購入の都度購入者の信用を調査して行う取引は，上記の個別信用購入あっせんに当たるものと解されている。

ローン提携販売に関しては，自社割賦と異なり，契約が解除され

た場合の損害賠償額の制限に関する規定はおかれていない。しかし，判例は，割販法6条の制限はローン提携販売においてローン提供業者に対して保証人としての債務を履行した販売業者が購入者に求償する場合には自社割賦の関係と同視されるべきであることを理由に類推適用されるものとしている（最判昭51・11・4民集30巻10号915頁〔百選71〕）。

　抗弁の対抗問題はここでも生ずるが，購入者が割賦金の支払を拒絶すると，販売業者は保証人としてローン提供業者に弁済しなければならず，弁済をすると弁済による代位（民499条～504条）により販売業者が購入者に対して支払を直接請求することになるから，購入者は販売業者に対して抗弁事由を当然に主張して支払を拒絶できることになる。このことから，割販法は，ローン提携販売については抗弁の対抗を認める旨の規定を設けていなかったが，販売業者が倒産したような場合には，ローン提供業者が直接購入者に対して支払を求めることとなり，この場合には信用購入あっせんと同様に抗弁の対抗を認める合理的な理由がある。そこで，現行の割販法は，ローン提携販売についても信用購入あっせんと同様の抗弁の対抗を認めるに至っている（割賦29条の4第2項3項）。

第3章 運送取引

I 運送取引規制の概観

(1) **意義** 物や人を場所的に移動させること、すなわち運送は、われわれにとって必要不可欠である。すなわち人の流れおよび物の流れは、古代からも重要なものとして存在していたが、とくに産業革命を経てからはその様相は一変し、以後現在にいたるまで驚異的なテンポで一貫して拡大を続けている。まさに巨大な物と人の流れが、あるいは大河をなし、あるいは細流となって、四六時中絶えることなく全世界的規模においてめぐり続けている。そしてこの運送という流れの存在によって、われわれ個人も企業も大きな利益を享受しており、運送なくしては、現代社会はありえないといってよい。

そこで現代社会にとって重要・不可欠な運送をいかに合理的に法規制するかが、問題となる。この点について商法は、運送の様々な局面のなかから運送取引に着目し、運送取引当事者間の私的利益の合理的調整を中核とする一連の規定を設けている。すなわち「運送に関する行為」(物または人の運送を引き受ける契約を締結する行為) が、営業としてなされるときには商行為とされ (営業的商行為前記第1章 II 4、145頁]。502条4号)、運送取引を営業として行う運送企業取引についてまとまった規定を定めるとの対応をしている (第2編商行為第8章運送営業、第3編海商、国際海上物品運送法)。

(2) **運送企業取引規則の問題点** 商法のつい最近までの規制状況 ★

は，現代社会の運送企業取引の発展からすると相当に問題があった。一般に運送私法規制は，運送の行われる場所のいかんによって陸上運送，海上運送，航空運送を区別し，そのそれぞれについてその運送の特殊性を考慮しつつ規定を設けるやり方がとられてきている。わが国の商法も，陸上運送を「運送営業」として商行為編に規定し，他方，海上運送については，商法典の海商編および国際海上物品運送法（昭32法172）をもって規制してきた。しかし近時ますますその重要性を高めている航空運送についての私法規制は，国際航空運送に関するワルソー条約，1999年モントリオール条約を除き，わが国の商法には存在しなかった。さらに1970年代のいわゆるコンテナー革命を契機として，現代の物の流れにおいて，大きな役割を果たしている複合運送についての私法規制も存在しなかった。しかも商法が定める陸上運送および海上運送の各規定は，ほぼ明治32年に商法典が制定された当時のままであった。また国際海上物品運送法は，1957（昭和32）年に制定されたが，そのもとになった船荷証券統一条約は，1924年のものであり，現在では，同条約を改正する1968年ヴィスビー・ルール，1979年改正議定書（いわゆるハーグ・ヴィスビー・ルール）がむしろ主要諸国の受け容れるところになっている。そこでわが国も1992（平成4）年になってようやく1979年改正議定書を批准し，国際海上物品運送法を改正してハーグ・ヴィスビー・ルールのレベルとすることになった。もっとも1978年にはハーグ・ヴィスビー・ルールに対抗する国連国際海上物品運送条約（いわゆるハンブルク・ルール）が成立しており，それが1992年に発効した。しかしながらハンブルク・ルールは，多くの国々（とりわけ主要海運国）の支持を受けるものとはならなかった。その状況を打破するため国連国際商取引法委員会は，新たな国際条約の制定を目指し，その結果2008年に国連海上物品運送契約条約（ロッテル

ダム・ルール）が成立した。もっとも，世界の国際海上物品運送の法システムの統一が今後ロッテルダム・ルールとなるかは必ずしも明らかではない。

今や世界でも有数の物および人の流れの一大拠点となっているわが国の運送取引法規制が，全く法規定のない分野があったり，あっても古色蒼然としていることは，きわめて問題であり，運送法規制全般にわたる見直し・近代化の必要性が古くから説かれていたが，なかなか実現しなかった。

(3) 平成30年商法改正　平成20年の保険法の現代化から実に10年たった平成30年になって，懸案であった運送・海商関係を主とする商法改正が，やっと実現した。すなわち，平成30年5月に国会で可決成立し，同月に法律第29号として公布され，公布の日から起算して1年を超えない範囲内で政令に定める日から施行される。具体的には，平成31年4月1日から施行される。本改正の基本的なポイントは，次の通りである。

第1に，商法第2編第8章の規定が，陸上運送に関する規定との位置付けを変えて，陸上，海上，航空，複合運送にも共通して適用がある総則的規律となったことである。

第2に，荷送人の義務として危険物の通知義務が新設されたことである（572条）。

第3に，運送人の運送品に関する滅失・損傷・延着による責任が，平成30年改正前の国際海上物品運送法の場合と同様に1年の除斥期間に変更されたことである（585条）。

第4に，旅客運送人の責任に関する規定の見直しがなされ，旅客の人身損害を減免する特約は，原則として無効とされた（591条）。

第5に，船舶，船長，海上運送，船舶の衝突，海難救助，共同海損，海上保険，船舶先取特権・船舶抵当権などの商法第3編の海商

法制につき全般的な見直しがなされたことである。また国際海上物品運送法についても若干の見直しがなされている。

II　運送契約

(1)　**意義**　商法が規制の対象とする運送企業取引の中心をなすものは，運送契約である。そこで商法規制の対象範囲を明確にするためには，運送契約の意義を明らかにする必要がある。

物または人の場所的移動を行うこと（出発地と到達地が同じでもよい。たとえば，遊覧飛行）が，運送であるが，かかる運送の引受けをする契約のすべてが商法の対象となるのではない。商法が対象とするのは，業として，すなわち営業として運送契約の締結がなされる場合である。したがって商法の対象となる運送の引受けを行う者は，それを業として行う者であり，商法上の商人である（4条・502条4号）。この点，商法は，運送人とは，「陸上運送，海上運送又は航空運送の引受けをすることを業とする者をいう」と定めて，この趣旨を明示している（569条1号）。そこで運送の引受けを業としない者（すなわち運送人でない者），たとえば百貨店が客の買上品を運送する場合などは，運送取引としての商法の規制の対象にはならない。

また，商法の対象となる運送の引受けは，当然に有償である（512条）。したがって運送人は，有償にて，物または人の場所的移動（運送）という仕事の完成を引き受けていることになるから，商法の対象となる運送契約の法的性質は，請負契約である（民632条）。もちろん運送契約は，諾成契約である（同条）。以上の趣旨は，物品運送契約（570条）および旅客運送契約（589条）の定義に反映されている。

★　(2)　**運送契約の種類**　商法の対象となる運送契約は，いくつか

の観点から分類することができる。第1は，運送契約の対象である運送が行われる場所による区別である。すなわち陸上運送契約，海上運送契約，航空運送契約である。従前から，陸・海・空の3分類が普通であるが，近時のコンテナー等による現代的な輸送形態の発展を考慮すると，さらに複合運送契約という類型を加えるのが適当である。複合運送契約は，一般に，運送契約の対象である運送が行われる場所が陸・海・空のいずれか2つ以上にまたがっているものである。

上記の分類においては，たとえば陸上はどこまでかなどそれぞれの場所的境界が問題となる。この点につき商法は，陸上運送における陸上には，陸上のみならず湖川，港湾を含めるとしていた（平成30年改正前569条）。これは，平水区域（平成30年商法改正前の商施122条，明32逓令20参照）も陸上に含まれるとの立場であったが，平水区域を航行する船舶にも堪航能力等を確保させることが必要であるから，それを海上に含めるものに改めた（569条2号3号）。また商法は，新たに航空運送（569条4号），複合運送（578条）についても規定をおいている。

第2の分類方法は，運送の対象が物品か旅客かという観点によるものである。すなわち，前者は物品運送契約であり，後者は旅客運送契約である。商法は，物品運送契約（570条），旅客運送契約（589条）につきそれぞれ定義規定をおいている。

第3の分類方法は，単一の運送手段のみによる運送か，それとも複数の運送手段を組み合わせて実行される運送か，の区別である。後者の運送が複合運送契約（詳しくは，後記(5)，229頁参照）であり，現在では，この運送契約が実際的に物流の主役となっている。

そして運送契約に関する諸問題は，この第1から第3の分類を意識して議論されることになる。

(3) 契約関係者 　(ア) 当事者　　運送契約には様々な関係者が存在するが、まず契約の当事者が重要である。すなわち運送を引き受ける者とそれを依頼する者である。前者は、運送人であり、後者は、物品運送の場合には荷送人であり、旅客運送の場合には、特に定まった呼称はなく、運送の委託者あるいは依頼人といわれる。なお、平成30年改正前の商法は、運送人という用語を専ら陸上運送人の意味で使用しており、また海上運送人については船舶所有者との語を用いているが、陸上・海上・航空・複合の各運送に共通するものとして運送人という語を用いるのが適当であるから、現時の運送人概念は、そのようなものとして定められている（569条1号）。

(イ) 荷受人　　物品運送においては、契約の当事者としての運送人・荷送人のほかに荷受人が重要である。荷受人とは、到達地において運送品の引渡しがなされるべき者をいい、契約の当事者ではない。荷受人は、船荷証券・複合運送証券等の運送証券（後記V、248頁参照）が発行されていない場合、到達地に運送品が現実に到達するか、または運送品の全部が滅失したときに、荷受人が運送人に対して運送品の引渡しを請求すれば、運送契約によって生じた荷送人のいっさいの権利、したがって運送品引渡請求権をも取得する（581条1項）。しかし運送契約の当事者ではない荷受人が、なぜ運送契約上の権利を取得することになるのだろうか。その理由づけをめぐっては、種々の議論があるが、運送人と荷送人との間で荷受人を受益者とする第三者のためにする契約（民537条）が締結されたものと解してよいであろう（図9）。荷受人が運送品を受け取る義務を負うかが問題となりうるが、受益者としての地位からして否定すべきである。また荷送人も運送契約の当事者として運送契約上の権利を有するが、その場合、荷受人の運送契約上の権利との優劣が問題となる。荷受人が運送品の引渡しの請求あるいは損害賠償の請求

図 9　物品運送契約と荷受人

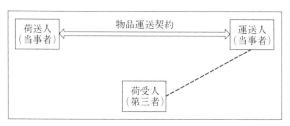

をしたときには，荷送人はその権利を行使できなくなる（581 条 2 項）。

　また運送賃等の支払義務は，運送契約の当事者である荷送人が負担するのは当然であるが，荷受人も運送品を受け取ったときは，運送賃等の支払義務を負う（荷送人と不真正連帯債務，581 条 3 項）。この荷受人の義務は，法律が特に課した義務であると考えられる。

　(4)　数人の運送人の関与　　運送が実行されるに際して，数人の運送人が関与する場合があり，その場合の法律関係が問題となる。たとえば，荷送人 A がある物品を東京から大阪まで運送させるときに，運送人甲および乙の関与する形態としては，次の四つの場合が考えられる。

　第 1 は，荷送人 A は東京から名古屋までの区間は運送人甲と運送契約を締結し，名古屋から大阪までの区間は運送人乙と運送契約を締結するやり方である。これは，部分運送（分割運送）と呼ばれ，数人の運送人が各自独立してそれぞれ特定区間の運送を引き受けるものである。

　第 2 は，荷送人 A は運送人甲との間で東京から大阪までの全区間についての運送契約を締結し，他方運送人甲は東京から名古屋までの区間は自ら運送し，名古屋から大阪までの区間は運送人乙と運送契約を締結して，乙にその区間の運送を実行させるような場合で

ある。これは、1運送人が全区間の運送を引き受け、その全部または一部について他の運送人を下請として運送を実行させる場合であり、下請運送と呼ばれる。そしてこの場合、荷送人と全区間についての運送契約を締結する運送人を契約運送人、下請として運送を実行する運送人を実行運送人と呼ぶことがある（1961年グァダラハラ条約，1978年ハンブルク・ルール，1999年モントリオール条約等参照）。

第3は、荷送人Aが運送人甲および乙と東京から大阪までの全区間について1本の運送契約を締結するような場合である。これは、同一運送と呼ばれ、数人の運送人が共同して全区間の運送を引き受ける場合である。

第4は、運送人甲は、荷送人Aとの間で東京から大阪までの全区間の運送契約を締結し、東京から名古屋までの区間の運送を自ら実行し、運送人乙は荷送人Aのためにする意思をもって、甲から運送を引き継いで名古屋から大阪までの区間の運送を実行するような場合である。第2の下請運送と似ているが、下請運送の場合の運送人乙は、運送人甲のためにする意思をもって名古屋から大阪までの運送をしている点で、第4の場合とは異なる。そしてこの第4の場合を、連帯運送（共同運送）と呼び、商法579条1項にいう「数人の運送人が相次いで陸上運送をするときは」、すなわち相次運送は、この場合の運送をいうと解されている（大判明45・2・8民録18輯93頁）。商法579条は、陸上において相次運送がなされた場合を念頭にしているが、本条1項から3項までの定めは、本条4項により、海上運送あるいは航空運送にも準用される。他方、たとえば、陸上運送と海上運送とが引き続いて相次運送の対象となった場合（海陸相次運送）に、579条3項の連帯債務の責任規定の適用はないとするのが判例（大判明44・9・28民録17輯535頁）であるが、同項の類推適用を認めるべきである。

(5) 複合運送契約　(ア) 意義　複合運送契約 (Multimodal Transport Contract, Combined Transport Contract) とは，一般に単一の運送人（複合運送人）が異なる運送手段（トラック・船舶・航空機・鉄道など）を組み合わせて出発地から目的地までの全運送区間を自己の責任として引き受ける物品運送の契約をいうものと理解されている。商法578条1項は，運送手段に着目するのではなく，陸上，海上，航空運送のうち2以上の運送を一つの契約で引き受けた場合としており，それ故にトラックあるいは鉄道を使って複合運送が行われる場合につき2項の定めをおいている。この契約に基づいて実行される複合運送は，従来の運送手段ごとの運送 (Unimodal Transport) に比してはるかに安全性・迅速性・経済性にすぐれていることから，今や現代における最も重要な運送形態になったといってよい。すなわち従来であれば，荷送人は運送手段ごとの運送人とそれぞれ別個に運送契約を締結し，さらには物品の積替え・中間保管等についてもそれぞれ荷役業者・倉庫業者等とも各別の契約を締結しなければならなかったのが，複合運送契約であれば，単一の複合運送人とのみ単一の契約を締結すれば，出発地から積替え・中間保管等をも含めて目的地までの一貫した運送が実現されることになるからである。

(イ) 要件　複合運送契約が認められる要件は，2つある。第1の要件は，陸上，海上，航空運送のいずれか2以上の組合せによってなされる物品運送でなければならないことである（その例外として578条2項）。第2の要件は，その物品運送が単一の運送契約によって全運送区間につきその運送人の責任として引き受けられることである。

複合運送契約とされるためには，上記の2要件の充足が必要である。部分運送（分割運送）は，荷送人が各運送区間ごとの運送人と

それぞれ運送契約を締結するから，運送人・運送契約の数はともに複数となり，複合運送契約ではない。同一運送も，運送人が単一でない点において異なる。また連帯運送（共同運送）も，第2以下の運送人も全運送区間を引き受けたとされる点で複合運送契約ではない。単一の運送人が全運送区間を引き受けるが，自らその全部を実行せず，その一部または全部を他の運送人に実行させる下請運送の場合は，複合運送契約となりうるが，複合運送契約には単一の運送人が自ら全運送区間の運送を実行する場合も含まれるから，下請運送とイコールというわけではない。

また異なる運送手段の組合せを実現させる場合であっても，荷送人の代理人として運送契約の締結を引き受けたり（代理），自己の名をもってしかし荷送人の計算において運送契約の締結を引き受けたり（取次ぎ），あるいは荷送人と運送人との間での運送契約の締結に尽力することを引き受けたり（媒介）する場合は，複合運送契約に該当しない。たとえば，海上運送人の発行する通し船荷証券において，運送人としての責任を引き受けるのは，海上運送区間のみにすぎず，それ以外の運送区間については，荷送人の代理人として運送契約を締結するにすぎない旨の約款規定がある場合，その海上運送人については複合運送契約を締結したものとは認められない。

(ウ) 内容・性質　複合運送においては，たとえば，物品は出発地からトラックによって港まで陸上運送され，港の運送ターミナルで数日間倉庫に保管された後，船舶に積みこまれて海上運送され，荷揚港で陸揚げされてからまた数日運送ターミナルの倉庫で保管され，トラックに再び積まれて目的地まで陸上運送され，荷受人に引き渡される場合を考えてみよう。この例で分かる通り，複合運送人が引き受けるのは，各運送区間の運送のみならず，運送ターミナルでの保管，積込み・積下し等の作業，さらには通関・保険手配など

多くのことが含まれる。すなわち複合運送人が複合運送契約のもとで引き受ける行為は，各運送区間における各個の運送行為にとどまるものではなく，それ以外の様々な行為を含む。そしてこれら様々な行為を，安全性・確実性・迅速性・経済性の観点から適切に計画・手配・統合することにより，出発地から目的地までの一貫輸送サービスを実現させるのが，複合運送人の提供する債務の内容である。そうすると，複合運送契約の内容は，運送の要素があることはもちろんであるが，それにとどまらず，いかなる運送手段を組み合わせるべきか，またそれに付随する積替え・保管・通関等の各種サービスの計画・手配・統合といった企画運営の要素があることになる。

したがって複合運送契約は，単純な運送そのものとのみ理解するのは妥当でなく，一貫輸送を企画・運営するサービス提供にも十分な考慮を払う必要がある。このように考えると，複合運送契約の法的性質は，運送契約と委任ないし準委任契約との混合契約と解する余地がないでもない。もっとも運送サービスには，本来的に企画運営の要素も含まれているとみれば，運送契約と解されることになる。このように解すれば，複合運送契約を一つの運送契約類型として把握できることになる。

(エ) 複合運送人の責任　わが国の運送法規制は，基本的に運送手段ごとに分かれたいわば縦割り規制となっていたから，複数の運送手段を組み合わせた複合運送契約そのものを直接に規律する私法規制は存在しなかった。平成30年商法改正は，複合運送人の責任規定を設けた（578条）。同条によると，複合運送人の責任は，それぞれの運送区間においてその運送品の滅失，損傷，延着の原因が生じた場合に当該運送区間ごとに適用がある法規制によって規律されることになる。これは，次に述べるいわゆるネットワーク責任を採

用するものである。

　現在利用されている複合運送契約約款においては，複合運送人の責任は過失が推定された過失責任原則としたうえで，免責事由・責任制限等については，当該運送品の損害が発生した運送区間に適用があるべき運送法規制によるとの定めをするものが多い（いわゆるネットワーク責任）。これに対して1980年国連国際複合運送条約は，責任原則・免責事由・責任制限につき各個の運送区間ごとの規制を考えることなく，単一の統一的な責任規制を基本的にとっている（いわゆるユニフォーム責任）が，未だ発効していない。

　ネットワーク責任とした場合の問題点は，運送品の滅失・損傷・延着の原因がどの運送区間で発生したか分からない場合（concealed damage あるいは unlocalized losses といわれる。より正確には，原因が複数の区間に連続的に関係している場合も含まれる）の責任をどう処理すべきかである。商法は，この場合につき明文の規定を設けていないから，法の欠缺があるとみるか，それとも運送法の総則的規定が，この場合にも適用があるとみるかが問題となる。

　この点につき平成30年商法改正の立法担当者は，後者の見解によるものとしており，それによれば，この場合の解決は，次のようになる。まず，荷送人ないし荷受人は，損害の発生の事実に加えて，当該複合運送人の責任期間（受取りから引渡しまでの期間）内において運送品の滅失・損傷・延着による損害原因が発生した事実を主張・立証する必要があるが，それは，具体的には，出発地において荷送人が運送人に運送品を渡したときに，運送品が問題のない状態にあったことおよび荷受人が到達地で運送人から運送品の引渡しを受けたときに，運送品に問題が生じていたことの主張・立証となるであろう。荷送人がこの主張・立証に成功すれば，今度は，運送人が，その損害原因が特定の運送区間で発生したことを主張・立証し

てそれに成功すれば，その区間に適用あるべき法令によってその責任が決定される。しかしその立証ができなければ，concealed damageとなり，その場合の運送人の責任は，運送法の総則的規定である運送人の責任（575条），損害賠償の定額化（576条），高価品の特則（577条）等によって規律される。もし運送人がこのような結果を回避したいのであれば，複合運送約款に，たとえば，concealed damageの場合は，損害原因が，海上運送区間に生じたものとみなすといった定めをおかねばならない。

Ⅲ 運送人の損害賠償責任

1 責任原則

(1) **責任発生原因** ㈦ 債務不履行責任　運送人は，運送契約上の債務を履行する義務を負っている。そこで適切にその債務を履行すれば何ら問題は生じないのであるが，種々の事由によってその債務に違反することがありうる。この場合，運送人に法律上の責任が認められるためには，運送人の責任の発生原因を定めた規定（責任発生原因規定）に該当することが必要である。責任発生原因規定としてまず問題となるのは，民法上の債務不履行に基づく損害賠償責任である。しかし商法上，特別な責任発生原因規定の定めがあると，その規定が民法上の責任規定に優先して適用される（特別法は一般法に優先する。1条）。したがって陸上・海上・航空・複合の各運送ごとに，しかも物品運送と旅客運送との区別も考慮に入れて，それぞれ該当規定を検討する必要がある。その際の検討において考慮すべき重要なポイントは，2つある。第1は，責任の発生に過失が必要とされるかどうかである。すなわち過失責任か無過失責任かの問題である。第2は，現代の運送人は，多くの従業員その他補助

者を使用・利用して運送を実行しているが、その際にいかなる範囲の補助者の行為について責任を負うかという問題である。この2つのポイントを中核とする各種運送ごとの検討は、後記(2)および(3)において行う。

(イ) 不法行為責任　運送人が運送契約上の債務を履行するにあたって、他人に損害を与えることがある。その場合には、民法上の不法行為に基づく損害賠償責任の成否が問題となりうる（船員の不法行為について船舶所有者の責任は690条に特別な定めがあり、民法715条に優先して適用される）。この関係でとくに重要な問題は、いわゆる請求権の競合である。すなわち損害を被った者が、運送契約の相手方（荷送人・運送の委託者）である場合には、運送人に対して不法行為に基づく損害賠償請求権と債務不履行に基づく損害賠償請求権が、ともに発生することが考えられる。この場合に請求権の競合を認めるかは、大いに議論となっているが、判例は、請求権の競合を肯定している（最判昭38・11・5民集17巻11号1510頁）。また商法の運送人の責任に関する規定は、運送契約上の債務不履行責任についての定めであると考えると、運送人に対して不法行為責任を追及する場合には、商法のそれら規定の適用はないことになりそうである。現に判例は、そのような立場であって、高価品に関する運送人の責任の特則を定める577条によって債務不履行責任を免れても、不法行為責任を免れるわけではないとしている（大判大15・2・23民集5巻104頁）。しかしこのような考え方をとると、運送人に対して債務不履行責任ではなく、不法行為責任としてその責任を追及することによって、容易に、商法の運送人の債務不履行責任に関する諸規定や運送契約上の合意の適用を回避できることになる。果たしてこのような解決が妥当であろうか。

こうした問題の合理的解決は、なかなかむずかしいが、基本的に

は，請求権の競合は肯定されると解するべきである。そのうえで運送人としてまず考えられる対応は，運送契約中に請求権競合問題に対処する定めをおくことである。その前提として，たとえば高価品に関する577条の定めを不法行為責任の場合にも及ぼす趣旨の合意は，原則として有効と解すべきこととなる。この関連で注目すべき最高裁判決が出た（最判平10・4・30判時1646号162頁〔百選99〕）。この判決では，宅配便の責任制限条項は債務不履行責任のみならず不法行為責任にも及ぶとしているからである。

　このように請求権競合問題への解釈としての対応は，難問であるので，立法的解決が望まれることになるが，それは，まず**国際海上物品運送の領域において，平成4年の国際海上物品運送法の改正によって実現された**。この改正は，請求権競合問題において画期的なものと評価しうる。すなわち運送人は，不法行為による損害賠償請求に対しても同法が定める抗弁事由・責任制限事由を主張できることが，明定されたのである（もっとも運送契約上の定めは除外されており，それが援用できるかどうかは，裁判所の判断による。国際海運16条第1項）。次いで，平成30年商法改正によって，商法においても国際海上物品運送法の場合と同様な立法的解決が実現した。すなわち，587条の定めである。その結果，損害賠償の定額化（576条），高価品の特則（577条），運送品の受取りによる責任の消滅（584条），除斥期間（585条）は，運送人に対する不法行為責任の追及の場合にも準用される。ただし「荷受人があらかじめ荷送人の委託による運送を拒んでいたにもかかわらず荷送人から運送を引き受けた運送人の荷受人に対する責任」には適用がないとの例外の定めがある（国際海上物品運送法でもこの例外の定めが16条2項として新たに付加された）。この例外は，立法担当者の説明によれば，公平の観点からのものとしている。

(ウ) 被用者に対する不法行為請求　　旅客や荷主が運送人に対してではなく，運送人の被用者や独立的補助者に対して，不法行為責任を根拠に損害賠償請求をした場合，これら補助者は，運送人が有する運送契約上の抗弁を援用できるだろうか。たとえば，運送人に対して物品運送契約上の債務不履行責任を追及すると，1年の除斥期間が経過している（585条）が，その運送人の被用者である運転手を相手とする不法行為責任の追及は，まだ3年経過していないため可能にならないか（民724条参照）というような問題である。このような場合に，もし運転手の責任が認められると，その賠償責任額の支払は，実際には，運送人が肩代りをすることになるのが普通である。もしそうでないと，運送人は優秀な運転手等の従業員を確保することが事実上，困難となるおそれがあるからである。いずれにしろ従業員に対して不法行為責任を追及すれば，荷主は，運送人に対しては本来，追及できなかったことが，その補助者を請求の相手方とすることによって，実現可能となるが，これは，荷主と運送人との合意（契約）に基づく公平な利害調整が守られない結果となって，不当ではないかとの疑問が生ずる。そこで，運送人の補助者に，当然に，運送人の有する抗弁の援用を認めるべきであるかをめぐって大いに議論がなされている。結論としては，補助者に当然に援用権を認めるべきでないと考えられる。そこで次に，この問題に対処するために運送人が運送契約において補助者に援用権を認める趣旨の条項（ヒマラヤ条項と呼ばれる）を入れた場合は，どう解するかが問題となる。この条項の有効・無効についても議論はあるが，原則として有効と解すべきである。もっとも有効と解するのは，運送人と荷主との運送をめぐる法律関係の公平な調整の実現のためであるから，その限界を超える条項部分は，無効である。この点で，とくに，援用権を認められる補助者の範囲をどう解するべきか（運

Ⅲ　運送人の損害賠償責任

送人の被用者に限るか，それとも荷役業者のような独立的補助者も含むべきか）は，さらに議論のあるところである。

　この関係で国際海上物品運送の領域においては，平成 4 年の国際海上物品運送法の改正により立法的解決が図られた。すなわち「運送人の被用者」に対して運送品に関する損害賠償請求がなされた場合，「運送人の被用者」は，運送人が法令上主張しえた抗弁事由・責任制限事由を援用できるとされたのである（国際海運 16 条 3 項 4 項）。ここにいう「運送人の被用者」とは，運送人と雇用契約関係ないしそれと同等の指揮監督関係にある補助者（被用者的補助者）であって，そのような関係のない補助者，すなわち独立的補助者（たとえば荷役業者）は含まれない。また「運送人の被用者」に認められるこうした恩典は，運送品に関する損害がその者の故意により，または損害の発生のおそれがあることを認識しながらしたその者の無謀な行為により生じたものであるときには，否定される（国際海運 16 条 5 項）。

　この運送人の被用者に対する国際海上物品運送法の定めは，平成 30 年商法改正によって，商法でも採用され，588 条となった。すなわち，587 条の規定によって，運送人の責任が免除・軽減される場合には，その限度において，運送人の被用者に対する不法行為の損害賠償請求に対しても及ぶ（1 項）が，当該被用者に故意・重過失があると及ばなくなる（2 項）。

(2) 過失責任原則　　商法は，運送人の損害賠償責任について，物品運送については 575 条，旅客運送については 590 条にそれぞれ規定をおいている。そしてこれら規定は，それぞれ海上運送，航空運送にも適用される。またいわゆる外航船による物品運送（船積港または陸揚港が本邦外にある運送）について適用される国際海上物品運送法は，3 条，4 条 1 項にその点についての定めをおく。さらにわが国が批准する国際航空運送に関する 1955 年ハーグ改正ワルソ

一条約は，17条ないし20条がその点に関する規定となっている。これら各規定を比較検討すると，いずれもその責任原則は，過失責任であることが分かる。しかし過失の存在は，運送人の責任を追及する側が立証しなければならないのではなく，反対に，運送人が過失の不存在を立証しなければならない旨の規定となっている。したがってこれら運送人の責任発生原因規定は，いずれも過失の存在が推定された過失責任原則をとっていることになる。

　これまでの状況は，以上の通りであるが，運送人の責任原則が過失責任でよいかについては大いに議論がある。とくに旅客運送における旅客死傷事故の場合については，無過失責任とすべきであるとの意見も強い。この関係で1966年モントリオール協定は，アメリカを出発地・寄航地・到達地とするワルソー条約の適用がある国際航空旅客運送について，運送人は無過失の抗弁を放棄することを定めている。国際航空運送の将来の運送人の責任原則は，延着責任を除いて，物品運送についても無過失責任となる方向が示され（1971年グァテマラ議定書，1975年モントリオール追加第三および第四議定書），1999年には，10万SDR（特別引出権）までは無過失責任とするモントリオール条約が成立し，わが国は2000年に同条約の国会承認を得た。そして2002年にこの条約は発効した。また貨物に関する航空運送人の責任は，1999年モントリオール条約18条では，モントリオール第4議定書と同様に，無過失責任となっている。もっとも海上物品運送，国際複合運送条約等においては，依然，過失責任原則が維持されている（1978年ハンブルク・ルール，1980年国連複合運送条約，2008年ロッテルダム・ルール）。

　(3)　補助者の行為による債務者の責任　　民法は，債務者が自己の債務を履行するために他人を利用した場合，その他人の行為によって債権者に損害が発生したときには，一定の要件のもとに債務者

Ⅲ　運送人の損害賠償責任

はその損害を賠償しなければならないとの法原則を認めている。すなわち履行補助者の行為による債務者の責任原則である（明文の規定はないが、解釈上認められる）。

そこで商法上の運送人の責任発生原因規定（前記(1)(ア)、233頁参照）が、民法上の履行補助者の行為による責任の適用をその前提とすれば、商法上の責任発生原因規定は、その点において民法上の原則である履行補助者の行為による責任を踏まえた注意規定にすぎないことになる。平成30年商法改正の立法担当者はそのように解している。もっとも民法の履行補助者の行為による責任に委ねれば問題が直ちに解決するわけではない。なぜなら、その責任の内容をどう理解するかは、学説が分かれている（民法判例百選Ⅱ債権〔第7版〕12頁）からである。

(4)　商法上の特則　　運送人の責任に関する商法上の特則のうち、重要なものをとりあげて説明する。

(ア)　高価品の特則　　貨幣・有価証券・宝玉石など容積または重量の割に著しく高価な物品を高価品という（最判昭45・4・21判時593号87頁〔百選98〕）が、高価品は、荷送人が運送を委託するに当たり、その種類および価額を通知しなければ運送人は損害賠償の責に任じない（577条）。すなわち価額の通知がない限り（荷送人の過失の有無を問わない）、運送人は高価品としてはもとより、普通品としても賠償する責任を負わず、結局は完全に賠償責任を負わないことが原則となる。高価品は損害発生のおそれが大であり、損害額も巨額になるのに、高価品であることの通知がなければ、運送人は、かかる危険に対応した注意を払うことも、危険に見合った運送賃を請求することもできなくなるからである。したがって高価品については、通知は責任発生の要件であり、本条はその意味での責任発生原因規定ということになる。

また平成30年改正前の高価品の特則規定は，この特則の適用が否定される場合についての定めがなかったが，577条2項は，その例外となる場合を規定している。

さらに本条は，海上運送，航空運送にも適用がある（国際海上物品運送法15条により同法の適用がある海上運送にも準用される）。

(イ) 旅客手荷物の責任　旅客が旅行で携帯する物品を手荷物というが，これは，託送手荷物と持込手荷物（携帯手荷物）に分けて規制がなされる。まず託送手荷物，すなわち運送人が旅客から引渡しを受けた手荷物は，運送人の保管下に入ったから，とくに運送賃を請求しないときでも，物品の運送人と同一の責任を運送人は負い，その被用者も同様である。(592条1項2項)。ここで物品運送人と同一の責任を負うとは，物品運送人の責任規制がそのまま及ばされることを意味する。またその被用者責任も物品運送人の責任と同様となる。

次に，旅客から引渡しを受けない手荷物，すなわち持込手荷物（身の回り品を含む）については，その滅失・損傷について運送人またはその使用人に過失があることを旅客の側で立証しない限り，運送人は責任を負わない（593条1項）。つまり持込手荷物については，過失の立証責任が運送人に転換されていないのである。また運送人が保管していない場合の責任が，保管している場合よりも重いのは不都合であるから，性質上適当でない規律を除き，受託手荷物の場合と同じく物品運送人またはその被用者の責任を減免する規定が準用される（593条2項）。

上記の旅客・手荷物に関する責任は，海上運送，航空運送にも適用される。ところでハーグ改正ワルソー条約18条，20条は，託送手荷物について592条1項と同様の責任を定めているが，持込手荷物については，18条が文言上，明定していないため，18条の適用

の有無をめぐって争いがある。もし適用がないと解すれば，準拠法となる国の法律によって解決されることになる。もっとも1999年モントリオール条約では，託送手荷物については，運送人の保管中の滅失・損傷である限り，原則として無過失責任を負い，また持込手荷物については商法593条1項と同様な責任が明定されている（17条2項）。

(5) **免責約款の制限**　商法は，一般的に契約自由の原則を強く尊重する態度を示しているので，運送人の責任を免除し，制限する約款（免責約款）は，それが民法上の信義則・公序良俗違反とならない限り基本的には有効とするとの立場をとっていると解される。しかし運送法のなかでは，2つの免責約款の制限が定められている。

まず第1は，旅客運送契約における人身事故の賠償責任を減免する特約（運送の遅延を主たる原因とするものは除外される）は，無効とされる（591条）。すなわち，旅客の生命・身体の侵害による運送人の損害賠償責任を免除・軽減する特約は，無効となる（同条1項）。ただし，これには2つの例外がある（同条2項）。例外の第1は，大規模な火災，震災その他の災害が発生し，又は発生するおそれがある場合において運送を行うときである（同条2項1号）。その第2は，運送に伴い通常生ずる振動その他の事情により生命・身体に重大な危険が及ぶおそれがある者の運送を行うときである（同条2項2号）。これら2つの例外は，いずれの場合も，特約を認めないと，運送人が運送の引受けをしないあるいは躊躇するおそれがあり，必要なときに旅客運送がなされなくなること等を考慮したものである。以上の591条の定めは，陸上，海上，航空運送のそれぞれに適用がある。

次いで第2は，海上運送における船舶の堪航能力担保義務についての特約の制限である。船舶の堪航能力担保義務とは，船舶がその発航当時，運送品を含めて安全に航海を行い得る状態を確保する義

務を意味する（739条1項，国際海運5条）。この義務は，過失責任である。まず，堪航能力担保義務は，個品運送契約においてはその義務違反による運送人の責任に関する減免特約は認められず無効とされる（739条2項）。次に，堪航能力担保義務は，航海傭船契約および定期傭船された船舶により運送品を運送する場合にも準用されるが（756条1項前段・707条前段），商法739条2項は，準用されていないから，責任軽減の特約は，許容される。もっとも航海傭船のもとで船荷証券が発行された場合には，船荷証券の所持人に対する関係ではこのような特約を主張することはできない（756条2項）。

国際海上物品運送法の適用がある国際海上物品運送契約では，堪航能力担保義務は，個品運送契約においてはその義務違反による運送人の責任に関する減免特約は認められず無効とされる（国際海運11条1項）。航海傭船では，特約は禁止ではないが，船荷証券が発行された場合は，船荷証券の所持人にはこのような特約を主張することはできない（国際海運12条）。

2 損害賠償額の範囲・制限

(1) 民法上の原則との関係　民法上の損害賠償責任の一般原則によれば，債務不履行と相当因果関係のある損害はそのすべてを賠償しなければならない（民416条）。しかし商法は，運送人の損害賠償額について特則を設けている。第1は，物品運送における賠償額の定型化であり，第2は，いわゆる責任制限である。

(2) 賠償額の定型化　商法は，陸上運送，海上運送・航空運送についても，運送品の滅失・損傷による損害賠償責任に関して賠償額を定型化している（576条，国際海運8条）。すなわち運送品の滅失・損傷の場合は，その引渡しがされるべき地および時における運送品の市場価格によって定め，市場価格がないときは，その地およ

び時における同種類で同一の品質の物品の正常価格によって損害の賠償額を定める（576条1項，国際海運8条1項）。もっとも上述の価格から運送品の滅失・損傷のため支払うことを要しない運送賃その他の費用は，利得防止のため控除する（576条2項，国際海運8条2項）。したがって運送人は，荷送人などが運送品につき「受けた損害」を賠償すれば足り，「失われた利益」を賠償する必要はないが，他方，その賠償額は必ずしも実損害ではなく，実損害が定型化された賠償額を下回るときでも，その法定額を賠償しなければならない。

それではなぜ商法は，賠償額の定型化をはかったのか。それは，運送人の保護と大量の運送を頻繁に行う運送取引の法律関係の画一的処理の要請に基づくものである。しかし運送人に故意・重過失があるときは，運送人の保護の必要は後退し，民法上の一般原則にもどって有責行為と相当因果関係のある損害を賠償しなければならない（576条3項）。もっとも国際海上物品運送法では，故意・重過失ではなく，運送人は，自己の故意により，または損害の発生のおそれがあることを認識しながらした自己の無謀な行為により生じたものであるときは，一切の損害を賠償しなければならない（10条）。

なお，運送品に滅失・損傷がなく，たんに延着のみした場合は，特別規定はないから，民法上の一般原則によって処理される（国際海運8条については見解が分かれうるであろうが延着にも適用があるとする見解が有力である）。

(3) 責任制限　海上運送および航空運送においては，法律上の制度として，運送人がその責任を一定限度の額に制限すること（責任制限）が認められている（1999年モントリオール条約〔1(2), 238頁参照〕では，旅客の人身障害の損害は，無限責任である）。すなわち責任制限をすることにより，運送人は，本来の賠償すべき損害額が責任制限額を上回っても，その責任制限額までの賠償をすれば，責任を免

れるのである。この責任制限制度には，2つの類型が区別される。第1は，いわゆる個別的責任制限であり，たとえば，国際海上物品運送法9条1項の責任制限がある。第2は，いわゆる総体的責任制限であり，たとえば，船主責任制限法3条の定めがある。

3 損害賠償責任の消滅

(1) 特別消滅事由　運送人の運送品の損傷・一部滅失の責任は，荷受人が保留しないで運送品を受け取った場合には，消滅し，直ちに発見できない損傷または一部滅失がある場合には，荷受人が引渡しの日から2週間以内に運送人にその旨の通知を発しない限り，その責任は消滅する（584条1項）。もっとも運送人が，引渡しの当時運送品の損傷または一部滅失があることを知っていたときは，責任は消滅しない（584条2項）。また運送人がさらに第三者に対して運送を委託した場合，荷受人が2週間以内に運送人に対して通知を発したときは，運送人に対する第三者の責任にかかる通知を発すべき期間は，運送人が荷受人から通知を受けた日から2週間を経過する日まで延長されたものとみなされる（584条3項）。ただし国際海上物品運送法の適用がある運送には，商法584条の適用はなく，異なる扱いがなされる（国際海運15条・7条）。

(2) 責任の短期除斥期間　運送人の運送品に関する責任は，運送品の引渡しがされた日（全部滅失の場合は，引渡しがなされるべき日）から1年以内に裁判上の請求がなされないときは，消滅する（585条1項）。前項の期間は，運送品の損害が発生した後に限り，合意延長ができる（585条2項）。運送人が第三者に対して運送を委託した場合，運送人に対する第三者の責任についての除斥期間は，運送人が損害を賠償しまたは裁判上の請求をされた日から3か月を経過する日まで延長されたものとみなされる（585条3項）。そして

585条の定めは，国際海上物品運送法の適用がある運送にも適用される（15条）。

IV　その他の運送契約上の権利・義務

1　運送人の権利

(1)　運送品引渡請求権　　運送人は運送品の引渡しを受けてはじめてその債務を履行しうるから，この請求権は，当然，認められる。

(2)　送り状交付請求権　　送り状は，有価証券ではなく単なる証拠証券である。運送人は，荷送人に対して送り状の交付を請求することができ，送り状の記載事項は，法定されている（571条1項）。荷送人は，送り状の交付に代えて，運送人の承諾を得て，電磁的方法によって提供することができる（571条2項）。

(3)　運送賃請求権　　運送人は，到達地における運送品の引渡しと同時に，特約がなくとも運送賃を請求できる（573条1項）が，特約がない限りその前払を請求できない（民633条）。運送品がその性質・瑕疵によって滅失・損傷したときは，荷送人は運送賃の支払を拒むことはできない（573条2項）。573条は国際海上物品運送法の適用がある運送にも適用される（15条）。

(4)　運送品の供託・競売　　陸上，海上，航空運送に共通する運送品の供託・競売の定めが，商法582条および583条として規定されている。またこれらの定めは，国際海上物品運送法の適用がある運送にも適用される（15条）。さらに海上運送では，742条，756条にも競売の定めがある。旅客運送の場合の託送手荷物についても供託・競売が認められる（592条3項〜6項）。

(5)　運送人の債権の消滅時効　　運送人の荷送人・荷受人に対する債権は，これを行使できる時から1年で時効にかかる（586条）。

旅客運送人の債権も同様である（594条）。

(6) 運送品に関する留置権　　574条・741条2項・756条，国際海上物品運送法15条にそれぞれ定めがある。

2 運送人の義務

(1) 運送の義務　　運送人本来の義務である。

(2) 運送証券の交付義務　　陸上運送の有価証券である貨物引換証に関しては，その利用がないことから，規定がおかれていない。海上運送における有価証券である船荷証券については，757条から768条まで規定がおかれている（詳しくは，後記V，248頁参照）。複合運送証券については，769条1項に定めがあり，757条2項および758条から768条までの規定が準用される（769条2項）。

(3) 運送品の保管・処分の義務　　(ア) 保管義務　　575条，国際海上物品運送法3条が規定する。

(イ) 処分義務　　荷送人等は，運送品処分権を有し，運送人は，その指図に従って処分を行う義務を負う。陸上運送に関しては580条が規定し，同条は外航船による運送にも適用されている（15条）。荷送人の運送品処分権は，運送品が到達地に到着し，荷受人がその引渡しを請求したときは，行使することができない（581条2項，国際海運15条）。

なお，船荷証券が発行されているときは，運送品処分権は，その正当な所持人が行使できるのであり（768条），荷送人・荷受人ではない。

(4) 運送品の引渡義務　　運送証券が発行されている場合は，運送品の引渡請求権を有するのは，証券所持人であり，したがって証券所持人に対して運送品引渡しの義務を負う。これに対して運送証券が発行されていない場合は，荷送人とともに，一定の場合には，

Ⅳ その他の運送契約上の権利・義務

荷受人が引渡請求権を取得する（前記Ⅱ(3)(イ)，226頁）。したがってその場合は，荷受人に引渡しの義務を負う。

3 荷送人・荷受人の権利・義務

(1) 総説　運送契約は，通常，売買契約が存在するから，その売買の目的物を売主から買主の所に場所的に移動させる役割を果たしている。それゆえ一般に売主または買主が運送契約の当事者となり，運送人と契約を締結して，出発地において，売買の目的物を運送品として運送人に引き渡し，それを受け取った運送人は，それを引き受けて，到達地で荷受人に引き渡すことになる。たとえば，売買契約が，本船渡し（FOB）条件であれば，売主は，船積港で買主の指定した船舶に船積みして売買の目的物を引き渡す義務を負い，買主は，船積み後の売買の目的物の滅失・損傷のリスク・費用を負担するから，買主が，海上運送契約および貨物保険契約を締結することになる。これに対して運賃保険料込渡し（CIF）条件であれば，売主が，荷揚港までの海上運送契約および貨物保険契約を締結して，運送賃・保険料を支払い，手配した船舶に約定期間内に船積みをして売買の目的物を引き渡し，買主は，船積み後の売買の目的物の滅失・損傷のリスク・費用を負担する。この場合，売買代金は，船積書類（船荷証券，貨物保険証券，送り状等）と引き換えに支払われる。もっとも売買契約と運送契約は，それぞれ別個独立の契約であるから，原則として両契約の権利・義務が相互に影響を及ぼすことは当然にはない。

(2) 荷送人の権利・義務　荷送人の権利としては，運送契約上の権利のほかに，前述(2(3)(イ))の運送品処分権がある。もちろん最大の荷送人の義務は，運送賃支払義務である。ここで注目すべきは，平成30年商法改正により，危険物に関する通知義務が新設された

ことである。すなわち，荷送人は，運送品が引火性，爆発性その他の危険性を有するものであるときは，その引渡しの前に，運送人に対し，その旨および当該運送品の品名，性質その他の当該運送品の安全な運送に必要な情報を通知しなければならない（572条）。この定めは，陸上，海上，航空運送に適用がある。国際海上物品運送法の適用がある運送にも適用される（国際海運15条）。

それでは，この通知義務に違反した場合の荷送人の責任は，どうなるだろうか。商法は，この点につき特段の規定は設けていないので，債務不履行に関する民法の規律に従うことになる。

(3) 荷受人の権利・義務　　荷受人は，運送契約の当事者でなく，運送人と荷送人との間で締結される第三者のためにする契約の受益者であるから，運送契約上の義務を負わない。ただし商法581条1項の定めを満たした場合は，運送契約によって生じた荷送人と同一の権利を取得し，同条3項により運送品を受け取ったときには，運送人に対して運送賃の支払義務を負う。

商法741条1項は，海上運送である個品運送契約の場合における荷受人の運送賃支払義務につき同様の定めをおき，同条は，航海傭船契約についても準用される（756条）。

なお，船荷証券が発行された場合には，船荷証券所持人のみが，運送品の引渡しを請求でき（768条），その際，船荷証券と運送品の引渡しとは同時履行となる（764条，国際海運15条）。

V　運送証券

1　意　　義

運送品の引渡請求権を表章する有価証券を総称して運送証券といい，物品運送の種類に対応して，次のものがある。すなわち陸上運

V 運送証券

送においては，貨物引換証であり，海上運送においては，船荷証券であり，複合運送においては，複合運送証券である。もっとも，平成30年商法改正は，貨物引換証に関する規定を削除し（わが国では使用例がない），国際海上物品運送法の船荷証券の規定を削除し，商法においてその規定を設け，それが，国際海上物品運送法にも適用される（国際海運15条）ものとした。また複合運送証券に関する規定（769条）を新設した。航空運送においては，有価証券性のある証券は現実には利用されていない（Ⅳ1(2)，245頁参照）。また，実際界では荷渡指図書が利用されることがあるが，それは，一般に有価証券性を有しない。

ところで平成30年商法改正で新設された複合運送証券は，有価証券性が認められ基本的に船荷証券と同様の規制をうけるし，また同様の効力も有する（769条）。他方，同じく新設された海上運送状（Sea Waybill）は，証拠証券性はあるが，受戻証券性・呈示証券性等の有価証券性を有さず（船舶の高速化により運送品が陸揚港に到着しているのに，船荷証券が届いておらず，運送品を受け取れないことも増加し，それゆえに海上運送状の利用が進んだ），たとえば，債権的効力（文言証券性）や物権的効力も有しない（770条，国際海運15条）。

これら運送証券がなぜ利用されるか。それは，運送中の物品に関する取引（売買，担保など）を円滑化させるからである。すなわち物品が運送中であることから，その物品に関する取引ができなくなったり，あるいはきわめて不便となったりすることを克服しようとする法的技術が，運送証券なのである。それでは，運送証券のいかなる効力が，運送中の物品に関する取引を円滑化するのか。それは，基本的に有価証券性，債権的効力，物権的効力によるものである。以下，順次，検討する。

2 有価証券性

(1) 債権的有価証券　運送証券は，運送品の引渡請求権という債権を表章している。ところで有価証券という法概念をいかに理解するかについては，争いはあるが，運送証券の表章する権利の移転・行使に，いずれも証券を必要とするから，運送証券が債権を表章する債権的有価証券であることに争いはない。

(2) 権利の移転　運送証券は，記名式，指図式，選択無記名式のいずれでも発行でき，無記名式のものも認められると解される（民法520条の2以下の有価証券に関する規定参照）。また，記名式で発行された場合であっても，法律上当然に指図証券とされ，裏書による譲渡ができる（762条，国際海運15条）。

運送証券は，指図式（法律上当然の指図式も含む）の場合は裏書により，また無記名式（選択無記名式も含む）の場合は引渡しによって譲渡されるが，その裏書や引渡しの効力として次のものが認められる。第1に，証券に表章された債権（請求権）が移転する移転的効力，第2に，証券の所持人が権利者と推定される資格授与的効力（民520条の4・520条の14・520条の20），第3に，善意取得の効力（民520条の5・520条の15・520条の20），第4に，免責的効力（民520条の10・520条の18・520条の20）である。しかし担保的効力（手15条）は，認められない。

(3) 権利の行使　運送証券が発行された場合は，それと引換えでなければ運送品の引渡しを請求できない（受戻証券性，764条・769条2項，国際海運15条。なお船荷証券の数通発行の場合は，765条・767条，国際海運15条）。

運送人は，証券と引換えでなければ，もちろん物品の引渡しを拒絶できるが，さらに進んで拒絶しなければならないかは，争いがある。運送人は，自己の危険において証券と引換えでなくとも物品の

V 運送証券

図10 運送人と船荷証券所持人

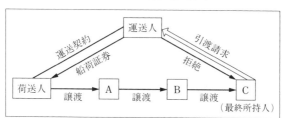

引渡しができると解すべきである。この関連で，仮渡し・保証渡しの問題がある。

(4) **要式証券性** 運送証券の記載事項は，法定されている（758条・769条2項，国際海運15条）。したがって要式証券性が認められるが，それをどの程度，厳格なものと考えるかは，問題がある。手形や小切手のような厳格な要式証券性があると解するのは，妥当でなく（船荷証券につき，大判昭7・5・13民集11巻943頁），たとえば荷送人の氏名・商号は記載がなくとも証券は無効でない。しかし運送人の署名のような重要事項は，絶対に必要である。

3 債権的効力（文言証券性）

(1) **意義** 債権的効力（証券的効力）とは，証券発行者＝運送人と証券所持人との間の債権的法律関係を決定する効力をいう。すなわち運送証券記載事項が証券発行者＝運送人と証券所持人との間の債権的法律関係の内容を決定することを意味する（文言証券性）。

商法は，この効力を船荷証券について規定し（760条），複合運送証券に準用する（769条2項）。

(2) **債権的効力は，なぜ認められるか** たとえば図10のように船荷証券が荷送人→A→B→Cと譲渡され，Cが最終所持人であ

るとする。Cが船荷証券に基づいて運送品の引渡請求をしたところ，運送人が荷送人との運送契約上の特約を理由に引渡しを拒否した場合，もしその特約が船荷証券には記載されていなかったとすれば，かかる引渡しの拒否を適法とすることは，明らかにCにとって酷である。なぜなら運送契約の当事者ではないCは，かかる特約の存在を一般に知りえないからである。しかも船荷証券の譲受人は，運送契約の内容を知るべきであるとすると，譲受人は，証券を譲り受ける際にいちいちその内容を調べなければならなくなり，これは，船荷証券の流通を阻害することとなる。そこで船荷証券の記載事項に従って運送人と証券所持人との債権的法律関係を決定することにすれば，最も合理的かつ公平である。運送人は，まさに証券の発行者であるから，記載事項は自らが記載したものであり，また証券譲受人は，譲受けの際に，証券の記載事項であれば容易に知ることができるからである。

　このような債権的効力が認められる実質的根拠からすると，証券の記載事項が事実と異なることを証券取得時に知っていた証券所持人には，債権的効力を認める必要はないと解することになる（異論なし）。

★　**(3) 要因証券性との関係**　　(ア) **意義**　　運送証券は，要因証券であるとされるが，その場合の要因性の意義については争いがある。第1の見解は，証券上の権利が証券発行の前提となっている原因関係の影響を受けることを要因性と理解する。これに対して第2の見解は，証券発行の前提をなす原因関係を証券上に記載することがその証券の本質的内容として要求されることが要因性であると理解する。この要因性の意義の理解の対立に関連して，物品の受取りがないのに証券が発行された場合（いわゆる空券の場合），および受け取った物品が証券記載と相違する場合（いわゆる品違いの場合）の証券

発行者の損害賠償責任の法的構成について、次に述べる通り大いに議論がなされている。

(イ) 証券発行者の損害賠償責任　この問題については、基本的に3つの法的構成が対立している。

(a) 第1は、不法行為責任とする立場である（不法行為責任説）。この立場によると、証券に表章された債権は、運送契約に基づき物品の受取りがあったことによって発生するから、これら債権の発生の原因をなす運送契約が無効の場合または物品の受取りがなかった場合には、債権発生の原因を欠き、証券は無効となる（前記(ア)の第1の要因性の見解をとる）。したがってかかる場合には、運送人は、証券記載の物品を引き渡す証券上の義務は負わないし、また証券記載の物品と実際の物品とが相違している場合には、実際に受け取った物品を返還すれば足りるとし、いずれの場合も、証券の記載を信頼した所持人の救済は、証券発行者に対する不法行為責任によるとする。

(b) 第2の立場は、証券発行者は債務不履行責任を負うとするものである（債務不履行責任説）。この立場は、要因性の理解の仕方によってさらに2つに大別される。

① まず、前記(ア)の要因性についての第2の見解に立って、証券上に原因の記載のある限り、証券の記載と異なる実際上の事実は、ただちに証券の効力に影響を与えないと考える見解がある。したがってこの見解によれば、原因をなす運送契約の無効や空券・品違いも、それらは証券の効力には影響を及ぼさず、証券上の債権は有効であり、証券上の記載によって定まる債権が実現されないときは、運送人に債務不履行責任が生ずるとする。

② これに対して、前記(ア)の要因性の理解には、不法行為責任説と同じく第1の見解を前提としつつも、要因性の理解と証券の記載

を信頼して取得した証券所持人の保護とは別問題であるとして，証券の記載と実際の原因とが相違すれば証券は無効であるが，禁反言則あるいは法定の抗弁制限により，証券発行者は善意の証券所持人に対しその相違による無効を主張しえず，証券の記載に従って債務不履行責任を負うとする見解がある。

(c) 第3の見解は，空券の場合と品違いの場合とをそれぞれ別個の責任によって二元的に規制する立場である（二元責任説）。この立場も2つに分かれる。

① 第1は，空券の場合には証券は無効であり，不法行為責任が問題となるが，品違いの場合は，いやしくも物品の受取りがあったから証券は有効であり，要因性は充たされ，債務不履行責任となるとする立場である。

② 第2は，要因性については不法行為責任説と同じ理解に立ったうえで，証券流通保護の見地から商法は要因性を文言性に親しむ事項の範囲内で制約しているとし，品違いの場合の物品の表示は，文言性に親しむ事項であるから証券の記載が標準となり，その証券上の債務の履行ができない場合は，運送人は債務不履行責任を負うが，受取認証文句は，文言性に親しまない事項であるから，証券的効力は認められず，空券は無効であるが，その場合の証券所持人の救済を不法行為責任に委ねるのは適当でなく，契約締結上の過失の理論によるべきであるとする立場である。

(d) 以上のようにこの問題の解決は，多くの見解が対立し，相当に困難である。しかしその核心は，証券の不実記載を信頼して取得した証券所持人の救済をいかに十分なものにするかであるから，むしろ正面から証券不実記載発行責任を契約締結上の過失を根拠に，不法行為責任，債務不履行責任と並ぶ包括的な責任発生原因として肯定すべきではあるまいか。

4 物権的効力

(1) **物権的効力とは何か**　それは，物品の処分について，証券の引渡しに当該物品の引渡しと同一の効力，すなわち占有移転の効力を認めることを意味する。すなわち商法が，運送証券（船荷証券・複合運送証券）および倉荷証券について，証券の引渡しは，当該物品のうえに行使する権利について当該物品の引渡しと同一の効力を有すると規定したこと（607条・763条・769条2項，国際海運15条）の理解として生じた観念である。しかし物権的効力そのものを認めるかについて，また認める場合でもその占有移転の意味をいかに理解するかをめぐって見解が対立している。

(2) **物権的効力肯定説**　証券の引渡しについて物権的効力という商法独自の積極的意味を付与する肯定説は，さらに2つの見解に分かれる。

第1は，代表説といわれる立場である。この見解によると，証券には物品を代表する効力，すなわち証券の所持が物品の間接占有を表わすが，物品が運送人の直接占有のもとにある限り，単なる証券の引渡しのみによって物品の間接占有の移転が認められるとする。この考え方は，物品の直接占有は運送人に，間接占有は証券所持人にそれぞれあることを前提とし，間接占有の移転は，民法では指図による占有移転（民184条）の方式によることになるが，商法は，単なる証券の引渡しによる間接占有の移転の方式を商法763条において認めたとするのである。

なお，占有関係の理解は代表説と同様ではあるが，証券の引渡しによる間接占有の移転には民法184条の定めを守ることを要するとする立場（厳正相対説）もあるが，現在，これを正面から支持する学説はない。

第2の立場は，絶対説といわれるものである。この見解は，証券

の引渡しを間接占有に結びつけることはせずに,端的に商法は,証券の引渡しそのものを物品の占有取得原因として認めたのであるとする。すなわち代表説は,あくまでも民法を前提として,間接占有の移転方式において商法の独自性を認める(民法とは相対的な独自性)が,絶対説は,民法とは別個独立に商法が証券の引渡しという新たな物品の占有取得原因を定めたとしている(民法とは絶対的な独自性)。したがって絶対説によれば,運送人が物品の直接占有を失った場合(たとえば盗難)であっても,証券の引渡しは占有移転の効力をもつ(この点は絶対説が代表説に加える批判であるが,代表説の論者は,一時直接占有を失っても,占有回収訴権を運送人が有する限り,依然として証券は物品の間接占有を代表しうると反論している)。

(3) 物権的効力否定説　　物権的効力肯定説は,証券の移転と物品の占有の移転とを結合させて,証券の引渡しにいずれにしても積極的意味を認めるのであるが,これに対して,そもそも物権的効力を認める必要はないとするのが,否定説である。この見解は,物権的効力という観念がわが国の法制に必要なものか,換言すれば物権的効力という観念を認めないと不都合が生ずるのだろうかとの疑問を提起し,大要次のように説いてその必要性なしと結論する。

まず運送人の占有下にある物品の所有権の譲渡は,わが国はドイツとは異なり,物権変動について形式主義をとらず,意思主義であるから,意思表示のみにより所有権は移転される。すなわち所有権の譲渡に物品の占有の移転は必要なく,証券の引渡しと占有の移転とを結合させねばならないことはない。また占有移転は第三者に対する所有権移転の対抗要件としての意味はあるが,運送証券は処分証券性,受戻証券性などがあるから,証券所持人は物品を現実に自己の占有下におくことが可能な地位にあり,物品譲渡の対抗要件の具備のため証券の移転に物品の占有を結合して考える必要はなく,

証券による物品の現実の引渡しによってのみ対抗要件を具備すると解すれば足りる。

また運送人の占有下にある物品の質権設定は，証券の処分証券性，受戻証券性などから証券上の債権の質入れと解しても，物品自体の質入れと結果的には同一の効果のあるものとして機能させられるから，あえて証券の引渡しを物品の占有移転と結合させて，物品のうえの質権設定と構成する必要はない。

したがって証券の物権的効力とされるものは，証券本来の債権的効力と売買・質入れに関する民法の一般原則とから導き出されうる効果の説明の用具にすぎず，物権的効力という観念は不要であるとするのである。

物権的効力否定説は，法的ドグマを否定していわゆる機能的アプローチを徹底する傾聴すべき見解であるが，商法763条を運送品の売買につき，履行を完了したことを示す規定とみることは，その文言からしてやや無理があるように思われる等の難点があることも否定できない。

第4章　運送取扱取引

1　意　義

運送取扱いとは，物品運送の取次ぎを行うことを意味し，それを業としてなす者が，運送取扱人である（559条1項）。取次ぎとは，自己の名をもって他人の計算において法律行為をすることを引き受ける行為であり，商法は，これを営業的商行為としている（502条11号）。したがって運送取扱人は，自己の名をもって他人（委託者）の計算において運送人と物品運送契約（陸上，海上，航空，複合のいずれでもよい）の締結を行うことを営業とする者であって，商法上の商人である。

運送取扱営業と問屋営業とは，取次ぎの対象が，前者は物品運送契約，後者は物品の販売・買入契約である点が異なるが，同じ取次営業なので，商法は問屋営業に関する規定を運送取扱営業に一般的に準用している（559条2項）。

実際界において，運送取扱営業を行う者は，フレート・フォワダー（Freight Forwader）とか通運事業者とか呼ばれるが，これらの者は，商法でいう運送取扱いのみならず，物品運送の代理，媒介，運送品の積込み・荷揚げ・配達等の業務も行うのが通常である。したがって商法は，現実に存在するかかる事業者の営業活動のほんの一部である運送取扱いについてのみ規定を設けているにすぎない。立法論としては，運送取扱人を物品運送の取次ぎ，代理または媒介をなすを業とする者として定め，必要な規定をおくのが適当である（昭和10年商法改正要綱212）。しかし平成30年商法改正では，かか

図 11　運送取扱契約と物品運送契約

る改正は実現していない。

2　損害賠償責任

(1) 債務不履行責任　　運送取扱人は，委託者との間で運送取扱契約を締結し，その契約上の債務の履行として，自己の名をもって委託者の計算において運送人と物品運送契約の締結を行う（図 11）。したがって運送取扱人が運送取扱契約上の債務に違反して委託者に損害を与えた場合には，債務不履行責任を負う。商法 560 条は，その債務不履行責任に関する定めである。

ところで運送人の過失によって運送品が損傷した場合，運送取扱人は，委託者に対して運送取扱契約上の債務不履行責任を負うだろうか。運送取扱契約は，物品運送を引き受けるのではなく，物品運送の取次ぎをその債務とするから，取次ぎに関して注意義務違反がない限り，運送取扱人は，その責任を負わない（特約があれば別論）。たとえば物品運送契約を締結する相手方である運送人の選択に誤りがあり，その結果，運送品の損傷が生じたのであれば，運送取扱人は責任を負う。運送人の選択その他の取次ぎに関する注意義務違反がないならば，運送取扱人は，運送人の過失による運送品の損傷につき委託者に対して責任を負わないが，委託者のために荷送人とし

て運送人に対する運送契約上の債務不履行責任を追及することはありうる。

(2) 不法行為責任　運送人ないしその被用者の不法行為責任におけるのと同様の問題が生ずる（第3章Ⅲ1(1)，233頁〜237頁参照）。これについては，商法587条，588条の準用がある（564条）。

(3) 物品運送規定の準用　前記(2)のほかに，危険物通知義務，高価品の特則，相次運送人の権利義務，運送人の責任に関する除斥期間，運送人の債権の消滅時効等の規定の準用がある（564条）。

3　運送取扱人の権利

運送取扱人の権利については，報酬請求権（512条・561条），費用償還請求権（559条2項・552条2項，民649条・650条），留置権（562条），介入権（563条）などの定めがある。

第5章 倉庫取引

I 倉庫取引の意義

1 法律上の意義

　物品を保管することは，われわれの社会生活において様々な形で行われている。たとえば，卸売商人が商品を倉庫に預けるといった場合のほかに，海外勤務の友人に頼まれてその家財を預ったり，あるいは駅の一時預けやコイン・ロッカーに預けたり，飛行機に乗る際にスーツケースを預けたり等々である。このように物品の保管は，いろいろな人によって様々な形で行われているが，これらのすべてが商法の対象とされるのではない。商法は，他人のために物品を倉庫に保管することを業とする者の取引，すなわち倉庫営業者の倉庫寄託契約をその主たる対象とする。したがって倉庫営業者でない者が寄託を受けても，それは，倉庫営業に関する599条以下の規定によっては処理されないのである（なお，倉庫営業者ではない商人が，その営業の範囲内において寄託を受けた場合は，595条参照）。

2 経済上の意義

　それでは，倉庫営業者はわれわれの経済社会生活においていかなる役割を果たしているだろうか。まず倉庫を建設して商品を自ら保管することよりも，専門家である倉庫営業者を利用したほうが，安全でしかもコストも安い場合が多い。また倉荷証券の発行を求めて，

商品を倉庫に寄託したままでの譲渡・担保化の利益も受けることができる（この点は後記Ⅴ2, 269頁以下を参照）。このように倉庫営業者を利用することによって，大量生産された商品を需要に応じて市場に出したり，あるいは円滑な商品流通化の中継点とすることができるのである。

Ⅱ　倉庫寄託契約

1　倉庫寄託契約の意義

倉庫寄託契約とは，倉庫営業者が寄託者のために物品を倉庫に保管することを約する，すなわち寄託の引受け（502条10号）をなす契約である。倉庫寄託契約が，要物契約か諾成契約かは争いがあった（2(2)）が，後者と解する立場も民法の寄託関係規定の適用を一般的には肯定していたのであり，したがって，商法は，民法の寄託規定の適用を前提として，若干の特別規定を置いていることとなる。

2　倉庫寄託契約の成立

(1)　**不要式契約**　商法は，契約の成立に一定の方式を要求していないので，要式契約ではないとすることに異論はない（不要式契約）。倉庫寄託約款では寄託申込証の提出を義務づけるのが一般であるが，それがない場合に契約の成立を否定する趣旨とは解されず，かかる約款の存在から直ちに要式契約であるということにはならない。

(2)　**諾成契約か，要物契約か**　諾成契約であれば，物品の保管の承諾によって倉庫寄託契約は成立するが，要物契約とすると，さらに物品の引渡しを受けた時点で契約ははじめて成立し，保管の合意から物品の引渡時までの法律関係は，寄託の予約とされる。要物

契約説は，平成29年債権法改正前の民法の寄託（民657条）は要物契約とされていたから，倉庫寄託契約も寄託の一種であり，他方，商法に諾成契約とする趣旨の規定はないから，要物契約であるとする。しかし民法でも寄託は，諾成契約とされたことから，この見解は成り立たなくなったといってよい。

他方，要物契約説に対する諾成契約説は，倉庫寄託契約の寄託の引受け，すなわち他人のために物品の保管をなすことを引き受けるという法律行為は，物品の引渡しの以前から存在しうる行為であるから，物品の引渡しは要件となっておらず，諾成契約であるとしており，これが通説であった。すなわち諾成契約説では，物品の引渡しは契約成立の要件ではなく，保管義務発生の要件にすぎないが，要物契約説では，契約成立の要件である。また物品の引渡請求の根拠が，諾成契約説ではまさに契約に基づくものとなるが，要物契約説では，予約に基づくものと構成される。いずれにしろ今や民法657条以下の寄託契約の一種としての契約として，諾成契約説で理解すべきことになる。

3 倉庫寄託契約の終了

倉庫寄託契約は，一般の契約終了原因によって終了する場合のほかに，寄託物の返還請求によって終了することがある（民662条1項，商612条）。この点は，後述（Ⅲ1(5)および4，264頁，265頁参照）。

Ⅲ 倉庫営業者の義務

1 保管義務

(1) 意義　倉庫営業者の保管義務とは，当該物品に適した倉庫において物品の保存・管理をなす義務である。

(2) 注意義務の程度　　倉庫営業者が保管義務を履行する場合に「自己の物と同一の注意義務」か，それとも「善良な管理者の注意義務」を要求されるかであるが，もちろん後者の注意義務が要求される（610条）。

(3) 受寄物の付保義務の有無　　倉庫営業者は善良な管理者の注意義務をもって保管義務を履行しなければならないが，受寄物に保険，とくに火災保険を付けなければ，保管義務違反となるか（もちろん付保の合意がない場合，なお倉庫14条参照）。確かに倉庫営業者が予想される危険に対して合理的な範囲内での予防措置を講ずべきことは，保管義務に属する。したがって当該の事案いかんによっては，付保しなかったことが保管義務違反とされることはありえよう（最判昭50・12・8金法779号25頁はその例）。

(4) 受寄物の仮処分を通知する義務の有無　　民法660条1項は，寄託物につき権利を主張する第三者が受寄者に対して訴えを提起しまたは差押えをなしたときは，受寄者は遅滞なくその事実を寄託者に通知しなければならないと定めている。最高裁は，訴えの提起・差押えは例示であって仮差押え・仮処分も含まれるが，ひとたびそれを通知すれば，寄託者はそれに対処できるから，その後の経過まで逐一通知する義務はないとする（最判昭40・10・19民集19巻7号1876頁参照）。

(5) 保管期間　　まず保管期間の定めがあるときは，やむをえない場合を除いてその定めによる（民663条2項）。次に保管期間の定めがないときは，民法の原則によると受寄者は何時にても受寄物の返還ができることになる（民663条1項）が，商法はこれを変更して倉庫営業者は，やむをえない場合を除いて受寄物入庫の日から6か月を経過した後でないとその返還ができないとしている（612条）。

2 倉荷証券交付義務

倉庫営業者には倉荷証券の交付義務が定められている（600条。なお倉庫13条）。

3 寄託物点検・見本摘出等協力義務

倉庫営業者は，寄託者または倉荷証券の所持人が，寄託物の点検もしくは見本の摘出または保存に必要な処置を求めてきた場合，営業時間内は何時でもそれに協力しなければならない（609条）。

4 受寄物返還義務

倉庫営業者は，保管期間の定めがあるときでも，寄託者の請求があれば受寄物を返還する義務がある（民662条1項）。倉荷証券が発行されている場合は，その証券所持人の請求により，その所持人に対してのみ受寄物の返還義務を負い，その証券と引換えでなければ受寄物の返還に応ずる必要はない（613条。また605条・607条参照）。

5 損害賠償義務

(1) **商法610条の意義**　商法610条は，倉庫営業者は受寄物の保管に関し注意を怠らなかったことを証明しなければその滅失・損傷についての損害賠償責任を免れないと規定している。この規定の意義について通説は，民法の債務不履行による損害賠償責任の一般原則（債務者が無過失の立証責任を負う，すなわち過失の挙証責任が債権者から債務者へ転換された過失責任原則）および履行補助者の行為による責任原則をあらわしたもので，商法610条は民法の原則と異なるものではないとしている。もっとも問題は，民法の履行補助者の行為による責任の内容をどう考えるべきかである。

(2) **損害賠償請求権者**　寄託者または倉荷証券所持人が，損害

図 12　倉庫契約の損害賠償請求権者

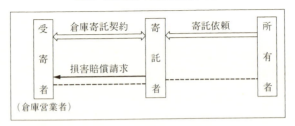

賠償請求権者となる。ところで寄託者が受寄物の所有者でない場合でも、倉庫営業者に対して損害賠償責任を追及することができるか。判例は、受寄者の寄託者に対する寄託物返還義務が受寄者の責に帰すべき事由によって履行不能となった場合には、受寄者は、寄託者が寄託物の所有権を有すると否とを問わず、寄託物の価格に相当する金額を寄託者に対し賠償すべきであり、寄託者が寄託物の所有権を有しない場合でも、寄託者が所有者に対し損害の賠償をした後に初めて受寄者は寄託者に対し賠償責任を負うことになるものではないのが原則としている（図12。最判昭42・11・17判時509号63頁〔百選105〕、さらに最判昭53・4・20民集32巻3号670頁〔百選95〕も参照）。

(3) 損害賠償の範囲　運送人の場合のような特則（576条・577条）はない。したがって、特約がない限り、民法の債務不履行責任の一般原則によって損害賠償の範囲は決定される。

(4) 責任の特別消滅事由・短期時効　倉庫営業者の寄託物の一部滅失・損傷の責任の特別な消滅事由は、運送人の場合とは異なり、異議をとどめない受取りのみならず保管料を支払ったことも必要である（616条）。また悪意があった場合を除いて短期時効が認められる。すなわち、寄託物の滅失・損傷の責任は、出庫の日（寄託物の全部滅失の場合には、出庫の日がないので、倉庫営業者が証券所持人ないし寄託者に滅失の通知を発した日）から1年を経過したときに時効に

よって消滅する（617条）。ただし倉庫営業者に悪意がある場合は、民法の原則に戻り権利を行使することができることを知った時から5年、権利を行使できる時から10年の消滅時効となる（民166条1項）。

IV 倉庫営業者の権利

1 保管料・費用請求権

(1) 意義　倉庫営業者は、とくに無償寄託の引受けをした場合のほか、相当の保管料および立替金その他寄託物に関する費用を請求できる（611条）。保管料等の支払請求時期は、受寄物の出庫の時以後であるが（611条本文）、保管期間が満了した後は、直ちに保管料の請求ができる。また保管期間経過前に倉庫寄託契約が終了した場合（Ⅲ1(5)、4、264頁、265頁参照）および一部出庫の場合（611条・614条）には、その割合に応じた保管料（割合保管料）の請求ができる（611条ただし書）。

(2) **倉荷証券発行の場合の保管料支払義務者**　倉荷証券が発行されていない場合は、倉庫寄託契約の債務者である寄託者が支払義務者であるが、倉荷証券が発行された場合は、寄託者と寄託物引渡請求権者とが異なることになるので、どちらが保管料支払義務者かが問題となる。この場合、倉庫営業者と証券所持人との間に保管料支払の特約があれば問題はない。かかる特約がない場合にどうなるかが、ここでの問題である。

学説は、一般に証券所持人の支払義務を肯定しようとするが、その理論構成は分かれる。第1の考え方は、商法581条3項の趣旨の類推適用によるとする。第2は、証券の譲受人は、常に保管料等の支払をする意思でこれを譲り受け、そこに債務引受けがあるとする

立場である。この第2の立場が、多数説である。倉荷証券に証券所持人が保管料支払義務を負うとの記載がある場合は、その記載の効力として当然に証券所持人に義務を課すことはできないが、所持人がその支払債務を引き受けるとの意思の存在を認定しやすくさせる。判例は、かかる場合には特段の事由のない限り各当事者間に、その所持人が記載文言に従い支払債務を引き受ける意思の合致があるとしている（最判昭32・2・19民集11巻2号295頁〔百選107〕参照）。

2 留置権・先取特権

倉庫営業者の債権についての担保物権、特別の定めはないから、民商法の一般規定による留置権（民295条、商521条）および動産保存の先取特権（民320条）のほか、寄託物競売の場合の競売代金の優先弁済受領権（商615条・524条）が認められる。まず留置権については、民法上のものは、被担保債権と物品との牽連性を要件とする点、商法上のものについては、債務者の所有を要件とする点で、問題がある。また先取特権については、報酬である保管料が「保存費」に含まれないとするのが多数説であり、運送取扱取引・運送取引の場合に比して倉庫営業者の留置権・先取特権による保護は、必ずしも十分ではない。

3 供託権・競売権

倉庫営業者は、保管期間が満了した場合に、受寄物を引き渡す権利があるので、その際に引き取られない受寄物についての供託権・競売権が認められる（615条・524条1項2項）。

V 倉荷証券

1 意　義

(1) **倉庫証券に関する立法主義**　寄託物の返還請求権を表章する有価証券を総称して倉庫証券という。比較法的にみると，倉庫証券としていかなる証券を認めるかは，立法例が分かれる（単券主義，複券主義，併用主義）が，わが国の商法は，単券としての倉荷証券と複券としての預証券・質入証券を併用し，その選択を認めていた（併用主義）が，複券の利用がないことから，平成 30 年商法改正により単券主義を採用するようになった。

(2) **倉庫証券の役割**　これら倉庫証券が認められるのは，寄託中とのゆえをもって当該物品の売買・担保等に支障をきたさないためである。この点，物品が運送中であることから生ずる障害を克服する役割を果たす運送証券と同様の機能をもつものであって，両証券は，その法的性質・効力を基本的に同じくする。したがって倉庫証券の有価証券性（600 条から 609 条など），債権的効力（604 条），物権的効力（607 条）に関する法律問題は，運送証券に関する検討が妥当するので，ここでは，くり返さないこととする（第 3 章 V 2 ないし 4，250 頁以下参照）。また運送取引の場合と同じく，実際界では荷渡指図書が利用されることがある。

2 種類・機能

(1) **沿革**　旧商法は，単券主義をとっていたが，明治 32 年の商法から複券主義がとられるようになった。しかし実際界はこれに慣れず，また銀行が質入証券に対して金融の便宜を供与しなかったため，明治 44 年の改正で併用主義をとるにいたった。単券主義は，

倉庫証券として受寄物につき単一の証券の発行のみしか認めない（ドイツ，アメリカ等）ので，倉庫寄託中の物品の譲渡・質入れとも，すべて一枚の証券によって行われることになる。したがって，いったん受寄物を質入れのため証券を交付すると，今後は譲渡の際に困難が生ずる点が，不便となる。これに対して複券主義は，受寄物の所有権の譲渡については預証券を，また質入れのためには質入証券をと，それぞれ別個の証券の発行を認める（フランス，イタリア等）ので，単券主義の前述の不便は除去されるが，法律関係が複雑化する。わが国は，この両者の選択を認めていたが，実際界では，預証券・質入証券の複券はほとんど利用されていなかったので，前述の通り，平成30年商法改正で単券である倉荷証券のみになった。

(2) 倉荷証券　　倉荷証券は，単券であり，単独に寄託物の返還請求権を表章する有価証券である。したがって基本的には，その法律関係は有価証券である運送証券の場合と同一に処理される。ただ倉荷証券によって寄託物の質入れをした場合には，証券を所持しない寄託者の便宜をはかった一部出庫の規定が設けられている（614条）。

第6章 場屋取引

I 場屋取引の意義

　商法は，客の来集を目的とする場屋の取引を営業的商行為の一つとしており（502条7号），場屋取引について，596条ないし598条の3か条の規定をおいている。もっとも，この3か条の規定は，場屋取引の全般について規定するものではなく，場屋内での客の荷物の滅失または損傷についての場屋営業者の責任についてのみ規定するにとどまる。取引全般について規定をおかなかったのは，場屋取引といっても，商法（596条）の例示する旅館，飲食店，浴場のほか，劇場，風俗営業店など様々な種類があり，それぞれにおける取引には全く異なる性格の側面があることから，一般的な規定をおくことが困難と考えられるからである。ただ，場屋営業においては，多数の客が出入り・滞在するのであり，その間の客の荷物についての事故に対して場屋営業者にいかなる責任を課すのが適当であるかという問題は共通して存在するので，商法はその側面についてのみ規定したのである。なお，場屋営業については，旅館業法，公衆浴場法，興行場法など営業の行政的規制に関する法律がある。

Ⅱ 客の荷物についての場屋営業者の責任

1 寄託を受けた荷物に関する責任

　客から寄託を受けた物品の滅失または損傷については，場屋営業者は不可抗力によるものであることを証明しなければ損害賠償責任を免れることができない（596条1項）。一般に商人が営業の範囲内において寄託を受けたときは報酬を受けるか否かにかかわらず善管注意義務を負い（595条），過失による義務違反について損害賠償責任を負うが，場屋営業者は寄託を受けた以上不可抗力によることを証明しなければ免責されないという意味で，場屋営業者の責任は強化されていることになる。このような責任の強化は，旅店主が盗賊と結託して客の荷物を奪うことの多かったローマ時代に，客の荷物の安全を図ることを目的として認められた厳格な責任としての旅店主のレセプツム責任を継受したものといわれている。

　不可抗力の意味については，特定事業の外部から発生したできごとで，通常必要とされる予防方法を尽くしてもなお防止できない危害の意味であると解するのが通説である。これによれば，過失責任よりは厳格であるが，無過失責任ないし結果責任よりは緩和された責任であることになる。

2 寄託を受けない荷物に関する責任

　客がとくに寄託しなくとも，場屋の中に客が携帯した物品が，場屋営業者が注意を怠ったことによって滅失または損傷したときは，場屋営業者は損害賠償責任を負う（596条2項）。物品について寄託契約は成立していないので，場屋営業者は契約上の責任を本来負うものではなく，また，不法行為責任も当然には発生しないが，場屋

営業者と客との間の特殊な関係に基づき法律が特別に認めた責任である。客の側に，場屋営業者の不注意（過失による善管注意義務違反のことであるとされる）についての立証責任があるので，その点では不法行為責任に類似している。場屋営業者の使用人は，場屋営業者の履行補助者であり，使用人の不注意についても，場屋営業者は責任を負う。

3 高価品に関する責任

貨幣・有価証券その他の高価品については，客がその種類および価額を通知して場屋営業者に寄託した場合を除き，場屋営業者は滅失または損傷についての損害賠償責任を負わない（597条）。規定の趣旨などについては運送人の責任に関する577条についていわれたところと同様に考えればよい（第3章Ⅲ1(4)(ア)，239頁参照）。

4 約款による免責の可能性と客の保護

1および2で述べられた596条の規定は強行規定ではないので，場屋営業者の責任を免れさせ，または，制限する特約を結ぶことが可能である。ただし，客が場屋の中に携帯した物品につき責任を負わない旨を表示したときであっても，場屋営業者は責任を免れないものとしている（596条3項）。実際には，ホテル・旅館などでは，宿泊約款・利用規則において寄託された物品についてしか責任を負わない旨あるいは寄託されない物品については低額の責任限度額の範囲内でのみ責任を負うと規定されるのが通例であるが，それだけで特約の成立を認めてよいかは問題である。また，596条2項の規定では，客が場屋営業者の側の過失についての立証責任を負うが，過失の立証は困難なことが多く，客の救済としては十分とはいえない。

宿泊客がホテル内に持ち込んだ物品，現金および貴重品でフロントに預けなかったものについて，ホテルの故意または過失により滅失または損傷等の損害が生じたときは，ホテルは予め種類および価額の通知がなかったときは15万円を限度として損害を賠償する旨の約款がある場合において，ホテル側の重大な過失がある場合にも15万円の限度額の適用があるか否かという争点について，最判平15・2・28（判時1829号151頁〔百選108〕）は，ホテル側に重大な過失がある場合にも責任を制限することは著しく衡平を害し当事者の通常の意思に合致しないから，重大な過失がある場合には上記約款の適用はないとし，約款の制限的な解釈をしている。当該事案は，宿泊客が価額等を通知せずにベルボーイに貴重品を預けたところ，当該物品が滅失したというもので，宿泊客は不法行為を理由にホテルに対して損害賠償責任を追及しているが，同判決は，請求権競合問題について言及することなく，不法行為責任にも上記約款の適用があることを当然の前提としているので，この約款に関する限りでは，請求権競合説をもはや採用していないとみてよい。

5　責任の消滅

場屋営業者の責任に係る債権は，同人が寄託を受けた物品を返還し，または，客が場屋の中に携帯した物品を持ち去った時（物品の全部滅失の場合にあっては，客が場屋を去った時）から1年間行使しないときは，時効により消滅する（598条1項）。場屋営業者に滅失または損傷につき悪意があった場合には以上のような特別の時効の規定は適用されない（同条2項。場屋営業者の使用人に悪意がある場合も含むと解されている）。

第7章 金融取引

I 交互計算

1 交互計算の意義

たとえばAとBとの間に，互いに債権債務が発生する平常取引関係がある場合において，個々の債権債務ごとに履行期が到来する都度履行するのではなく，一定期間の終了後に互いの債権債務のうち対当額を一括して相殺し，残った差額についてのみ債務の現実の履行をすることとしたのが交互計算の制度である。少なくとも一方当事者が商人である交互計算について商法529条以下が規定する。

2 交互計算の担保的機能

交互計算により，個別の債権債務の決済の手間が省けることになるが，商法はさらにA・Bともに交互計算に組み込まれた相手方に対する債権の満足が得られるように配慮している。すなわち，交互計算契約が締結されると一定期間内に生じた債権債務は期末の一括相殺まで支払猶予の効果が生じるとともに，そのような個々の債権債務については譲渡・差押えが禁止される（商法529条はこのような内容を規定したものと解釈される。大判昭11・3・11民集15巻320頁〔百選80〕はこれを確認する）。これを交互計算不可分の原則というが，その結果，互いに債権債務のうち対当額については他の債権者に優先して満足を得ることができる。これを交互計算の担保的機能とい

う。

なお、このような商法の規定する交互計算を古典的交互計算といい、これに対して銀行の当座勘定契約のごとく、期末の一括決済によるのでなく、預入れ、払出しのような個々の行為ごとに残額を差引計算により算出し、残額についての債権のみが存続するものとする方式の交互計算もあり、段階的交互計算とよばれる。段階的交互計算に対しては交互計算不可分の原則は妥当しない。

3　交互計算の法律関係

手形その他の商業証券から生じた債権および債務を交互計算に組み入れた場合において、その商業証券の債務者が弁済をしないときは、当事者は、その債務に関する項目（当該商業証券授受の対価である債務をいい、手形割引代金債務のごときがこれに当たる）を交互計算から除外することができる（530条）。手形に基づく遡求権など証券上の債権は提示証券性により交互計算に組み入れられないことから、証券授受の対価である債務のみが交互計算に組み入れられることによる不公平を解消する趣旨である。

当事者が相殺をすべき期間を定めなかったときは、その期間は6か月とされる（531条）。当事者は、債権および債務の各項目を記載した計算書の承認をしたときは、当該計算書の記載に錯誤または脱漏があったときを除き、当該各項目について異議を述べることができなくなり（532条）、債権・債務関係が確定する。相殺によって生じた残額については、債権者は、計算の閉鎖の日以後の法定利息を請求することができる（533条1項）。もっとも、当該相殺に係る債権および債務の各項目を交互計算に組み入れた日からこれに利息を付することを妨げない（533条2項）。各当事者は、いつでも交互計算の解除をすることができ、この場合において、交互計算の解除を

したときは，直ちに，計算を閉鎖して，残額の支払を請求することができる（534条）。当事者の一方について破産手続開始決定がされたときにも，交互計算は終了し，各当事者は，計算を閉鎖して，残額の支払を請求することができ，この請求権を破産者が有するときは破産財団に属し，相手方が有するときは破産債権となる（破59条1項2項）。

4 交互計算以外の支払決済の仕組み

互いに債権債務が発生する継続的な取引関係にある者の間で確実な決済をする手段として，オブリゲーション・ネッティングという仕組みがある。この仕組みでは，履行期が同じ債権債務が発生する都度対当額を相殺し，残額のみの債権を残すこととなる。これにより未履行の債権が必要最小限にとどまり，債権回収のリスクを小さくすることができる。このネッティングの法的性質については，わが国では段階的交互計算であるとされている。

金融機関等の間で行われるデリバティブ取引については，このオブリゲーション・ネッティングに加えて，一方当事者に破産等の法定倒産手続開始の申立てがあったときは，当事者間に存在する履行期が異なるすべてのデリバティブ取引を終了させ，その時点での相場により債権債務を確定させ，対当額を相殺決済し，残額の債権のみを残す一括清算とよばれる清算をすることとしている。これをクローズド・アウト・ネッティングという。このような約定による一括清算を破産手続等の法的倒産手続においても他の債権者に主張することができるかどうかについては，一般には倒産手続開始の申立てがあったことを契約終了事由として倒産手続上有利な立場に立つことを目的とする約定の効力について疑問があったことから，「金融機関等が行う特定金融取引の一括清算に関する法律」という特別

第3編　企業取引　　第7章　金融取引

図13　清算機関による清算の仕組み

法が制定されており，同法3条では，対当額を相殺した後の残額だけの債権が存在するものとして倒産手続が進められることとしている（破産法上，同様の効果は，市場の相場がある商品の取引にかかる契約についても認められている。破58条5項）。

　支払決済を確実に行うための他の仕組みとして，清算機関による清算の仕組みがある。基本的な仕組みは，図13のようなものであり，①のようにAが証券をBに売り付ける契約を締結したとすると，これを②のようにAとBの間に清算機関Xを介在させ，AとBとの間の契約がAとXとの間の契約とXとBとの間の2つの契約に置き換えられる。Xがこのような立場に立つことの根拠については，わが国では図のような債務引受けとされるのが通例である。このような契約の置換えにより，置換え前は，AとBは相互に相手方が倒産により債権の回収不能となるリスクを有するのに対して，置換え後は，AとBの倒産による債権の回収不能となるリスクはXが負担することになり，AとBはリスクから解放される。

　以上のネッティング，一括清算および清算機関による清算の仕組みを，多数当事者間における債権債務の決済にも利用して，決済のリスクを小さくすることができる。この場合の清算機関をセントラ

図14　清算機関によるマルチラテラル・ネッティング

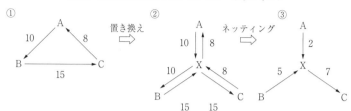

ル・カウンターパーティー（central counter party: CCP）という。図14①のように3当事者間に支払が必要な取引があるとすると、②のように清算機関との間の取引に置き換えたうえ、清算機関と各当事者との間でネッティングを行うと③のように決済の関係が単純化されて、各当事者はリスクから解放され、各当事者のいずれかが倒産すると上記の一括清算がここでも行われ、その結果としての損失は清算機関が負担することになる（清算機関による一括清算の効力を倒産手続においても対抗できることを定める規定の例として金商156条の11の2がある）。清算機関は、これによる損失は、清算に参加する当事者に広く分散して負担させることなる。

このような仕組みは、銀行間の為替取引のための資金決済、証券の売買取引、デリバティブ取引などの取引において行われている。

II　匿名組合

1　匿名組合の意義

営業をなす商人Aの営業のためにBが出資をし、Aはその営業から生ずる利益をBに対して分配することを約する仕組みとして匿名組合契約がある（535条）。商法は、契約当事者であるAを営業者、Bを匿名組合員とよんでいる。以下に見るように法規制は緩

やかであり，そのことから詐欺的な投資取引の手段ともなりうるものであるが，信用のおける営業者への投資であれば問題はなく，会社や信託などと並んで他人から事業資金の投資を受けるための受け皿の一つとしての意味があり，税務上のメリットその他の観点から選択されることがある（具体例として，東京地判平7・3・28判時1557号104頁）。

2 匿名組合の法律関係

匿名組合員は営業者に対して出資をするが，この出資は，両者の間の債権的な関係にすぎず，対外的には，匿名組合員の出資した財産は営業者のみに帰属し（536条1項），匿名「組合」という名称にもかかわらず，民法上の組合とは異なり，営業者が単独の営業主体となるのであり，営業者・匿名組合員の共同事業となるものではない。匿名組合員は，金銭その他の財産のみをその出資の目的とすることができ（536条2項），営業者の業務を執行し，または営業者を代表することができない（536条3項）。したがって，第三者との間では営業者のみが契約の当事者となり，匿名組合員は第三者に対して直接権利義務関係に立つことはなく（536条4項），責任も負わない。例外として，匿名組合員が自己の氏・氏名または商号を営業者の商号に用いることを許諾したときは，その使用以後に生じた債務について，営業者と連帯して弁済する義務を負う（537条）。

営業者は，匿名組合員に対して，善管注意義務に従い営業をすることを要する。営業者が自己の関係者が役員を務める会社に営業財産を出資する場合には，匿名組合員と営業者との間に利益相反関係があるので，匿名組合員の承諾なくこれを行う営業者は善管注意義務に違反するものとして，匿名組合員に対して損害賠償責任を負うものとされる（最判平28・9・6判時2327号82頁）。

営業者の事業により利益が生じた場合には営業者は匿名組合員に対して契約で定めた割合に従い分配する義務を負う。これに対して, 損失が生じた場合には, 契約において匿名組合員は利益分配の割合にしたがって損失を負担する義務が約定されるのが通例である（出資が損失によって減少したときは, その損失をてん補した後でなければ, 匿名組合員は, 利益の配当を請求することができないとする538条は匿名組合員が損失負担義務を負うことがあることを間接的に認めている）。この損失負担義務による損失の最大限度は出資額であるから, 匿名組合員は出資額を限度額とする有限責任を負うことになる。営業者は営業主体として無限責任を負うから, 匿名組合は経済的には合資会社にきわめて近い機能を果たす仕組みであるということができる。このことを反映して, 匿名組合員は, 利益の分配を請求する権利を有するほか, 合資会社の有限責任社員と同様に, 営業者の営業に対する監視のために, 営業者の貸借対照表の閲覧請求権ならびに業務および財産の状況の検査権を有するものとされる（539条）。

匿名組合契約が契約当事者の解除その他の事由により（540条・541条参照）終了したときは, 営業者は匿名組合員に対して出資の価額を返還しなければならず, 損失負担により出資が減少したときはその残額を返還する（542条）。

III　リース取引

1　リース取引の仕組み

リースにはオペレーティング・リースとファイナンス・リースがあるが, オペレーティング・リースは本質的には賃貸借そのものであり, 金融取引の一種としてのリースという場合には, ファイナンス・リースのみをさすのが通例である。

図15　リース契約の仕組

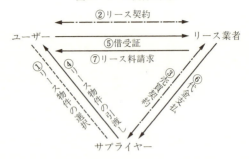

　ファイナンス・リースの典型的な仕組みは次のようなものである（図15参照）。まず，ある物をリースしたい者（ユーザーという）が，その物を販売している者（サプライヤーという）との間でリースにより調達する旨の交渉をまとめる。サプライヤーまたはユーザーは，これをリース業者に伝達し，リース業者はユーザーの信用を調査したうえ適当であると認めると，ユーザーとの間でリース契約を締結するとともに，リース業者とサプライヤーとの間でリース物件の売買契約が締結される。サプライヤーは，直接リース物件をユーザーに引き渡し，ユーザーが受領して検収のうえ借受証をリース業者に交付すると，リース業者はサプライヤーに対してリース物件の代金を一括して支払う。この後リース業者はリース契約の定めるところに従い，ユーザーに対してリース期間中定期的にリース料の支払を請求する。リース期間が終了すると，リース物件はリース業者に返還されることも，あるいは，かなり低いリース料で再度リース契約が結ばれることもある。

　このような取引により，ユーザーは，営業設備を分割払の形で導入することができ，しかも，リース料はリース物件の利用による収益から捻出することが可能となる。さらに，リース取引が今日のよ

うに普及したのは、それが法律形式的には賃貸借の形をとることから、リース料は賃料であり、税法上必要経費として所得から控除でき、それが、物件を売買により取得したうえ減価償却するよりもはるかに有利であることによる（リース期間を税法上の減価償却の基礎とされる法定耐用年数よりも短かくすることにより必要経費の額を減価償却額よりも大きくすることができ、早期の償却が可能となる）。もっとも、税務当局は、リース期間が短かすぎることを制限することなど、リースによるこのようなメリットを受けることのできる要件を通達により制限している。

2 リース取引の法的性質

(1) **リース取引の法的性質**　リース契約は、法形式上は、賃貸借契約である。しかし、上記の説明からもわかるように、実質的には金融の手段であって、賃貸借契約の法理をそのまま適用することは適当でない。このことから、たとえば、リース業者には、ユーザーに対するリース物件の引渡義務は存しないとか、リース業者はリース物件についてユーザーに対して契約内容への不適合についての責任を負わないという主張が導かれる。しかし、リース契約を金融取引としてのみ把握する考え方にも問題がある。リース契約においては、目的物件の使用と金融とが密接不可分の関係にあるのであり、そのことをふまえて関係当事者の諸利益を比較考量したうえバランスのとれた解決がなされなければならない。以下では、このような観点から若干の具体的問題について考える。

(2) **リース業者の物件引渡義務とユーザーのリース料支払義務**

金融の性格を有するとはいえ、物件の使用こそがユーザーにとっては本質的目的なのであり、リース業者の引渡義務は肯定されるべきである。したがって、物件が引き渡されなければ、ユーザーのリ

ース料支払債務は具体化しない。ユーザーからリース業者への借受証の交付は，物件の引渡しを確認してリース料支払義務を具体化する機能を果たす。ユーザーが物件をサプライヤーから受領しないのに借受証がリース業者へ交付されることがあるが，この場合には，リース業者も引渡しがないことについて悪意でない限り，ユーザーはリース料支払債務の履行を義務づけられると解される（民93条1項ただし書の準用ないし類推による）。

(3) **品質に関するリース業者の担保責任**　リース契約の約款においては，リース業者は物件の品質に関して契約の内容に適合しないことについての責任を負わず，ただ，サプライヤーに対する損害賠償請求権その他の権利をユーザーに対して譲渡するという規定がおかれるのが通例である。リースを金融取引として把握することとともに，比較衡量の問題としても，ユーザー自身がサプライヤーを選択したのであり，リース業者は物件の選択には関与していないこと，リース業者には物件に対する知識・修理能力等がないこと，損害賠償請求権等の譲渡によりユーザーの救済が図られうることなどからこの約款条項も有効であるとされる（消費者契約法上もユーザーがサプライヤーに対して損害賠償請求等をすることができることとされている限りで有効とされる。消費契約8条2項2号）。事実関係によっては，サプライヤーのユーザーに対する黙示の損害担保契約が存在すると認められることもある（最判昭56・4・9判時1003号89頁〔百選76〕参照）。

★　(4) **リース料の性質と中途解消**　リース料は，賃貸借契約における賃料が目的物の使用収益の対価であるのとは異なり，リース業者がユーザーに対して与えている金融の対価であるとされ（リース業者は物件購入代金を既にサプライヤーに一括して支払済みである），具体的には，リース業者が支出する経費（物件購入価格から残存価格を控

除した額＋金利＋固定資産税＋保険料＋販売管理費）に利益を加えた額をリース期間で分割することにより算定される。リース業者はこれだけの金額を回収する必要があり，たとえば，ユーザーがリース期間の中途で契約を解除してリース料支払債務を免れることを許さない。実質的な金融であるという性格からこのことは当然であるとされる。また，ユーザーの責に帰すことのできない事由によるリース物件の滅失の場合にも賃貸借契約における危険負担の一般原則とは異なり，ユーザーは所定の規定損害金（概ね残リース料から約定のリース期間終了までの中間利息を控除した額となっている）を支払わなければならないとされる（ただし，リース業者の付した損害保険契約による保険金がその支払に充当される）。

　また，金融的性格ということから，ユーザーがリース料支払債務につき債務不履行に陥った場合には，リース業者は，残リース料をただちに全額請求する。そのために，残リース料全額についての期限の利益の喪失，リース業者の契約解除と損害賠償請求（残リース料相当額），リース物件の引揚げ請求等の手段が約款において規定されている。もっとも，残リース料全額の請求とともに物件の引揚げを行う場合には，物件の引揚げによりリース業者が得た利益はユーザーに返還されなければリース業者は不当に利得することになる。そこで，判例も（最判昭57・10・19民集36巻10号2130頁〔百選77〕），引揚げによりリース業者が得た利益は残リース料の請求に際して清算されなければならないとし，その際の清算の対象となるのは，リース物件が返還時において有した価値と本来のリース期間の満了時において有すべき残存価値との差額であるとする。そして，具体的な清算金額の算定には，返還時とリース期間の満了時とにおけるリース物件の交換価値を確定することが必要であるとする。

　(5)　ユーザーの倒産とリース業者の権利　　ユーザーが倒産した

場合にリース業者のリース料請求権が倒産手続上どのような扱いを受けるかが問題となる。最も切実な問題となるのは、会社更生手続においてであって、学説には、リース契約の賃貸借契約的側面を重視して、会社更生手続開始後もリース契約が継続される場合には、リース料債権に対して、会社更生法の双方未履行双務契約の規定（会更61条4項）を適用し、リース料債権は共益債権として優先的な弁済を受けることができるとする見解がある。しかし、判例は、フル・ペイアウト方式のリース契約（リース期間満了時にリース物件に残存価値はないものと見て、リース業者が投下資本の全額を回収できるようにリース料が計算されているもの）は、金融取引の性格をもち、毎期のリース料と物件の使用が対価関係に立つものではなく、会社更生手続の開始決定の時において未払のリース料債権は期限未到来のものも含めてその全額が会社更生手続開始前の原因に基づいて生じた債権として更生債権になるにすぎないとする（最判平7・4・14民集49巻4号1063頁〔百選78〕）。リース契約の金融取引性を理由とする限り、この判例は、フル・ペイアウト方式のリース契約にのみ妥当するものと解すべきではない。リース物件はリース料債権の担保としての性格を有するので、リース物件で担保される範囲においては、リース業者を更生担保権者として扱うべきであるとする見解も有力である。

　ユーザーについて民事再生手続が開始された場合についても、民事再生手続が再建型の倒産手続であるから上記の会社更生手続と同様に、未払リース料債権は再生債権となると考えられる。そこで、リース業者が、ユーザーについて民事再生手続を含む倒産手続開始の申立てがあったときは、リース業者は催告をしないでリース契約を解除することができる旨の特約をし、リース物件の返還を受けようとしたが、判例（最判平20・12・16民集62巻10号2561頁）は、上

記特約は担保の意味があるリース物件を民事再生手続開始前に債務者の責任財産から逸出させ，民事再生手続の中で債務者の事業におけるリース物件の必要性に応じた対応をする機会を失わせるものであり，民事再生手続の趣旨，目的に反し無効であるとした。リース業者はリース物件について担保権を有するものと扱われ，民事再生手続では，別除権として扱われることになる（民再53条）。

第8章 証券取引

I 金融商品取引法

　消費者や企業が株式や社債などの証券に投資しようとする場合には，証券会社から証券を買い付けたり，証券会社に第三者からの証券の買付を委託することが原則となる。証券会社のこのような営業行為は，売買や売買の代理，媒介，取次ぎといった本書でも解説した民商法の諸制度を通じて行われることが多い。しかし，証券会社の営業については，顧客である投資家の保護のためにさらに法規制が必要となり，また上場証券の売買が行われる証券取引所についても公正な市場取引が行われるようにするための法規制が必要となる。平成18年までは，このような証券会社や証券取引所に関する法規制は，証券取引法が規定するところとなっていた。しかし，証券取引法は，その法規制の適用対象を株式や社債などの限られた種類の証券に関するサービスに限定してきたことから，次々と新しく生み出される投資対象やサービスについては投資家保護のための法規制が存在しないか，あるいは存在していても各投資対象やサービスごとに別々の法規制が行われ，それらの間に整合性が欠けることが問題となってきた。平成18年には，このような問題意識から，幅広い投資対象としての金融商品とそれにかかる様々なサービス業である金融商品取引業（金商2条8項・28条）を包括的一元的に規制するという理念のもとに，証券取引法は金融商品取引法（以下，金商法

という)に題名が改められるとともに,規定内容も抜本的に改正された。金商法は膨大な規定内容をもった法律であるので,その全貌は別の専門書で学習する必要があるが,本章では,金商法の規制の中でも本書との関係で最も重要性をもつ各種の証券に関連する取引の規制について解説することとする。

以下では,主として,投資家が証券会社を介して,証券取引を行う場合に即して説明するが,金商法上は,証券会社は金融商品取引業者に,証券取引所は金融商品取引所に当たるものであることを念頭において法文を参照されたい。

II 証券取引所における売買

証券取引所が開設する取引所市場では,取引資格を有する者が集団的に売買等の取引を行い,それにより相場が形成される。取引資格を有しない投資家は取引資格を有する者に委託して売買等の取引を行うことになる。これに対して,店頭市場は,証券会社の店頭において証券会社と顧客との間において,相対で売買等の取引が行われ,それを通じて相場が形成される市場である。本章では,取引所市場を念頭において解説する。

取引所市場は証券の流通性を確保するとともに相場を形成するという機能を果たすことから,市場を開設する証券取引所の活動には公益性が強く認められる。そこで,証券取引所は非営利会員制の法人として,かつ,内閣総理大臣の免許を得てのみ設立しうるものとされてきた。しかし,国内外での証券市場間の競争の激化を背景として会員制の証券取引所を株式会社形態に組織変更する動きがあり,平成12年以来,証券取引所は,従前からあった会員制である証券会員制法人(金商88条～100条の25)のほかに株式会社形態のもの

表 8 証券取引所における売買取引の種類

普通取引……………売買契約締結日から 4 日目に決済で,これが原則
当日決済取引………売買契約締結当日に決済
発行日決済取引……有償株主割当増資による新株発行等の手続が進行中の新株式の取引
株式発行までの期間に売買が行われ,取引最終日から 4 日目に一斉に決済

(金商 103 条〜109 条) も認められることとなった (金商 83 条の 2)。いずれも取引所市場の開設については,内閣総理大臣の免許を受けることを要する (金商 80 条〜83 条)。また,証券取引所として開設する取引所市場の公共性に鑑み,内閣総理大臣の継続的な監督を受ける。証券取引所は,証券の上場などその開設する市場における売買取引等に関し,公正を確保するための自主規制を行う。

証券取引所は証券の売買取引等のための市場を開設するが,会員制の証券取引所では,売買取引等には会員たる証券会社のほか特に取引資格を認められた者のみが参加でき,また株式会社形態の証券取引所でも実質的に同様の取引資格制限がある (金商 111 条〜113 条)。そこで,取引資格のない投資家が証券取引所を通じて有価証券の売買取引をするには,取引資格のある証券会社に売買の取次ぎを委託しなければならない。

証券取引所における売買取引の方法には決済期日の如何により表のような 3 種類がある (表 8 参照)。売買は基本的に価格優先の原則および時間優先の原則に従った競争売買により行われる。売買の決済 (証券の受渡しおよび代金の支払) は,証券取引所を通じて集中的に行われ,個々の売買当事者間の個別的な決済は例外的にのみ行われる (現在では社債,株式等の振替に関する法律に基づく振替機関における口座振替による決済が行われている)。

III 証券取引所における売買の委託

1 総　説

　証券取引所における証券の売買については前述のように取引資格が限定されているから，資格のない者が証券取引所において売買をするには，資格のある証券会社に対して売買の取次ぎを委託しなければならない。委託の内容は，売買を証券会社の名において，しかし，委託者の計算においてすることであり，証券会社はこれにより，自己の名において他人のために物品の販売または買入れをすることを業とすることになるので，商法上の問屋（といや）に該当する。したがって，証券会社と委託者の間の法律関係には，商法の問屋に関する規定（551条以下）が適用されるが，金商法にはその特則がある。

　なお，証券会社は証券の売買の取次ぎのみならず，売買の媒介および代理，さらには自ら売買をすることも業務とすることができる（金商2条8項9項・28条参照）。したがって，顧客と証券会社の関係も上記のいずれの業務として行われるかに左右されるが，いずれの態様の取引を行う場合も，証券会社並びにその役員および使用人は，顧客に対して誠実かつ公正に，その業務を遂行しなければならない（金商36条）。また，金商法は，証券会社は顧客から注文を受けたときには，いずれの態様で取引をするかを顧客に対して明らかにすべきものとしている（金商37条の2）。

2　委託契約の勧誘・成立

(1) **委託契約の勧誘**　商法は問屋が委託契約を勧誘することについて何ら規定していないが，委託契約の勧誘にとどまらず証券取

引の勧誘一般においては様々な不正行為が行われやすいので、金商法はこれを規制している。すなわち、断定的判断の提供や不実の表示による勧誘等が禁止される（金商38条等）。これらの規制は、高度に不当な投資勧誘についての取締りの色彩を強く帯びるが、委託者の利益を十分守るためには、さらに当該委託を受ける証券の売買が委託者の財産状態、投資経験等に照らしてみて当該委託者に適合するものであることが必要であるとされ、証券会社は専門家としてそのような証券の委託者への適合を配慮することを義務づけられるという考え方がある。これを適合性の原則といい、金商法では、証券会社は、有価証券の売買の委託等について、顧客の知識、経験、財産の状況および契約を締結する目的に照らして不適当と認められる勧誘を行って投資者の保護に欠けることとなっており、または欠けることとなるおそれがあることのないように業務を営まなければならないものとしている（金商40条1号）。さらに、証券会社の構成する協会の自主規制として、証券会社は、顧客に関するデータを記録しなければならないとともに、当該顧客に不適合な過当な数量の証券の取得を勧誘したり、投資の経験のない顧客に対して、信用取引など危険性の高い取引の勧誘をすることは禁止されるとして具体化されている。

　金商法の禁止する断定的判断の提供や不実表示等を伴う勧誘、あるいは適合性の原則に違反する勧誘による委託契約その他の証券取引にかかる契約も、そのことを理由として私法上無効となるものではない。しかし、投資対象としてはきわめてハイリスク・ハイリターンの性質をもつワラント（現在の新株予約権証券に相当する）を、その証券としての仕組みや損失を生じる危険性が高いことの説明なく販売したり、必ず儲かるといった断定的判断を提供して販売し、それが投資勧誘として社会的に相当とされる範囲を逸脱した場合に

は，私法上も違法と評価され，証券会社および外務員は不法行為責任を負うものとする判例が確立している（一例として，東京高判平 7・3・30 判タ 885 号 216 頁，東京高判平 9・7・10 判タ 984 号 201 頁〔百選 88〕）。判例では，金商法の規定や協会の自主規制に対する違反も私法上の違法性を導く重要な要素とされているが，それが絶対的な要素ではなく，ワラントのような証券については危険性の高さ等についての説明義務違反があったことが違法性を導く中心的な要素である。

　ワラントに関するこのような判例は，ワラント以外の証券取引にも妥当する。近年は，投資信託，デリバティブ取引，あるいはデリバティブ取引の要素を組み込んだ投資信託や仕組債とよばれる社債の投資勧誘についての責任を追及する事例が増えているが，これらのリスクの高い取引を，とりわけ投資経験の乏しい高齢者等に販売するような場合に，説明義務違反とともに適合性の原則違反も私法上の違法性を導く重要な要素とされるようになっている（一例として，大阪地判平 22・8・26 判時 2106 号 69 頁，東京地判平 23・2・28 判時 2116 号 84 頁）。

　また，適合性の原則違反自体を根拠に，証券会社の不法行為責任を追及する事例が増えているが，最判平 17・7・14（民集 59 巻 6 号 1323 頁〔百選 89〕）は，証券会社の担当者が，顧客の意向と実情に反して，明らかに過大な危険を伴う取引を積極的に勧誘するなど，適合性の原則から著しく逸脱した証券取引の勧誘をしてこれを行わせたときは，当該行為は不法行為となり，この責任に関して顧客の適合性を判断するに当たっては，当該取引類型における一般的抽象的なリスクのみを考慮するのではなく，当該取引の具体的な特性（オプション取引であればオプションの基礎商品が何か，当該オプションは上場商品とされているかどうかなど）をふまえて，これとの相関関係において，顧客の投資経験，証券取引の知識，投資意向，財産状態等

の諸要素を総合的に考慮する必要があるとしている（当該事案では，法人顧客の行った上場有価証券オプション取引の勧誘について，適合性の原則から著しく逸脱したものとはいえないとされた）。

なお，金商法上の金融商品に限らず保険や預金なども含む幅広い金融商品の販売において投資の元本を割り込み損失を被るリスク等についての説明義務を金融商品販売業者や販売仲介業者に課し，説明義務違反については無過失責任として不法行為責任を認める特別法として，平成12年に金融商品の販売等に関する法律が制定されているが，実務上はあまり活用されていない。

(2) 外務員　証券会社の営業所外で証券会社のために各種の証券取引を勧誘する証券会社の役員または使用人を外務員といい，外務員については登録制がしかれ，行政的監督が及ぼされる（金商64条以下）。また，外務員の権限について争われることが多かったので，現在では，外務員はその所属する証券会社に代ってその有価証券の売買その他の取引に関して一切の裁判外の行為を行う権限を有するものとみなされている（金商64条の3第1項。ただし悪意の相手方に対してはこの限りでない。同条2項）。

(3) 受託契約準則　金商法は，証券取引所の会員，取引参加者が，市場における売買取引を受託する場合には，その所属する証券取引所の定める受託契約準則によらなければならないとする（金商133条1項）。受託契約準則においては，売買取引の受託の条件，受渡しその他の決済方法など，委託契約に関する重要事項が規定される（金商133条2項）。法律により受託契約準則に基づいて契約が締結されることが義務づけられているが，受託契約準則も，委託契約に関する約款であるとされる。作成の主体が委託契約の当事者である証券会社でなく，証券取引所という第三者である点が通常の約款と異なるにすぎない。したがって，受託契約準則が顧客に対して拘

束力をもつには，一般の約款と同様の拘束力発生の要件（基本的には顧客の同意）を充足しなければならない。判例も基本的にはそのように考えていると解される（同様の性質をもつ商品先物取引に関する受託契約準則に関するが，最判昭44・2・13民集23巻2号336頁）。

3 委託契約

(1) 売買の実行　証券会社は，委託の趣旨に従い（指値注文であれば当然にこれを遵守しなければならない），証券取引所において売買契約を成立させる。前記のように，証券会社は，証券取引所を通じて売買の決済をしなければならず，それに備えて委託者から売付証券または買付代金の交付を求める。その期限などについては受託契約準則が規定している。さらに，証券会社は手数料を徴収する。

(2) 最良執行義務　証券会社は，有価証券の売買等の取引に関する顧客の注文について，最良の取引の条件で執行するための方針および方法を定め，これに従い注文を執行する義務を負う（金商40条の2第1項3項）。これは，同一の証券について複数の市場（同一の証券が複数の証券取引所で上場されていることがあるし，近時は，金融商品取引業の一種としてPTS〔Proprietary Trading System．コンピュータを使った私設取引システム〕で競売買の方法により価格を決定して取引をすることも認められており，新たな市場を形成している）で売買の対象となり，異なる価格が形成され，また手数料などの取引コストが異なるという状況のもとでは，証券会社が顧客の注文を執行する方法や執行する市場を予め画一的に決定するのではなく，顧客にとって利益が最大となる方法および市場で取引をさせる義務を証券会社に負わせることが顧客の利益にかなうし，証券市場全体の競争を促進し，かつ，透明性を高めることができるという政策判断に基づくものである。証券会社は売買の委託を受ける場合には受任者として

の善管注意義務や，前述の金商法上の誠実義務（金商36条）を負い，これらの義務を具体化したものが最良執行義務であるということができる。

　(3)　**委託者の債務不履行と証券会社の権利**　　委託者は証券会社が売買を実行すると証券取引所での決済に間に合うように買付の代金または売付証券を証券会社に引き渡すことを要するが，その期限等が受託契約準則において規定されている。委託者が債務を履行しない場合には，証券会社は問屋としての立場で与えられる権利を有するが，受託契約準則では，商法の規定よりも証券会社の権利を強化している。すなわち，まず，買入れの委託者が買入証券の受領を拒み，または，受領することができないときには，商法によれば，証券会社は買付有価証券を供託し，または，相当の期間を定めて催告した後にこれを競売する権利を有するにとどまる（556条）。しかし，受託契約準則は，委託者が所定の期限までに買付代金を支払わないときには，証券会社は任意に委託者の計算で買入証券を売却して買入代金に充当することができると規定する。なお，証券会社はこの場合売却の権利を有するにとどまり，売却をする義務を負うものではないと解されている。また，売付の委託者が期限までに売付証券を引き渡さないときについても，受託契約準則は，証券会社は任意に当該委託者の計算において買付契約を締結することができると規定する。さらに，いずれの場合についても，証券会社は問屋の留置権を有するが（557条），受託契約準則では取次ぎの場合に限らず証券会社は委託者のために占有する証券または金銭をもって損害の賠償に充当し，なお損害があるときはその不足額の支払を請求することができると規定する。

★　(4)　**証券会社の倒産**　　証券会社について破産手続等の倒産手続が開始された場合に取引関係のある顧客の権利の保護はどのように

III 証券取引所における売買の委託

して実現されるのか。破産手続に即して考えると，まず，売付の委託の実行の後，委託した顧客に売却代金を引き渡す前に証券会社が破産手続開始の決定を受けた場合の法律関係については，第2章Ⅱ3（181頁）で述べたことが妥当する。

買入れの委託の実行後，買入証券を顧客に引き渡す前に証券会社が破産手続開始の決定を受けたときについては，古くは，問屋から委託者に対する権利移転行為がなければ委託者は買入物品が自己に帰属することを問屋の債権者に対して主張しえないと解されていたが，問屋の債権者は問屋の浮動する財産を一般担保の目的とするにすぎず，委託者の実質的権利に属する財産からの満足を認めるべきでなく，商法552条2項で問屋と委託者の関係が代理に関する規定に服するという場合の問屋とは問屋の債権者も含むという解釈が有力となってきた。そして，判例も，理由づけは必ずしも明らかでないが，同様の結論を認めた（最判昭43・7・11民集22巻7号1462頁〔百選86〕）。これにより，証券会社が破産した場合には，買入れを委託した顧客は買入証券について取戻権（破62条）を有することになる。ただ，判例の事案では証券が取戻権を行使した顧客のものとして特定して保管されていたのであるが，そのような特定がない場合にも同様に取戻権が認められるかどうかは明らかとはいえない。

学説には，判例の立場は理由づけが十分でないとして批判し，問屋である証券会社が顧客との間で買入物品を取得する前に物品の所有権の移転の合意および対抗要件としての占有改定の意思表示をすることができ（先行的占有改定），また，問屋は債務履行行為である所有権移転および占有改定の合意を自己契約（民108条1項）によりすることができるので，このような場合には顧客は証券会社の占有下にある買入証券についても取戻権を主張できるとするものがある（しかし，この立場も証券が特定されていることが必要であるとする）。

297

以上のことは，会社更生手続（取戻権につき，会更64条1項），民事再生手続（取戻権につき，民再52条1項）の場合にも同様に妥当する。

証券会社は，問屋として売買の取次ぎをする場合以外にも顧客から様々な理由で証券や金銭の預託を受ける。証券会社が破産その他の破綻状態に陥った場合には，保護預りのように当然に顧客の取戻権が認められる場合以外の場合でも顧客の預託した証券や金銭については返還請求権を破産債権等として扱うのではなく，顧客の優先的な地位を認めることが望ましい。保護預りの場合でも，取戻権が実効性をもつには保管が適正に行われている必要がある。このような観点から，金商法では，証券会社は，顧客から預託を受けた証券または金銭については，証券会社自身の証券や金銭と分別して保管しなければならないものとし（金商43条の2。金銭については信託銀行等に信託することが必要である），これにより顧客の権利対象が特定されることで，証券会社の破産等の場合に顧客の権利が保全されるようにしている。もっとも，証券会社が分別保管義務に違反して顧客の証券や金銭を流用している場合には顧客の権利は保全されないが，そのような場合に備えて，金商法に基づいて，証券会社が資金を拠出し合い損失を被った顧客に対して損失を補償することを目的とする投資者保護基金の制度が設けられている（金商79条の20以下）。

4 信用取引

証券会社が顧客に信用を供与して行う有価証券の売買等の行為を信用取引という（金商156条の24第1項参照）。たとえば，顧客がある株式を買い付けるにあたり買付代金を証券会社から借り入れる場合，または，顧客がある株式を売り付けるにあたりその売り付ける

株券を証券会社から借り入れる場合をいう。このような信用取引により，現金または株券を有しない顧客も証券市場における取引に参加できるが，機能的には，手元に証券または資金を有しないで行う投機の手段となる。すなわち，顧客がある株式が将来値上りすると考えるときには証券会社から買入代金を借り入れ，この資金により当該株式を買い付けておき，その後現実に株価が上昇したときにはこの株式を売却して，その代金から借入れ資金を返済して残額を利益として取得するのである。しかし，顧客の予想と反し，株価が上昇しないときには，借入れの期限が到来すれば安くなった株式を保有したまま借入金を返済するか，買付株式を安く売却してその代金を返済に充てなければならず損失を被ることになる。このように投機性の強い取引であるからこれを自由に行わせると証券市場は賭博場となる危険があるが，他方，証券市場においては，投資者が現実に有する証券または資金での売買のみを認めていたのでは供給・需要とも限られたものとなり，証券の価格形成の継続性と安定性が十分には確保されないという事情もある。信用取引はこの限界を克服する機能を果たしうるので，一定の制限のもとでは信用取引も可能とするというのが金商法の考え方である。この制限のうち最も重要なのが委託保証金制度であり，証券会社は顧客のために信用取引を行ったときには，当該顧客から当該取引にかかる有価証券の時価に内閣総理大臣が定める率を乗じた額の金銭（委託保証金）の預託を受けなければならないとされる（金商161条の2第1項。このほか，清算前に証券の価格の変動により差損が生じたときには受託契約準則により一定の委託保証金の追加預託が必要になる）。これにより，証券会社の顧客に対する債権の保全，無資力者の信用取引からの排除が図られるとともに，委託保証金の率を内閣総理大臣が引き上げることにより過度の投機取引を規制するということも可能となる。

証券会社と顧客の間の関係は、次のようになる。まず、信用取引による買付の場合には、証券会社と顧客の間には金銭消費貸借契約が成立する。買い付けた証券については、証券は当該顧客のものと特定されないまま証券会社が保有することとされ、顧客に所有権は移転しないで、顧客は買付証券分の返還請求権を有するにすぎず、証券会社はこの返還請求権の上に質権を有すると解されている。信用取引による売付の場合には、売付証券について証券の消費貸借契約が成立し、売付代金についての引渡請求権上に証券会社が質権を有する。顧客は消費貸借契約上の債務を、売買成立の日から6か月目の応答日から起算して4日目前までに履行すればよいが、これ以前でも3日前に申し出ればいつでも弁済して清算することができる。弁済には買付の場合には担保とされている証券の売却金を充てる方法、売付の場合には担保とされている金銭により同種の証券を買い付け、貸付証券の返還に充てるという方法も可能である。

5 デリバティブ取引

(1) 先物取引　信用取引と同じく証券または資金を有しないでも行うことができる取引として先物取引がある。先物取引とは、一般には、将来の一定の時期において売買の目的である物およびその対価を現に授受するように制約される取引で、現に当該物の転売または買戻しをしたときには差金の授受により決済することができる取引と定義される。

利用の仕方の単純化した例は次のようなものである。Aがある証券を1000円で買い付ける。この証券は6か月後まで保有する予定であるが、この間に相場が下落するリスクは回避したい。このような場合に、Aは、先物市場で6か月先を履行期とする同量・同価格の先物を売っておく。6か月先に、証券の相場が800円に下落

したとすると，現物市場では200円の損失が出るが，先物市場では200円の利益が出る（先物取引の決済は6か月後の時点において現物市場で800円で証券を買い入れて引き渡し，代わりに1000円を代金として受け取るので200円の利益が出るためである。実際には，先物取引の決済は，上述の定義からもわかるように，Aが800円で先物を買い戻すという反対売買をしたことにして200円の差金の授受による決済のみが行われるのが通例である）。逆に6か月先の証券の価格が1200円に値上がりしたとすると，先物取引では200円の損失が出るが，現物市場では200円の利益が出るので，損益が相殺されるのである。

この例からわかるように，先物取引は，将来の証券の価格の変動リスクを回避する（これをヘッジという）機能があることが理解される。しかし，Aの行うようなヘッジが可能になるためには，ヘッジ目的ではなく将来の価格を予測して利益を得ようとする投機目的の投資家も広く参加する厚みのある先物市場の存在が必要になる。しかも，先物取引では，取引に際しては，対価の一部のみを委託証拠金として差し入れればよいので（上の例では，名目上は1000円の金額の売買であるが，差金決済により現実に金銭の支払が行われるのは200円にすぎない。実際の取引では，委託証拠金の額は名目売買金額の1000円からみれば数パーセントというようにきわめて少額である），少額の資金で大きな投機的取引が可能になる。

(2) オプション取引　オプション取引とは，一般的には，当事者の一方の意思表示により当事者間において売買契約等の契約を成立させることができる権利を当事者の一方に付与し，他方当事者がこれに対して対価を支払う取引と定義される。

たとえば，AとBとの間で，AはBからある証券を1000円（行使価格という）で買い付けるという内容の売買契約を成立させる権利（コール・オプションという）をBから付与され，その対価（プレ

ミアムという）としてAはBに対して100円を支払うという取引である（この取引でAが取得する権利は，会社法上の新株予約権と性質は同じである）。この取引が成立すると，証券の価格が1100円（行使価格＋プレミアム）を超えて値上がりすると，Aはコール・オプションを行使すると利益を得ることになる。これに対して株価が1100円以下であると，Aはコール・オプションを行使すると損失を被るが，コール・オプションを行使しなければよいので，Aの損失はプレミアムの100円だけとなる。上記の先物取引では，証券の価格の変動に応じて利益と損失のいずれも対照的に発生するが，コール・オプション取引では，オプション取得者の利益は発生するが，損失はプレミアムまでという非対称的な発生の仕方となる。Aは，将来当該証券を取得する予定があるとすると，コール・オプションを取得することにより，当該証券が値上がりして取得費用が上昇するリスクをヘッジできることになる。

　Aがある証券をBに対して1000円で売り付けるという内容の売買契約を成立させることができる権利（プット・オプションという）をBに対して取得し，Aは対価としてプレミアム100円をBに対して支払うという取引もある。この取引が成立すると，Aは，証券の価格が900円を下回ると，プット・オプションを行使すると利益を得ることになる。Aがある証券を保有しているが，その値下がりのリスクをプット・オプションの取得によりヘッジできることになる。

　オプション取引でも，現物による決済は例外的で，差金決済が原則的となる。

　(3) スワップ取引　　スワップ取引は，たとえば，固定金利で債務を負っているAと，変動金利で債務を負っているBとの間で，Aの固定金利の支払とBの変動金利の支払とを交換する取引であ

る（金利スワップ取引という）。固定金利で債務を負っているAにとっては，債務を負った後に市場金利が下がると利払いの負担が重くなるので，変動金利の支払に変換することにより，金利低下のリスクをヘッジできることになる。反対に，変動金利で債務を負っているBにとっては，逆に市場金利が上がることによるリスクをヘッジできることになり，AとBとの間で取引が成立することになる。しかし，Aにとっては市場金利が上がればスワップ取引をしなかった場合と比べると損失を被り，Bにとっては市場金利が下がればやはり損失を被るということにもなる。

(4) デリバティブ取引とその規制　以上の先物取引，オプション取引，スワップ取引を総称してデリバティブ取引というが（これ以外の種類のデリバティブ取引もあるが省略する），総称するために共通して有する性質は，取引の経済的価値が証券や通貨などの現物の資産（原資産という）の将来の相場の変動に応じて決まってくるというものである。そして，先物取引の例のように，差金決済が行われるのが原則となり，少額の委託証拠金等の投資資金により高額の名目額の取引が行われ，少しの相場変動により投資資金には大きな幅の損益が生ずるというハイリスク・ハイリターンの取引となる。

デリバティブ取引は，原資産である商品，証券，金利，通貨などの種類に応じた分類ができる。また，差金決済によればよいので，証券などの現物が存在しなくても，株価指数をあたかも現物の価格のようにみなし，現物による決済がありえない指数デリバティブ取引もある。また，デリバティブ取引が取引所市場で行われる市場デリバティブ取引と，取引所市場外で行われる店頭デリバティブ取引とがある。商品についてのデリバティブ取引は商品先物取引法が規制し，証券，金利，通貨など金融関連のデリバティブ取引は金商法が規制している。

デリバティブ取引は，ハイリスク・ハイリターンの取引であるので，投資者に対する取引の勧誘規制の面からは，適合性の原則の適用が重要であり，また損失を生ずるリスクの説明義務が重要な意味をもつ。金商法では，契約締結前に交付すべき書面においてデリバティブ取引のリスクが十分説明されるよう配慮されている（金商37条の3第1項5号〜7号等）。金融機関等の間で行われるデリバティブ取引は，巨額な取引となることから，各金融機関等におけるリスク管理が重要となるとともに，金融機関等の間での決済リスクを小さくするための仕組みが構築されている（第7章I4，277頁）。

第9章 保険取引

I 総　　説

1 保険契約の意義

　個人の生活や企業の活動においては，様々な危険がつきものであり，この危険が現実化すると，経済的に様々な不利益が発生する。この不利益を補てんする手段として今日最も広く利用されているのが保険であり，法律的には保険契約という契約形態がとられる。保険契約は，保険者とよばれる者が，予め定められた偶然のできごと（これを保険事故という）が発生した場合に，やはり予め定められた基準に従った給付（金銭の支払が原則であり，この金銭を保険金という）をすることを約束し，相手方である保険契約者とよばれる者は，その対価として保険料を支払うことを約束する契約であると定義することができる（保険2条1号6号〜8号参照）。保険事故の発生により生じた経済的不利益が，保険者の給付する金銭により補てんされることで，予期しないできごとが生じたことによる悪影響を最小限にとどめることができるのであり，保険契約は，今日では，個人にとっても，企業にとっても，不可欠の契約となっている。

2 保険契約の類型

(1) 損害保険契約と定額保険契約　　経済的不利益を補てんするために金銭の給付が行われるという意味では，あらゆる保険契約に

共通の性格を認めてよいが，それを実現する法律上の手段は必ずしも一様でなく，損害保険契約と定額保険契約という2つの基本的性格を異にする契約類型が存在する。損害保険契約とは，保険者の支払う保険金の額が，実際に生じた損害の額に従い決定される保険契約であり，定額保険契約は，実際の損害の有無・その額の如何にかかわらず予め保険者と保険契約者の間で定められた額の保険金が保険事故発生時に支払われる保険契約である。たとえば，損害保険契約の典型である建物の火災保険契約においては，火災という保険事故が発生したときに，建物の価額以上の保険金が支払われることはない。これに対して，定額保険契約の典型としての生命保険契約においては，人が死亡したことによりいかなる損害が生じたかに一切関係なく，予め約束された額の保険金が支払われる。

★　(2)　**区別される理由**　それでは，なぜ，保険契約に，このようにきわめて性格の異なる2つの類型が存在しているのか。それを明らかにするためには，保険契約の特質を考えなければならない。

　保険契約は，保険事故の発生により個人や企業に生ずる経済的不利益を克服するきわめて有益な手段となるが，半面，きわめて反道徳的な目的のために利用される危険性を内包している。実際に生じた損害より大きな額の保険金の支払を受けられるとすると（いわゆる焼け太り），一般の倫理感に反するし，それは保険金目あてで保険事故を故意に引き起こすような行為（保険金目あての放火や保険金殺人の例を考えよ）を誘発することにもなる。また，4（309頁）において述べるように，保険金の額は，保険料の額よりもきわめて大きいのが通常であり，そのことからも，保険契約の悪用の危険性が生ずる。

　これらのことから，保険契約は，その適法性・有効性を認めるにしても，公序の観点から悪用されないような制度的仕組みを組み込

むことが不可欠であるということができる。その基本は，保険事故の発生により生じた損害以上の保険金の支払を不適法とすることである（これを利得禁止という）。損害保険契約はこの原則をストレートに契約内容に持ち込んだ契約であるといえる（損害額に対応する保険金を支払うことを損害てん補といい，損害保険契約は損害てん補の契約とされる）。有形の物が消滅したり，他人に対して損害賠償責任を負ったというような損害については，その額を算定することは比較的容易であり，そのことから，有形の物のごとき積極的財産価値の喪失により生ずる損害を補てんする保険契約や，損害賠償責任を負担することにより生ずる財産減少という損害を補てんする保険契約は，損害保険契約としてのみ締結することが可能であり，定額保険契約として契約することは認められていない。

これに対して，人が死亡した場合に生ずる損害の額は，今日では一般の損害賠償額算定実務が発展したことなどにより，評価することが全く不可能ではないが，物が消滅したことによる損害ほどには算定は容易でない。人が，傷害を被り，その結果として後遺障害が残ったときについても同様である。また，人が死亡した場合に遺族などが多少高額の保険金を取得することも道徳的に一概に非難されるべきではないし，間々悪質な保険金目当ての殺人などがあるにせよ殺人等については刑事法上の制裁による抑止があるほか道徳的な歯止めが働くとも考えられる。そこで，人について発生する保険事故にかかる保険契約においては，他に悪用を防止する手当てをしたうえで（Ⅲ1，324頁参照），具体的な損害の有無・額にかかわらず予め約束された額の保険金を支払う定額保険契約が認められるようになったのである。

3 保険契約の法的性質

(1) 有償契約性　保険契約においては，保険契約者の支払う保険料と，保険者の危険負担（保険事故が発生したときには保険金の支払義務を負うということを約束していること）が，互いに対価的な関係にあり，有償契約であるとするのが通説である。保険者は危険を負担しているのであり，保険事故が発生しなければ具体的な金銭給付義務は負わなくとも受領した保険料が不当利得となるものではない。

(2) 双務契約性　保険契約においては，保険契約者の保険料支払義務と保険者の義務が互いに対立する関係にあり，双務契約の性格を有するものとされる。ただし，保険者の義務を，保険事故が発生したならば支払義務が発生するという意味での条件付保険金支払義務であるとするか，保険契約の成立により常に発生する危険負担義務であるとするかで学説は分かれている。いずれにしても，通常の双務契約とはかなり性格を異にすることは否定しがたく，たとえば，保険料支払義務と保険金支払義務について同時履行の抗弁権に関する一般原則をそのまま適用することができないことは明らかである。

(3) 射倖契約性　契約当事者の双方またはいずれか一方の具体的な義務の発生またはその額の如何が偶然のできごとにより左右される契約を射倖契約とよび，賭博に関する契約はその最たる例である。保険契約は，保険者の保険金支払義務が保険事故の発生という偶然のできごとの発生にかかっているので，射倖契約の性格をもつものとされる。射倖契約においては，賭博の例からもわかるように偶然のできごとの発生により不労利得が得られ，あるいはこれを悪用して利得を人為的に生ぜしめようとすることが少なくない。これは，保険契約についても当てはまり，また，保険契約においては，4において述べるように，保険金の額は，保険料の額に比してきわ

めて大きいのが通例であり，このことも保険契約の悪用を招く原因となる。利得禁止原則など保険契約の悪用を防止する様々な法律的手段が用意されているが，それらは，この射倖契約性から説明されることが多い。

4 保険契約の技術的背景

個々の保険契約においては，保険事故は発生するかしないかのどちらかであり，いずれであるかの予測は困難であるし，予測してもその当たりはずれの差が大きい。しかし，多数の同種の保険契約を集積することができれば，確率論でいう大数の法則により，全体における保険事故の発生率を過去のデータなどに基づいてかなり正確に予測することができる。そして保険者は，予測される保険事故発生率に従い保険金として支払わなければならないことが予測される額だけの資金を保険料（保険金に比べると個々の保険契約者の支払う保険料ははるかに少額でよい）として全保険契約者から徴収しておけばよい（これを収支相等の原則という）。この意味では，保険事業は，保険契約者による共同の資金準備という色彩を帯びるが，そのことにより，保険契約者の間に，危険共同体とよばれるような相互扶助的な団体が構成されるものではなく，法律的には，あくまでも保険者と保険契約者の間の個々の保険契約が存在するにすぎない。

ところで，保険者が，保険料を徴収する場合に，現在では，各保険契約における保険事故発生の危険度に応じて保険料の額を決定することが行われている（これを給付反対給付均等の原則といい，この点で危険度に応じて保険料の額を変えることをしていない各種健康保険のような社会保険と異なる）。そのため，保険者は，保険契約の締結時および締結後も，危険度をできるかぎり正確に把握しようとする。これが，後述する告知義務や契約継続中の危険の増加に関する通知義

務などの設けられる理由である。そして，保険者は，危険度が高くなるにつれ高い保険料を要求し，さらに，危険度が一定限度を超えたものであるときは，保険契約の締結を拒絶するのである。

5 保険契約に関する法源

保険契約に関する私法の基本法は，明治32年制定の商法第2編商行為第10章保険であったが，これを現代化するものとして「保険法」が平成20年に制定された。商法の規定は，経済的自由主義の考え方から一部の保険契約の性質に基づく強行規定を除き，任意規定であったが，保険法においては，欧州諸国の保険法にならい，保険契約者側の関係者の利益を保護するために必要な規定については，保険法の規定よりも保険契約者側の関係者に不利益な特約は無効とする片面的強行規定が多数置かれている（片面的強行規定は個別の規定ごとに明示されている）。ただし，企業のリスクに関する損害保険契約については片面的強行規定性の適用が除外されている（保険36条）。

保険法が商法から独立した法律として制定されたのは，保険法が新たに共済契約とよばれる契約も適用対象としたことによる。商法は，株式会社である保険者が行う営利性のある保険契約を基本的な適用対象とし（保険契約の締結は営利的商行為である。502条9号），それに加えて保険業法に基づき設立される保険業を行う特別の会社形態である相互会社（保険契約者が社員となる会社である）の締結する保険契約にも準用されることとなっていたが，各種の協同組合が非営利原則により行う共済契約には適用がなかった。しかし，共済契約も，契約の内容やその基礎にある技術は保険契約と実質的には変わりがなく，共済契約者の法的な保護の必要があることも変わりがないので，保険法では，保険法2条1号の保険契約の定義を実質的に

充足するものについては，共済契約も含めて包括的に保険法の適用対象としたのであり，このような非営利原則により商行為とはいえない契約も適用対象とする法律規定は商法には馴染まないと考えられたのである。

II 損害保険契約

1 損害保険契約の類型

保険法は，具体的な損害保険として，火災保険，責任保険，傷害疾病損害保険のみについて規定をおいているが，今日では，別表のような多様な損害保険が行われている（表 9 は保険事故の種類などによる慣用的な分類であり，たとえば自動車保険の中には責任保険・傷害保険その他が含まれているなど論理的に厳密なものではない）。

2 損害保険契約の基本法理

(1) 利得禁止原則　　損害保険契約においては，実際に生じた損害額以上に保険金が支払われることが禁止され，これを利得禁止原則という。利得禁止原則を実現するために以下のような具体的な諸原則が存在する。

(2) 被保険利益　　損害保険契約が有効であるためには被保険利益の存在が必要であるとされる。保険法は，保険契約は金銭に見積もることができる利益に限り保険契約の目的とすることができると規定する（保険3条）が，これは，被保険利益の必要性を当然の前提とした規定である。被保険利益とは，保険事故が発生することにより不利益を被るおそれのある経済的利益であると定義される。たとえば，ある者が他人の所有建物について火災保険契約を締結しても，この者は，当該建物の焼失により経済的不利益を受けるという

表9　保険契約の類型

保険
- 損害保険
  - 火災保険：住宅火災保険・火災保険（一般物件用・工場物件用・倉庫物件用）など
  - 自動車保険
    - 自動車損害賠償責任保険
    - 自動車保険
      - （任意）賠償責任保険
      - 自損事故傷害保険
      - 無保険車傷害保険
      - 搭乗者傷害保険
      - 人身傷害保険
      - 車両保険
  - 運送保険：貨物保険・運送人の責任保険（陸上運送）
  - 海上保険：貨物保険・運送人の責任保険（海上運送）
    船舶保険
  - 航空保険：航空機機体保険・貨物保険・運送人の責任保険（航空運送）
  - 信用保険・保証保険
  - 責任保険：施設所有者，製造業者，医師の責任保険など
  - その他の損害保険：盗難保険・土木工事保険・機械保険・動物保険・ガラス保険・コンピューター保険など
  - 傷害・疾病保険（実損てん補型のもの）
    - 傷害保険
    - 疾病保険
    - その他の保険（所得補償保険・介護費用保険など）
- 定額保険
  - 生命保険
    - 死亡保険（定期保険・終身保険）
    - 生存保険・年金保険
    - 生死混合保険（養老保険）
    - 生命保険の特約（災害保障特約・傷害特約・疾病入院特約など）（生命保険会社が営業）
  - 傷害・疾病保険（定額給付型）
    - 単独の傷害保険
    - 単独の疾病保険
    - その他の保険（介護保険など）

II 損害保険契約

関係にないから，この保険契約は無効である。これに対して，建物の所有者は，この建物の価額分について被保険利益をもっていることになるので，それを目的として有効に保険契約を締結することができる。このようにして，建物の焼失により全く経済的不利益を受けるおそれのない者が保険契約を締結する可能性を排除する機能を果たすのが被保険利益概念である。もっとも，所有者以外の者も所有者とは異なる被保険利益を有することがある。建物に抵当権を有する者（担保権を有しているという利益）や，賃借し営業をして利益を得ている者（営業によって得られる利益）などである。そのため1個の建物について複数の保険契約が成立しうるが，これは，保険契約がそれぞれの異なる被保険利益を目的として成立しうるものである以上怪しむに足りないことである。なお，被保険利益の帰属者を被保険者といい，保険事故発生時には損害てん補を受ける権利を取得することになる（保険2条4号イ参照）。被保険者は，保険契約者自身であることも，保険契約者以外であることもある（倉庫業者が寄託者所有の保管貨物について火災保険契約を締結するような場合）。後者を，他人のためにする損害保険契約と称し，第三者のための契約の一種である。

　被保険利益が厳密には存在しないようにみえても損害保険契約が有効に成立することがあり，そのような例が増加しつつある。後述の評価済保険はその例である。また，通常の火災保険契約では，建物の時価を基準として保険金が支払われるのに対して，新価保険においては同等の新築建物を再取得するためにかかる金額の保険金が支払われる。時価を超える部分については伝統的には被保険利益の存在が疑問視されたが，今日では有効であるとされている。このことから，被保険利益を，保険契約の目的であり，その有効な成立のための不可欠の要素であるとみる伝統的な見解（客観説ないし絶対説

とよばれる)に対して、保険者の義務の本質は危険負担の実現方法としての金銭給付約束に基づく金銭支払義務であり、絶対説のように被保険利益の存在は契約の本質的・内在的要素とみるべきではなく、ただ、保険契約が射倖契約性のため公序良俗に反するものとなるのを防止するために外面的・政策的に被保険利益が必要とされるのであり、実際的必要があり、かつ公序良俗にも反するおそれがない場合には被保険利益の存在しない損害保険契約も適法であるとする見解(主観説ないし相対説とよばれる)が新たに主張されるようになった。これに対して、絶対説の側からは、被保険利益ないし損害のてん補ということを柔軟に解するとすれば評価済保険や新価保険のような現象も説明することができると主張され、今日ではもはや論争の意味は薄れている。

(3) **保険価額・保険金額** 被保険利益の評価額を保険価額といい(保険9条参照)、保険者が支払う保険金の最高限度額として契約当事者間で定められた額を保険金額という(保険6条1項6号参照)。被保険利益の必要性から、この両者の間に後述するような((4)(5)、316頁参照)規整が加えられる。保険価額の算定は必ずしも容易でなく予め契約当事者間でその額を約定することがあり、これを評価済保険という。評価済保険においては、約定された保険価額が損害てん補の基準とされ、保険者は約定の保険価額が実際の保険価額より著しく過大であることを立証したときに限り約定の保険価額によらず実際の保険価額によって損害のてん補をすることができる(保険18条2項)。

特定の建物や貨物のように積極的価値をもつ財貨の滅失・毀損などに備える保険(物保険ということがある)ではその物の価額が保険価額となるが、責任保険では特定の財貨の滅失・毀損ではなく、被保険者の全財産が損害賠償責任を負担することにより減少すること

に備えているのであり，しかも，被保険者の現に有する財産の価額の如何とは関係なく保険者の給付が行われる。このことから，責任保険では保険価額というものがそもそも存在せず，被保険利益の概念が具体的に機能することがない。そして，責任保険が損害保険であるということは，保険事故発生後の損害てん補の段階においてはじめて問題となりうる。傷害や疾病による入院・治療実費をてん補するような保険についても同様のことがあてはまる（これらの保険を前述の物保険に対して財産保険ということがある）。

(4) 超過保険　保険金額が保険価額を超える契約を超過保険契約といい，かつての商法ではその超過部分については無効とされていた。これは，超過部分については被保険利益を欠くからであるという理由によるものであった。超過するか否かの判断の基準時は契約締結時であるとされていたが，そうすると，インフレ時のように将来値上りが確実に予想される建物について，予め契約締結時の時価よりも高い保険金額を定めることができなくなる。その反面，契約締結時の時価を保険金額としていたところ，保険事故発生時には建物の価額が値上りしていたとすると一部保険となり，次に述べるように分損の場合には比例てん補となるため，発生した損害の全部のてん補を受けることができなくなるという問題があった。そこで，保険法では，超過保険であっても契約の全部が有効であるという立場に立ったうえで，超過保険の超過部分は保険契約者が保険料を無駄に支払っているという観点から，契約締結後に超過保険状態となった場合には，保険契約者は，将来に向かって，保険金額および保険料額の減額を請求することができるとする（保険10条）。また，契約締結時に超過保険であった場合には，そのことにつき善意かつ重大な過失がない保険契約者は超過部分を取り消すことができるものとし（保険9条），締結時に遡って超過部分にかかる保険料の返還

を受けることを可能としている。

(5) 損害のてん補　(ア) 総説　予め約定された保険事故（たとえば，火災保険契約における火災）が発生したときには，保険者は保険の目的である被保険利益について生じた損害で，かつ，この保険事故と相当因果関係にある損害をてん補しなければならない。ただし，法律の規定または保険約款の規定により，特定の原因により発生した保険事故については，保険者は損害てん補の義務を免れるとされることがある。たとえば，火災保険約款では地震により生じた火災により生じた損害については保険者は免責と規定されているが，これは，地震による火災は巨大な損害を生ぜしめうるものであり，通常の保険料ではその危険を負担することができないからである（このような免責条項も無効ではないとされた。大判大15・6・12民集5巻495頁）。また，たとえば被保険者が故意に保険事故を発生させたときにも保険者は免責とされる（保険17条1項）。これは，このような行為は保険事故が発生すると保険金を受け取る権利のある者自身が保険事故を偶然にではなく引き起こすものであり，その場合にも損害のてん補を行うことは，保険契約関係における信義則に反し，また，公序良俗にも違反することとなるからである（モラルリスクおよび保険金請求に係る主張立証責任につきⅢ4(2)，328頁も参照）。

(イ) 支払保険金額の算定　損害てん補としての支払保険金の額はどのようにして算定されるか（表10参照）。いかなる場合にも損害の額以上に保険金が支払われることはないというのが一般原則である。保険価額が具体的意味をもつ物保険契約にあっては，まず，保険金額が保険価額と一致する全部保険においては，発生した損害の全額に対応する額の保険金が支払われる。これに対して，保険金額が保険価額に達しない一部保険においては，保険の目的である被保険利益の全部に損害が及ぶ全損の場合には保険金額だけの保険金

Ⅱ 損害保険契約

表10 支払保険金の算定

1 **未評価保険の場合**

①全部保険(保険価額1000万円,保険金額1000万円)
ア)全損　損害額1000万円……保険金1000万円
イ)分損　損害額600万円……保険金600万円

②一部保険(保険価額1000万円,保険金額700万円)
ア)全損　損害額1000万円……保険金700万円
イ)分損　損害額600万円　　……保険金 $= 600 \times \dfrac{700}{1000} = 420$ 万円

③当初全部保険(保険価額1000万円,保険金額1000万円)であったが,保険事故発生時の時価1200万円の場合,一部保険となる
ア)全損　損害額1200万円……保険金1000万円
イ)分損　損害額600万円　　……保険金 $= 600 \times \dfrac{1000}{1200} = 500$ 万円

2 **評価済保険の場合**　協定保険価額　1100　万円

④全部保険(保険価額1100万円,保険金額1100万円)
ア)全損　実損の額にかかわらず損害額1100万円とみなされる
　　　　　　　　　　　　　　　　　　　　　　　　……保険金1100万円
イ)分損　損害額600万円　　　　　　　　　　　……保険金600万円

⑤一部保険(保険価額1100万円,保険金額700万円)
ア)全損　実損の額にかかわらず損害額1100万円とみなされる
　　　　　　　　　　　　　　　　　　　　　　　　……保険金700万円
イ)分損　損害額600万円　　……保険金 $= 600 \times \dfrac{700}{1100} \fallingdotseq 381$ 万円

3 **80パーセント付保割合条件付実損てん補条項の存する場合**

(住宅火災保険などで採用,保険価額の80パーセント以上を付保すれば分損の場合に比例てん補とはしない方式)

⑥全部保険　①あるいは③アと同じ

⑦一部保険で付保割合80パーセント以上の場合(保険価額1000万円,保険金額800万円)
ア)分損　損害額600万円　　……保険金600万円

⑧一部保険で付保割合80パーセント未満(保険価額1000万円,保険金額700万円)
ア)分損　損害額600万円　……保険金 $= 600 \times \dfrac{700}{1000 \times \dfrac{80}{100}} = 525$ 万円

が支払われるが，損害が一部のみについて生ずる分損については，損害額のうち，保険金額の保険価額に対する比率を乗じた部分のみがてん補されることになり（保険19条，これを比例てん補という），保険金額の範囲内でも損害の全部がてん補されないことに注意しなければならない。以上の算定において保険価額とは，保険事故発生時の価額をいうが，前述のように保険契約締結時の保険価額からは変動している可能性もあり，そのため当初の全部保険が一部保険となるなどの不都合も生じうる。また，事故発生後に保険価額を評価することは困難なことも多い。そこで，前述の評価済保険契約が利用され，この場合には，契約締結時の評価額が保険金の算定の基準とされる（そのほか表10の3の方式は比例てん補に対する保険契約者の不満を緩和するために実務上採用されているものである）。

(ウ) 保険事故発生の通知義務　保険事故が発生した場合には，保険者による免責事由の有無や損害額の正確な把握のために，保険契約者または被保険者は，遅滞なく保険者に事故発生を通知する義務を負う（保険14条）。保険法では，この義務違反の効果を定めていない。保険法施行前の約款では，通知義務違反の場合には保険者は保険金支払義務を免れると定めていた。しかし，そのような約款の規定は，文字通りの効力を有するものではなく，保険契約者または被保険者が保険金を詐取するなど信義誠実に反する目的で通知をしなかった場合でない限り，保険者は通知がなされなかったことにより被る損害額を保険金から控除できるにとどまると解釈されていた（最判昭62・2・20民集41巻1号159頁〔保険百選15〕）。保険法施行後の約款では，このような控除の効果だけを定めている。

(エ) 保険金支払義務の履行期　保険事故による損害が発生すると被保険者は保険金を請求することができることになるが，保険者の保険金支払義務の履行期がいつになるかが，履行遅滞による遅延

損害金の起算時との関係で重要な問題となる。保険法では、保険者による保険事故の発生の有無、免責事由の有無や損害の有無等の調査は保険制度の健全な運営のために必要であるが、猶予期間は必要最小限にとどめられるとともに、基準が明確であるべきであるという考え方から、保険給付を行う期限を定めた場合であっても、当該期限が、保険事故、てん補損害額、保険者が免責される事由その他の保険給付を行うために確認をするための相当の期間を経過する日後の日であるときは、当該期間を経過する日をもって保険給付を行う期限とすると規定している（保険21条1項。なお、期限を定めなかったときに関して同条2項が規定しているが、実際に適用されることはない）。保険法制定後の約款では、調査が必要な事項の類型ごとに相当の期間として何日の猶予期間がおかれるかが具体的に規定されているのが通例である。保険契約者または被保険者が保険者の調査を正当な理由なく妨害したり、調査に応じなかったときは、保険者はこれによる遅延の期間については遅滞の責任を負わない（同条3項）。

(6) 保険代位　被保険者が保険者に対して保険金請求権を取得する保険事故の発生により、同時に他の第三者に対して損害賠償請求権を取得することがある。この場合、損害賠償請求権があっても保険者は保険金の支払義務を免れない。しかし、それに加えて被保険者による損害賠償請求権の重畳的行使を認めると利得禁止原則に反することとなる。他方、そうだからといって、加害第三者を免責させることも妥当でなく、結局このような被保険者の利得の禁止および加害第三者の免責阻止の要請から、保険金を支払った保険者は被保険者が有していた損害賠償請求権を取得することとされており（保険25条）、これを保険者の請求権代位とよんでいる。また、たとえば、建物の火災保険で全焼となり、全損として保険金が支払われたが、材木・鉄筋など何らかの価値のあるものが残る場合がある。

この場合に、保険者はこの残存物を当然に代位取得するものとされる（保険24条）。これを残存物代位といい、やはり、被保険者の利得の禁止ということで説明される。

★ **(7) 責任保険契約と被害者の直接請求権等** (ア) 総説 責任保険契約も損害保険契約の一種ではあるが、この保険契約では保険契約者および被保険者のほかに被害者という契約外の第三者が実質的な利害関係者として重要な地位を占める。それはなぜであろうか。

責任保険契約は、被保険者が第三者に対して法律上の損害賠償責任を負ったことにより被る損害をてん補する損害保険契約であるが、合わせて、被保険者が第三者から訴訟等により損害賠償請求を受けた場合にその請求が認容されるか否かを問わずこれを防御するための費用（訴訟費用や弁護士費用など）もてん補することとするのが通例である。

防御費用を別として、責任保険契約でてん補される被保険者の損害額は、被保険者（すなわち加害者）の被害者に対する損害賠償責任の額となるので、被保険者は、被保険者と被害者との間で賠償責任額が判決や和解などにより確定されてはじめて保険者に対する保険金請求をすることができるようになるというのが基本原則である。また、このようにして賠償責任額が確定されても、被保険者のみが保険者に対して保険金の請求をすることができるのであり、保険金は被保険者を経由して被害者に賠償金として支払われることになる。しかし、被保険者が実際にそうする絶対的な保障はないし、被保険者の債権者が保険金請求権を差し押える可能性も排除されていない。このように、一番直接的な損害を被っている被害者が保険金を原資とした賠償金の支払を受けるにはいくつかのハードルがある。

しかし、責任保険契約が被害者救済の機能を直接的に果たすべきであるという考え方から、以下のように、上記の基本原則には重大

な修正が加えられている。

(イ) 自動車損害賠償責任保険と被害者の直接請求権　自動車損害賠償保障法（自賠法）に基づく強制保険である自動車損害賠償責任保険（自賠責保険）については，自賠法により被害者は，被保険者との間での賠償額の確定を経ないで，保険者に対して直接に損害賠償額の支払を請求することができるものとされ（自賠16条1項。ただし，保険金額を限度とする），これを被害者の直接請求権とよんでいる。この場合，被保険者が関与せずに賠償責任額が確定されることになるが，被害者救済優先の観点からそれでよいと考えられているのである。保険者が被害者に対して損害賠償額の支払をした限りで被保険者に対する損害てん補義務が履行されたものとみなされる（自賠16条3項）。他方，被保険者は被害者に自ら賠償額の支払をした限りで保険者に対して保険金請求をすることができるものとされる（自賠15条）。以上により迅速かつ確実に被害者が保険者から保険金相当額の支払を受けることができる。

この被害者の直接請求権は，自賠責保険以外の責任保険については特別の約定がない限り，認められないと解されている。任意の自動車責任保険（自賠責保険の上乗せ保険）については，被害者救済の必要性が高いので，保険約款に基づいて被害者の直接請求権が認められている。

(ウ) その他の責任保険と保険金代位請求　その他の責任保険では直接請求権は認められていない。ただ，直接請求権に代わる方法として，被害者が，被保険者の保険金請求権を債権者代位権に基づき代位行使する訴訟を保険者を相手方として提起することが考えられる。判例は，この保険金代位請求訴訟は，被保険者に対する損害賠償請求訴訟と併合される限りで適法とする（最判昭57・9・28民集36巻8号1652頁〔保険百選33〕。任意の自動車責任保険に関する判例であ

るが責任保険一般に妥当すると考えられる)。責任保険では被害者と被保険者との間で賠償額が確定されなければ保険金請求権の額も確定できないから，被害者が被保険者を被告とせずに保険者のみを被告として保険金代位請求をすることはできない。しかし，保険金請求権は被害者と被保険者との間での賠償額の確定を停止条件とする債権として発生するものであり，被保険者に対する損害賠償請求と保険者に対する保険金の代位請求との併合訴訟の場合には賠償請求についての判決の確定により上記の停止条件が成就するといえ，保険金代位請求訴訟は予めその請求をする必要がある場合として将来の給付の請求訴訟（民訴 135 条参照）として認められるというのが判例の立場である。

★ (8) **責任保険契約と被害者の特別先取特権**　責任保険の被保険者すなわち加害者について破産手続が開始された場合のように被保険者が支払不能の場合に，責任保険に基づく保険金請求権はどのような運命を辿るか。(7)(イ)（前頁）でみた直接請求権を被害者が有する場合には，被害者は保険者に対して固有の権利として直接請求権を有し，被保険者は被害者の直接請求権を害することができない仕組みになっているので，保険金はもっぱら被害者の損害のてん補に充てられることになる。これに対して，被害者の直接請求権が認められない場合には，保険金請求権は被保険者に帰属する権利であるから，たとえば，破産手続では破産財団に帰属し，保険金は被害者を含む破産債権者全体に対する弁済に充てられる（被害者による保険金の代位請求訴訟は被保険者が破産すると継続できなくなる。破 45 条 1 項)。しかし，そうであるとすれば，被保険者がせっかく責任保険に加入していたにもかかわらず，保険金が被害者の救済以外に使用されるということになるという問題がある。今日では，責任保険は，たんに被保険者の他人に対して損害賠償責任を負ったことによる損害を

てん補する機能を果たすだけでなく，被害者の救済の機能を果たすべきであるというのが国際的には一般的な考え方となっている。そこで，保険法では，被害者は責任保険の保険給付請求権について特別先取特権を有するものとして（保険22条1項），被保険者が支払不能となっても，保険金はもっぱら被害者の損害のてん補に充てられるようにしている。

III 定額保険契約

1 定額保険契約の類型と性格

前述のように，定額保険契約は，保険事故により発生する損害の評価がきわめて困難な場合に適法とされるものであり，今日では，保険事故が人について生じるものについてのみ適法とされる。具体的には，人の死亡または生存を保険事故とする生命保険のほか，人が傷害を被ることを保険事故とする傷害保険，人の疾病による入院・治療などを保険事故とする疾病保険などがこれに当たる。保険法では，定額保険に関する規定として，生命保険契約（保険37条～65条）と傷害保険契約と疾病保険契約とを包含する傷害疾病定額保険契約（保険66条～94条）についての規定をおいている。これに対して，傷害保険や疾病保険においては，傷害や疾病の結果として入院等をしたことによる実際の費用の額に従い保険金の給付を行うものがあり，これらは，損害保険契約の性格をもち，保険法では損害保険契約に属するものという位置づけをしている（保険34条・35条参照）。

以下では，定額保険契約の典型である生命保険契約を中心に述べる。その記述は原則として傷害疾病定額保険契約にも当てはまる。

生命保険契約では，その者の生死が保険事故とされる者のことを

被保険者といい（保険2条4号ロ参照），損害保険契約の被保険者のように保険金請求権者であるという意味を含まない。被保険者は，保険契約者自身であることも，それ以外の第三者であることもある。保険金請求権者は保険金受取人といい（保険2条5号参照），保険契約者自身であることもその他の第三者であることも可能であり，また，被保険者であることもその他の第三者であることも可能である。損害保険契約の性格をもつものを除き，傷害疾病保険契約でも同様である。

　生命保険契約では，利得禁止原則が妥当せず，損害のてん補が行われるのではないから，被保険利益も不要とされる（保険代位もありえない）。保険金額は保険者と保険契約者の間の合意により自由に定めることが可能である（保険者は内部的に保険金額の上限を定めているにとどまる）。また，保険金受取人となる者に制限はない。しかし，保険契約者以外の者を被保険者とする死亡保険契約については，被保険者の同意が契約の有効な成立の要件とされ（保険38条），それにより，生命保険契約が人の生死をめぐる賭博の手段とされたり，殺人などにより不当な利得が狙われることの歯止めとしている。

2　保険金受取人

(1)　保険金受取人とその変更　　保険契約者は，保険金受取人を指定することができる。保険金受取人が指定された場合には，民法の第三者のためにする契約の一般原則と異なり，第三者である保険金受取人は，受益の意思表示を要せず，当然に保険者に対する保険金請求権を取得する（保険42条）。

　生命保険契約は通常は長期にわたる契約であるために，保険契約者と保険金受取人との間の人間関係の変化などにより，保険契約者がいったん指定した保険金受取人を変更したいと考えることがあり

うる。このことから，保険法は，保険契約者は，保険事故が発生するまでは，保険金受取人を変更することができるものとする（保険43条1項）。

　保険契約者が**保険金受取人の変更をするにはどのような要件が必要か**。★保険法は，保険金受取人の変更は，保険契約者が保険者に対する意思表示によってするものとし（保険43条2項），保険契約者は一方的な意思表示により保険金受取人の変更をすることができるものとしている。変更については，保険者や新・旧の保険金受取人の同意を要しない。もっとも，保険金受取人の変更の意思表示については，民法の意思表示の一般原則に対する特則がおかれ，変更の意思表示は，その通知が保険者に到達したときは，当該通知を発した時にさかのぼってその効力を生ずるものとする（保険43条3項本文）。これは保険者への到達を条件に（被保険者の死亡後でもよい）変更の効力が発信主義により生ずるということを定めたものであり，保険契約者の変更の意思を極力尊重しようとする考え方によっている。ただし，保険者に変更の通知が到達する前に旧保険金受取人から保険金請求があり，保険者が保険金を支払った場合には保険者の弁済は有効なものとされている（保険43条3項ただし書）。

　保険法は，以上の保険者に対する意思表示のほかに，保険契約者が遺言により保険金受取人を変更することを認めている（保険44条1項）。これは，生命保険金の行方も他の遺産と合わせて遺言で生前に決めておきたいという必要性があることを考慮するものである。遺言による変更は，保険者に知らされることなく効力を生ずるので，保険者が遺言により保険金受取人が変更されたことを知らずに従前の保険金受取人に対して保険金を支払ったとしても有効な弁済となるように，遺言による保険金受取人の変更は，その遺言が効力を生じた後，保険契約者の相続人がその旨を保険者に通知しなければ，

これをもって保険者に対抗することができないとされている（保険44条2項）。

(2) 保険金受取人の地位　保険金受取人が指定されていた場合には、保険金受取人は、保険金請求権を自己固有の権利として取得するのであって、保険契約者から承継取得するのではない。保険契約者＝被保険者Xが相続人Aを保険金受取人に指定していた場合にも、Aは、Xの死亡により保険金請求権をXから相続により取得したものではなく、保険金請求権はXの相続財産には属しない（最判昭40・2・2民集19巻1号1頁〔保険百選71〕）。したがって、Aは、保険金をXの相続債権者に対する弁済に充てる義務はない。もっとも、相続人間の公平という観点からAが保険金を取得したことが、Xの他の相続人との関係では、特別受益持戻し（民903条）や遺留分減殺請求（民1031条）の対象として考慮されるべきか否かが問題となるが、近時の判例は、保険金請求権は保険金受取人が相続によってではなく、自己固有の権利として取得することを根拠に、基本的には特別受益の持戻しや遺留分減殺請求について消極的な立場をとる（特別受益の持戻しにつき、最判平16・10・29民集58巻7号1979頁〔保険百選72〕〔共同相続人間の不公平が著しい場合には持戻しが認められるとする〕、遺留分減殺請求につき、最判平14・11・5民集56巻8号2069頁）。

3　告知義務

保険者が各保険契約者から支払を受けるべき保険料の額は、その契約の危険度に応じて決定されるが、この危険度を測定する手段として告知義務が保険契約者および被保険者に課される。告知義務は、損害保険契約でも存在するが、危険度が人の健康状態により大きく左右されるにもかかわらず、保険者だけでは判断しがたいのが通例

である生命保険契約において重要な意味をもつ。具体的には，保険契約者または被保険者になる者は，保険契約の締結に際し，保険事故の発生の可能性（危険）に関する重要な事項のうち保険者になる者が告知を求めたもの（過去の病歴，現在の健康状態など）について，事実の告知をしなければならず，これを故意または重大な過失により怠ると（なお，告知義務者の知らない事実についてもその事実について知らなかったことについて重過失があれば告知義務違反となるかについては，今日では消極的に解する見解が多い），保険者は，保険契約を解除することができる（保険37条・55条1項）。解除は将来に向かってのみ効力を生ずると規定されているが（保険59条1項），解除がされた時までに発生した保険事故については，保険者は保険給付義務を免れる（保険59条2項1号本文）。ただし，告知されなかった事実と保険事故の発生との間に因果関係がない場合にはこの限りでない（保険59条2項1号ただし書。癌にかかっている事実を告知しなかったが，交通事故で死亡したような場合）。

　保険者が，告知されるべき事実について悪意であるかまたは過失により知らなかったときには，解除は認められない（保険55条2項1号）。保険者の委託を受けて被保険者となろうとする者から告知を受け身体の診査をする診査医には一種の代理権である告知受領権が与えられており，診査医の過失は保険者の過失と同視されるのに対し，外務員や代理店には告知受領権は与えられていないため，外務員や代理店が悪意であったり，過失があったとしても，当然には保険者に悪意または過失があったことにならず，このことが告知義務違反をめぐる紛争が頻発する一つの原因となってきた。そこで，保険法では，告知受領権を有しない外務員や代理店を保険媒介者とよんだ上で，保険媒介者が保険契約者または被保険者が告知すべき事実の告知をすることを妨げたとき，または告知すべき事実を告知せ

ず，もしくは不実の告知をすることを勧めたときは，保険者は解除をすることができないものとされている（保険55条2項2号3号）。保険契約者または被保険者から既往症を告げられたのに，そのような事実は告知しない方がよいなどと言って告知を妨害する行為や，契約に加入するには病気があったとしても何も告げなくてよいと言うような不告知の勧誘行為が念頭に置かれている。ただし，このような告知妨害等がなかったとしても保険契約者または被保険者がやはり告知義務違反に該当する行為をしたと認められる場合には，保険者は解除権を行使することができるものとされている（保険55条3項）。

4 モラルリスク

(1) 総説　保険加入者が放火，殺人，仮病入院など故意に保険事故を発生させたり，偽装したりして保険金を不正に取得しようとする危険ないしその危険が具体化し保険金の不正請求が行われることを**モラルリスク**といい，保険者にとってはこのような**モラルリスクにいかに対処するか**が重要な課題となる。

(2) 故意の保険事故招致免責　生命保険契約では，被保険者が保険事故を故意に生ぜしめた場合（自殺）のほか，保険金受取人または保険契約者が故意に生ぜしめた場合にも保険者は免責とされる（保険51条1号〜3号）。このような故意の事故招致の主張立証責任は保険者が負担し，保険者が免責となるかどうかは，保険者の立証の成否にかかってくる。もっとも，傷害保険契約においては，保険事故の要素として事故の偶然性ということが約款上規定されているため，高層からの飛び降りや高速道路での追突事故などの事故が偶然なものであること，換言すれば被保険者の故意によらないものであることの主張立証責任は保険金を請求する者が負う（最判平13・

Ⅲ　定額保険契約

4・20民集55巻3号682頁〔保険百選97〕)。しかし，このことは保険事故について保険約款で偶然性の要件が規定されているという傷害保険契約に特有の事情によるもので，保険契約一般においては，保険金を請求する者は保険事故の発生（たとえば，火災の発生）を主張立証すれば足り，保険事故が偶然に発生した（故意によらずに発生した）ことまでを主張立証する必要はなく，被保険者による故意の事故であることの主張立証責任は保険者が負う（損害保険についての判例であるが，最判平16・12・13民集58巻9号2419頁〔保険百選28〕)。

　生命保険契約においては，自殺の場合については，現在の約款では，自殺者の遺族の保護などの観点から，保険期間開始後2年あるいは3年などの期間経過後は，保険者は免責とはしない旨定められている。免責期間経過後の自殺でも，もっぱらまたは主として保険金取得目的の自殺については保険者の免責が認められるべきか否かが争われたが，判例は，約款は免責期間経過後の自殺について，自殺の動機，目的の如何を問わず一律に免責とする趣旨であるとし，ただ，自殺に犯罪行為等が介在し保険金の支払が公序良俗に反するおそれがあるなど特段の事情のある場合にのみ例外的に保険者は免責されるものとした（最判平16・3・25民集58巻3号753頁〔保険百選82〕)。

　(3)　重大事由による保険者の解除権　　保険契約では，その成立後に保険契約者側の関係者が保険金の不正請求をしようとする誘因が働きやすいが，保険法では，そのような行為は保険契約当事者間の信頼関係を損なうものとして，保険者は保険契約を将来に向かって解除することができるものとする保険者の重大事由による解除権が法定された（保険57条)。重大事由としては，保険契約者または保険金受取人が保険給付を受ける目的で保険事故を発生させることまたはその未遂，保険金受取人が保険給付請求について詐欺をすることまたはその未遂を例示した上で，その他保険者の保険契約者，

被保険者または保険金受取人に対する信頼を損ない，当該保険契約の存続することを困難にする重大な事由という包括的事由が法定されている（保険57条）。複数の保険契約が著しく累積するような場合もこの包括的解除事由に該当する可能性がある。保険者が重大事由により保険契約を解除した場合には，解除の効力が将来に向かって生じるとともに，重大事由の発生した時から解除の時までに発生した保険事故については，保険者は保険給付義務を免れる（保険59条2項3号）。

▶ **参考文献**──より進んだ研究を志す人々のために

体 系 書

石井照久・鴻　常夫　商法総則（商法Ⅰ）（勁草書房）
同　商行為法（商法Ⅴ）（勁草書房）
鴻常夫　商法総則〔新訂第 5 版〕（弘文堂）
　＊両書とも定評のあるスタンダードな教科書。ただし 1975 年，1978 年，1999 年といずれも発行年が古いので，他のもので補う必要がある。

大隅健一郎　商法総則〔新版〕（法律学全集）（有斐閣）
　＊権威ある商法総則の体系書。依然，学問的価値は高い。

田中誠二　全訂商法総則詳論（勁草書房）
　＊定評ある体系書。

西原寛一　商行為法（法律学全集）（有斐閣）
　＊名著と評価の高い商行為法の体系書。発行年は 1960 年と古いが，依然，学問的価値は高い。

服部栄三　商法総則〔第 3 版〕（青林書院）
平出慶道　商行為法〔第 2 版〕（青林書院）
　＊定評ある詳細な体系書。

近藤光男　商法総則・商行為法〔第 8 版〕（有斐閣）
　＊詳細な本格的体系書のなかで最もアップ・ツウ・デートなもの。

▷また，海商法，保険法関係で体系書をあげるとすれば，次のものとなる。

石井照久　海商法（法律学全集）（有斐閣）
大森忠夫　保険法〔補訂版〕（法律学全集）（有斐閣）
　＊後者は 1985 年に補訂版が出されたが全面的なアップ・ツウ・デートではなく，

また，前者の発行年も1964年と古いが，いずれもこの分野を研究する者にとって必読の文献である。

山下友信　保険法（上）（有斐閣）
＊詳細は本格的体系書のなかで最もアップ・ツウ・デートなもので，今後この分野の指導をすることになるであろう。

▷さらに，商行為・保険・海商の全体を扱うものとしては，簡潔でしかも学問的価値の高い定評のあるスタンダードな教科書として，次のものがある。

鈴木竹雄　新版商行為法・保険法・海商法〔全訂第2版〕（弘文堂）
＊1993年にアップ・ツウ・デートにする改訂がなされた。

▷同様に商行為・保険・海商の全体を扱う著作として次のものがある。

江頭憲治郎　商取引法〔第8版〕（弘文堂）
＊本書は，商法典の規定中心の叙述ではなく，商取引の実際をも頭に描けることを考慮した新しいアプローチの最新の体系書である。その内容は，理論的にも実際的にもきわめて水準が高く，今後本書を参照せずしての研究は考えられず，指導的な体系書の位置を不動としよう。

▷なお，体系書ではないが，有益な参考文献として，次のものがある。

竹内昭夫・龍田　節編　企業法総論（現代企業法講座1）（東京大学出版会）
同　企業取引（同4）（東京大学出版会）
落合誠一他編　岩波講座　現代の法7・企業と法（岩波書店）

注釈書（コンメンタール）

田中誠二・喜多了祐　全訂コンメンタール商法総則（勁草書房）
田中誠二・喜多了祐・堀口亘・原茂太一　コンメンタール

商行為法（勁草書房）

奥島孝康・落合誠一・浜田道代編　新基本法コンメンタール会社法1〔第2版〕（第1編 総則部分）（日本評論社）

江頭憲治郎編　会社法コンメンタール第1巻（第1編 総則部分）（商事法務）

判　例　集

江頭憲治郎・山下友信編　商法（総則・商行為）判例百選〔第5版〕（有斐閣）

山下友信・洲崎博史編　保険法判例百選（有斐閣）

山下友信・神田秀樹編　商法判例集〔第7版〕（有斐閣）

事項索引

あ 行

ある種類または特定の事項の委任を受
　けた使用人 …………………………103
異次元説 …………………………………120
委託販売 ……………………………179, 184
一部保険 ……………………………315, 316
一貫輸送サービス ………………………231
一般財団法人 ……………………………39
一般条項（消費者契約法）……………168
一般法人 …………………………………39
一般民事法 ………………………………13
インボイス ………………………………193
ウィーン売買条約………………………18
失われた利益 ……………………………243
売主の供託権 ……………………………175
売主の自助売却権 ………………………175
運　送 ……………………………………224
　　──営業 …………………………222
　　──の義務 ……………………246
　　海上── ………………………222
　　海陸相次── …………………228
　　共同── ……………………228, 230
　　航空── ………………………222
　　下請── ……………………228, 230
　　相次── ………………………228
　　同一── ………………………228
　　複合── ………………………222
　　部分── ……………………227, 229
　　分割── ……………………227, 229
　　陸上── ………………………222

　　連帯── ……………………228, 230
運送委託者 ………………………………226
運送依頼人 ………………………………226
運送企業取引 ……………………………222
運送企業取引規則 ………………………221
運送契約 …………………………………224
　　──の種類 ……………………224
　　──の当事者 …………………226
　　──の法的性質 ………………224
　　海上── ………………………225
　　航空── ………………………225
　　複合── ……………………225, 229
　　物品── ………………………225
　　陸上── ………………………225
　　旅客── ………………………225
運送証券 ………………………226, 248〜
　　──と厳正相対説 ……………255
　　──と権利の移転 ……………250
　　──と権利の行使 ……………250
　　──と債権の有価証券 ………250
　　──と指図証券性 ……………250
　　──と絶対説 …………………255
　　──と代表説 …………………255
　　──の受戻証券性 ……………250
　　──の交付義務 ………………246
　　──の債権的効力 ……………251
　　──の引渡しと物権的効力 …255
　　──の物権的効力肯定説 ……255
　　──の物権的効力否定説 ……256
　　──の文言証券性 ……………251
　　──の有価証券性 ……………250

事項索引

──の要因証券性 …………………252
──の要式証券性 …………………251
複合── ……………………………248
運送証券発行者 ………………………251
──と債務不履行責任説 …………253
──と二元責任説 …………………254
──と不法行為責任説 ……………253
──の損害賠償責任 ………………253
運送賃請求権 …………………………245
運送取扱い ……………………………258
──営業と問屋営業 ………………258
──取引 ……………………………258
運送取扱人 …………………… 258, 259
──の権利 …………………………260
──の債務不履行責任 ……………259
──の損害賠償責任 ………………259
──の不法行為責任 ………………260
運送取引 ………………………………221
──の規制 …………………………221
運送人 ………………………224, 226, 251
──の過失責任原則 ………………237
──の義務 …………………………246
──の権利 …………………………245
──の債権の消滅時効 ……………245
──の債務不履行責任 ……………233
──の損害賠償額 …………………242
──の損害賠償責任の消滅 ………244
──の独立的補助者 ………………237
──の被用者 ………………………237
──の被用者的補助者 ……………237
──の不法行為責任 ………………234
──の補助者の行為による責任 …238
数人の──の関与 …………………227
契約── ……………………………228
実行（実際）── …………………228
相次── ……………………………260

運送人の責任 …………………………233
──と高価品の特則 ………………239
──と請求権の競合 ………234, 235
──と責任制限 ……………………243
──と免責約款 ……………………241
──と旅客手荷物 …………………240
運送品処分権 …………………………246
運送品に関する留置権 ………………246
運送品の供託・競売 …………………245
運送品の引渡義務 ……………………246
運送品の保管・処分の義務 …………246
運送品賠償額の定型化 ………………242
運送品引渡請求権 ……………………245
運賃保険料込渡し（CIF）条件 ……247
営　業 ………………………………44〜
──自体に関する制限 ……………45
──の構成要素 ……………………48
──の態様に関する制限 …………47
──の担保化 ………………………137
──の賃貸借 ………………………136
──の特別財産性 …………………49
客観的意義の── ……………45, 48, 49
主観的意義の── …………………45
営業意思客観的認識可能説 …………36
営業意思主観的実現説 ………………36
営業所 …………………………………50
営業（事業）譲渡 ……………………126
──と営業移転義務 ………………130
──と競業避止義務 ………………130
──と第三者に対する関係 ………131
──の意義 …………………………126
──の機能 …………………………127
──の効果 …………………………130
営業譲渡契約 …………………………129
営業所の主任者 ………………………34
営業能力 ………………………………41

── と成年被後見人 …………………42
── と被保佐人 ……………………42
── と被補助人 ……………………43
── と未成年者 ……………………42
営業の自由 ……………………………45
── とその制限 …………………45
営利社団法人 ………………………32, 38
営利の目的 ……………………………32
FOB ……………………………193, 194
── 売買 …………………………193
送り状 …………………………………193
── 交付請求権 …………………245
オプション取引 ……………………301
オブリゲーション・ネッティング …277

か 行

外観保護規定 …………………………121
開業準備行為 …………………………35, 36
会計慣行 ………………………………72
会計帳簿 ……………………………79, 82
外航船による物品運送 ……………237
海事勅令 ………………………………9
会社と商行為法の適用 ……………147
会社法 …………………………2, 12, 16
海上運送契約 ………………………249
海上運送状 …………………………249
海商法 …………………………………2
海上保険証券 ………………………193
海難ニ於ケル救援救助ニ付テノ規定ノ
　統一ニ関スル条約 ………………18
買主の目的物検査・通知義務 ……176
買主の目的物保管・供託義務 ……177
確定期売買 …………………………178
火災保険 ……………………………311
割賦販売 ……………………………209
割賦販売（自社割賦）……………210

割賦販売法 …………………………199, 209～
株主（社員）資本等変動計算書 ……80
貨物引換証 …………………………246, 249
貨物保険契約 ………………………247
過量販売 ……………………………205
仮渡し・保証渡し …………………251
慣　習 …………………………………15
慣習法 …………………………………19
期間収益力 …………………………72, 74
企　業 …………………………………7
── の移転 ……………………126～
── の公示 ……………………108～
── の人的要素 ………………94～
── の担保化 …………………126～
── の物的要素 ………………52～
企業会計原則 …………………………73
企業概念 ………………………………7
企業間取引 …………………………140
企業取引 ……………………………139～
── と商行為 …………………144
── の自由の制限 ……………141
── の性格 ……………………139
── の内容形成 ………………141
── の補助者 …………………160
── の類型 ……………………139
業法に基づく── の自由の制限 …141
消費者保護法に基づく── の自由の
　制限 ………………………………142
独占禁止法に基づく── の自由の制
　限 …………………………………142
企業法 ………………………………7, 8
企業法説 ……………………………7, 8
企業法論 ………………………………6
危険物通知義務 ……………………247, 260
擬制商人 ……………………………28, 30, 148
客観主義（商行為法主義）………11

給付反対給付均等の原則 ……………309
競業避止義務違反……………………46
共済契約 ………………………………310
業とする ………………………………32
ギルド …………………………………9
金融機関等が行う特定金融取引の一括
　清算に関する法律 …………………277
金融商品取引法 ………………………288
グァダラハラ条約 ……………………228
グァテマラ議定書 ……………………238
空　券 …………………………………252
倉荷証券 ………………………………270
クーリングオフ ………………202〜, 208, 218
　——期間 ……………………………203
　——の権利 …………………………203
クローズド・アウト・ネッティング
　………………………………………277
経営委任 ………………………………136
計算書類 …………………………69, 80
継続的取引関係 ………………………185
　——とその解消 ……………………190
契約自由の原則 ………………………241
契約条項の無効 ……………………170〜
契約締結上の過失の理論 ……………254
結約書 …………………………………164
公益法人 ………………………………39
航海傭船契約 …………………………248
高価品の特則 …………………………260
航空運送 ………………………………249
航空運送契約 …………………………249
交互計算 ………………………………275
公正妥当な会計基準……………73, 80, 86
公法人 …………………………………40
小切手条約 ……………………………18
国際海上物品運送法 ………171, 222, 237
国際航空運送に関するワルソー条約
　………………………………………222
国際航空運送についてのある規則の統
　一に関する条約 ……………………18
国際売買 ……………………………192〜
国際物品売買契約に関する国際連合条
　約 ……………………………………18
告知義務 ………………………………326
国連海上物品運送契約条約 …………222
国連国際海上物品運送条約 …………222
小商人 ……………………………33, 34
固定資産の評価 ………………………88
個品運送契約 …………………………248
個別信用購入あっせん ………………213
個別信用購入あっせん業者の登録制
　………………………………………218
個別注記表 ……………………………80
コモン・ロー ……………………10, 13
コール・オプション …………………301
concealed damage ……………………232
コンテナー革命 ………………………222

さ　行

債権的効力 ……………………………249
債権の評価 ……………………………89
財産保険 ………………………………315
財産目録 ………………………72, 79, 83
財産目録法 ……………………………72
財務諸表 ………………………………71
債務の履行 ……………………………156
最良執行義務 …………………………295
先物取引 ………………………………300
　——と委託証拠金 …………………301
残務処理 ………………………………38
CIF ……………………………………193
　——売買 ……………………………193
C & F …………………………………194

337

CFR	194
事業譲渡	126
事業報告	79
仕切売買	184
自己の名をもって	31
資産評価	74, 87
――と原価主義	87
――と時価以下主義	88
――と時価主義	87
――と低価主義	87
――の法定	78
下請代金支払遅延等防止法	142
下請取引	140, 142, 191
実質的意義の商法	13
疾病保険	323
支店	51, 121
品違い	252
支配人	95
――の営業避止義務	100
――の義務	100
――の義務違反	101
――の競業避止義務	100
――の終任	97
――の選任	96
――の代理権（支配権）	98
――の代理権の制限	100
――の登記	98
表見――	101
支払保険金の算定	317
収支相等の原則	309
自由職業	32
自由職業者	7
周知性	59
主観主義（商人法主義）	11
ジュネーブ統一条約	18
準商行為	30, 148

場屋営業者	271
――の責任の消滅	274
――の免責の可能性と客の保護	273
寄託を受けた荷物に関する――の責任	272
寄託を受けない荷物に関する――の責任	272
客の荷物についての――の責任	272
高価品に関する――の責任	273
場屋取引	271
傷害疾病損害保険	311
傷害疾病保険契約	323
傷害保険	323
商慣習	15, 18
商慣習法	15, 18, 24
商事制定法と――	25
民法と――	24
商業使用人	94, 160
商業帳簿	68～, 80
――と個人商人	69
――と人的会社	69
――とその目的・機能	68
――と物的会社	69
――に関する法規制	68
――の意義	78
――の作成義務	80
――の種類	82
――の提出義務	81
――の保存義務	81
――の目的	73
商業登記	108～
――事項	109
――と登記官の審査権	113
――と登記後の効力	118
――と登記前の効力	116
――と特殊の効力	123

——と不実登記の効力 …………122	——の譲渡……………………………63
——の意義 ………………………109	——の選定の自由とその制限……54
——の一般的効力 ………………115	——の相続……………………………63
——の一般的効力と外観保護規定	——の登記……………………………56
…………………………………119	——の廃止……………………………63
——の一般的効力と適用範囲 ……122	——の変更……………………………63
——の強化的効力 ………………124	商行為……………………………27, 200
——の公示 ………………………114	——であることの効果 ……………144
——の効力 ………………………115	——と企業取引 ……………………144
——の申請・管轄 ………………112	——と商人……………………………27
——の創設的効力 ………………123	——の受任者の権限 ………………156
——の対抗力 ……………………124	一方的—— …………………………148
——の手続 ………………………112	営業的—— ………………12, 27, 145, 146
——の付随的効力 ………………124	準——…………………………………30
支店の取引と—— ……………………121	絶対的—— ………………12, 27, 145, 146
消極的公示原則 ………………………116	双方的—— …………………………148
消極的公示力 ……………………116, 120	非——…………………………………28
証券会員制法人………………………289	附属的—— ……12, 30, 35, 36, 146, 147
証券会社………………………………289	商行為総則 ………………………149〜
——の倒産………………………296	——と契約の効力 …………………155
証券取引………………………………288	——と契約の成立 …………………150
——と委託契約 …………………295	——と担保 …………………………156
——と委託契約の勧誘・成立……291	商行為法 ………………………………2
——と外務員 ……………………294	商号権……………………………………58
——と受託契約準則 ……………294	商号使用権………………………………58
——における委託者の債務不履行と	商号専用権………………………………59
証券会社の権利 ………………296	商号専用権者……………………………63
証券取引所…………………………289〜	商号の使用差止め………………………61
——における売買取引 …………289	商号の類似性……………………………62
——における売買の委託 ………291	商事会社…………………………28, 30
株式会社形態の—— ………………289	商事自治法………………………15, 19, 25
証券不実記載発行責任………………254	商事消滅時効…………………………150
商 号…………………………………52〜	商事条約…………………………17, 24
——単一の原則……………………53	商事制定法………………………15, 24
——と使用の差止め………………62	商事特別法………………………16, 24
——の意義…………………………52	商事仲立人……………………………161

339

商事売買 …………………………175
　　——と商法の規定 …………………175
　　——取引 …………………………175〜
商事法定利率 ……………………149
商事留置権 ………………………159
商的色彩論 …………………………6
商　人……………………31, 34, 38
　　——概念……………………………10
　　——と営業…………………………27
　　——と商行為………………………27
　　——の意義…………………………27
　　——の代理人………………………95
　　——の報酬請求権 …………………155
　　受寄物についての——の注意義務
　　　…………………………………156
　　企業主体としての——………27〜
　　擬制——………………12, 28, 31
　　固有の——……………12, 27, 31
商人間留置権 ………………34, 158
商人資格 ……………………35, 36
　　——の取得時期……………………35
　　——の喪失時期……………………38
　　——の得喪………………………35〜
　　自然人の——……………………35
　　法人の——………………………38
商人法 …………………………………9
　　——の国有化………………9, 20
消費者契約 ………………………140
消費者契約法 ……………143, 167〜
　　——と他の法律との適用関係 ……170
　　——の不当契約条項規制 ………167〜
消費者売買 ………………………199
消費者法…………………………23
消費者保護法 ……………………140
消費貸借の利息請求権 …………155
商品の流通 ………………………183

商　法……………………………1〜
　　——総則 ……………………………2
　　——総論 ……………………………2
　　——における適用順位………24〜
　　——の意義 …………………………5
　　——の形成と展開 …………………9〜
　　——の自主性 ………5, 7, 14, 22
　　——の適用 ………………………21〜
　　——の法源…………………………15
　　比較法的にみた——の意義…………13
　　旧——………………………………12
　　経済法と——………………………22
　　形式的意義の——…………………6
　　現行——……………………………12
　　実質的意義の—— …………5, 6, 8, 13, 14
　　消費者法と——……………………23
　　法システムとしての—— …………9
　　法体系における——………………22〜
　　民法と——…………………………22
　　労働法と——………………………23
商法典…………………………9, 15, 24
　　——の立法構造……………………10
　　大陸法系諸国の——の制定…………10
　　わが国の——の構造………………12
消滅時効 …………………………150
条　理 ……………………………15
仕訳帳 …………………………75, 82
新価保険 …………………………313
人身事故の賠償責任 ……………241
信用購入あっせん ……………212〜
　　——と抗弁切断の規制 ……………215
信用購入あっせん業者 …………212
信用状 …………………………196〜
　　——条件 …………………………198
　　——の独立抽象性 …………………198
信用状統一規則 …………………198

340

事項索引

信用取引 …………………………298
　　——と委託保証金制度 …………299
スワップ取引 ……………………302
正当な事由 …………………118, 120
生命保険 …………………………323
生命保険契約 ……………………323
　　——と告知義務 …………………326
　　——と被保険者の同意 …………324
責任保険 ……………………311, 314
　　——契約と被害者の直接請求権……20
　　——契約と被害者の特別先取特権
　　　……………………………322
　　——と損害保険 …………………315
積極的公示原則 …………………118
積極的公示力 ……………118, 120, 121
折衷主義……………………11, 12, 28
説明義務 …………………………304
　　——違反 …………………………293
1929年10月12日にワルソーで署名
　された国際航空運送についてのある
　規則の統一に関する条約を改正する
　議定書………………………………18
1929年ワルソー条約 ………………18
1955年ハーグ改正議定書 …………18
1968年ヴィスビー・ルール…………222
1979年改正議定書 …………………222
1980年国連国際複合運送条約………232
1980年国連複合運送条約……………238
1999年モントリオール条約 ……18, 222
船積書類 …………………………247
セントラル・カウンターパーティー
　………………………………278
船舶衝突ニ付テノ規定ノ統一ニ関スル
　条約…………………………………18
船舶所有者 ………………………226
全部保険 …………………………316

総勘定元帳 …………………75, 82
倉庫営業者 ………………………263
　　——の寄託物点検・見本摘出等協力
　　義務 ……………………………265
　　——の権利 ……………………267～
　　——の受寄物返還義務 …………265
　　——の責任と短期時効 …………266
　　——の責任と特別消滅事由 ……266
　　——の倉庫証券交付義務 ………265
　　——の損害賠償義務 ……………265
　　——の損害賠償と損害賠償請求権者
　　……………………………………265
　　——の損害賠償の範囲 …………266
　　——の保管義務 …………………263
相互会社 …………………………310
倉庫寄託契約 ……………………262
　　——の終了 ………………………263
　　——の成立 ………………………262
倉庫証券 …………………………269
　　——に関する立法主義 …………269
　　——の種類・機能 ………………269
　　——の発行と保管料支払義務者 …267
　　——の役割 ………………………269
倉庫取引 …………………………261
　　——の経済上の意義 ……………261
　　——の法律上の意義 ……………261
送付物品保管義務 ………………151
その他の資産の評価………………89
損益計算書………………71, 74, 80
　集合損益勘定と—— ………………75
損害額の推定 ……………………101
損害保険 …………………………312
損害保険契約 ……………305, 311, 323
　　——と利得禁止原則 ……………311
　　——の基本法理 …………………311
　　——の被保険利益 ………………311

た 行

第三者の悪意擬制 …………………119
第三者のためにする契約 …226, 313, 324
貸借対照表 …………………71, 74, 80, 82
　——と継続性の原則……………87
　——と真実性の原則……………87
　——と単一性の原則……………87
　——と明瞭性の原則……………87
　——の作成……………………87
　開業——………………………83
　決算残高勘定と——…………75
　通常——………………………86
　年度——………………………86
　非常——………………………86
貸借平均の原理 …………………75
代　理………………94, 105, 151, 230, 258
　非顕名の——………………151～
代理権（支配権）………………95
　本人の死亡と——の存続 ……151
代理商………………94, 105, 161, 185, 190
　——契約 ………………………106
　——と第三者 …………………107
　営業主と—— …………………106
　締約—— ………………………105
　媒介—— ………………………105
　民事—— ………………………106
託送手荷物 ………………………240
宅地建物取引業法 ………………164
諾否通知義務 ……………………34
　申込みに対する—— …………150
蛸配当 ……………………………78
多数債務者の連帯 ………………156
立替金についての利息請求権 …155
棚卸法 …………………………72, 83
他保険契約の告知義務違反 ……328

単券主義 …………………………269
中間法人 …………………………39
中性的法人 ………………………39
超過保険 …………………………315
　——における超過部分の取消し …315
直接請求権 ………………………321
著名性………………………………59
通信販売 ……………………199, 206
定額保険契約 …………………305, 323
　——の類型と性格 ……………323
定型約款 ……………………143, 171～
手形行為 …………………………67
手形条約 …………………………18
手形法・小切手法 ………………2
適合性の原則 ……………292, 293, 304
デリバティブ取引 ……277, 300, 303
電話勧誘販売 ……………………206
問屋（といや）……160, 166, 179, 184, 291
　——と委託者 …………………179
　——と買主 ……………………182
　——の債権者と委託者 ………181
統一商事法典 ……………………14
登記事項 …………………………109
　——の通則 ……………………112
　絶対的—— ……………………110
　設定的—— ……………………110
　相対的—— ……………………110
　免責的—— ……………………110
当日決済取引 ……………………290
特殊法人 …………………………40
独占禁止法 ………………………189
独占の禁止 ………………………47
特定継続的役務提供 ……………207
特定商取引に関する法律 …199, 201～
匿名組合 …………………………279～
特約店・代理店契約 …………186, 190

事項索引

取次ぎ …………………………230, 258
問屋（とんや）……………………183

な 行

名板貸……………………………64
　——の責任 ………………………64
名板借人の事実的不法行為……………67
仲立人 ……………………………161
　——の報酬請求権 ………………165
荷受人 ……………………………226
　——の義務 ………………………248
　——の権利 ………………………248
荷送人 ……………………………226
　——の義務 ………………………247
　——の権利 ………………………247
荷為替手形 ………………………195
荷渡指図書 …………………249, 269
ネットワーク責任 …………231, 232
農林業経営者 ………………………7
暖簾 ……………………………48, 89
のれん……………………………48

は 行

媒介 …………………………230, 258
賠償額の定型化 …………………242
ハーグ・ヴィスビー・ルール ………222
ハーグ改正ワルソー条約 ………237, 240
発行日決済取引 …………………290
発信主義 …………………………204
ハンブルグ・ルール …………222, 238
被保険者 …………………………324
被保険利益 ………………………313
被保佐人……………………………42
ヒマラヤ条項 ……………………236
秘密準備金…………………………78
評価済保険 …………………314, 317

評価済保険契約 …………………318
費用収益対応の原則………………83
表白行為説…………………………36
複券主義 …………………………269
複合運送契約 ………………225, 229
　——の法的性質 …………………230
複合運送契約約款 ………………232
複合運送証券 ………246, 249, 251
複合運送人 ………………………229
　——の責任 ………………………231
複式簿記 ………………………75, 82
不公正な競争の禁止………………47
不公正な取引方法 …………142, 189
不実告知等に基づく取消権 ………205
不正競争
　——の禁止…………………………47
　——の目的…………………………57
不正競争防止法 …………………57, 59
不正の目的…………………………59
附属明細書…………………………78
普通契約条款 ………………………19
普通取引 …………………………290
普通取引約款 …………………19, 20
　——の法的拘束力 ………………20
物権的効力 ………………………249
プット・オプション ……………302
物品運送契約 ……………………224
物品販売店舗の使用人 …………105
物保険 ……………………………314
船荷証券…………193〜195, 246, 249, 251
船荷証券所持人 …………………248
船荷証券統一条約 ………………222
フランチャイズ契約 ……186, 189, 191
　——における情報提供 …………188
フレート・フォワダー ……………258
併用主義 …………………………269

ヘルマン・レースラー	12
返品	185
片面的強行規定	310
包括信用購入あっせん	212
法定利率	149
法の適用に関する通則法	25
訪問購入	201
訪問販売	199, 202
保　険	305
保険価額	314, 316
保険金	316
──代位請求訴訟	322
保険金受取人	324
──の指定と変更	324
保険金額	314
──および保険料額の減額請求	315
損害てん補としての──の算定	316
保険契約	305
──に関する法源	310
──の技術的背景	309
──の射倖契約性	308
──の双務契約性	308
──の特質	306
──の法的性質	308
──の有償契約性	308
──の類型	305, 312
損害てん補としての──	307
他人のためにする──	313
保険契約者	305
保険事故	305
──の偶然性	328
保険者	305
──の請求権代位	319
──の損害てん補義務	316
──の免責	316
重大事由による──の解除権	329
被害者の──に対する直接請求権	321
保険証券	195
保険代位	319, 324
保険法	2, 12, 17, 310
保険料	305
保佐人	42
保証人の連帯	157
補助商	94
本船渡し（FOB）条件	247
本　店	51, 121

ま　行

見切り販売	189
未登記商号	57
未評価保険	317
民事会社	28, 30
民事仲立人	161
民商二法の統一	14
民事留置権	159
民　法	5
無効とされる契約条項	170
免責約款	241
──の制限	241
申込みの効力	150
持込手荷物（携帯手荷物）	240
モラルリスク	328
文言証券性	251
モントリオール協定	238
モントリオール追加第三および第四議定書	238

や　行

優越的な地位の濫用の禁止	142
有価証券	150
有価証券法	2

誘導法 …………………………72, 83	——の法的性質 ……………………283
ユニフォーム責任 ……………………232	陸上商事勅令 ……………………………9
	履行補助者 ……………………………239
ら　行	——の行為による責任 ……………265
リース …………………………………279	リボルビング方式 ……………………210
——業者の担保責任 ………………284	流質契約の許容 ………………………158
——業者の物件引渡義務 …………283	流動資産の評価…………………………88
——契約の中途解消 ………………284	旅客運送契約 …………………………224
——料の性質 ………………………284	旅客手荷物の責任 ……………………240
ユーザーの——料支払義務 ………283	レセプツム責任 ………………………272
ユーザーの倒産と——業者の権利	労働法 …………………………………94
……………………………………285	ロッテルダム・ルール ………………223
オペレーティング・—— …………281	ローマ法 …………………………………9
ファイナンス・—— ………………281	ローン提携販売 ………………………219
リース取引 ……………………………281	——と抗弁権の切断・対抗 ………220

判例索引

[最高裁判所]

昭 28・10・9 集 7・10・1072〔百選39〕……………………………………151

昭 29・10・7 集 8・10・1795 ………133

昭 29・10・15 集 8・10・1898〔百選5〕………………………………………116

昭 30・9・29 集 9・10・1484 ………147

昭 32・1・31 集 11・1・161 …………65

昭 32・2・19 集 11・2・295〔百選107〕……………………………………268

昭 33・6・19 集 12・10・1575〔百選3〕……………………………………36, 37

昭 34・6・11 集 13・6・692 …………65

昭 35・4・14 集 14・5・833 …………117

昭 36・5・26 集 15・5・1440 ………165

昭 36・9・29 集 15・8・2256〔百選13〕……………………………………58

昭 36・10・13 集 15・9・2320〔百選23〕……………………………………133

昭 37・5・1 集 16・5・1031〔百選27〕……………………………………103

昭 38・3・1 集 17・2・280〔百選20〕……………………………………132

昭 38・11・5 集 17・11・1510 ………234

昭 39・3・10 集 18・3・458 …………103

昭 40・2・2 集 19・1・1〔保険百選71〕……………………………………326

昭 40・3・18 判タ 175・115〔百選4版14〕……………………………………62

昭 40・9・22 集 19・6・1600〔百選18〕〔会社百選87〕………………………126

昭 40・9・22 集 19・6・1656〔会社百選64〕…………………………………96

昭 40・10・19 集 19・7・1876 ………264

昭 41・1・27 集 20・1・111〔百選15〕……………………………………67

昭 42・2・9 判時 483・60 ……………66

昭 42・6・6 判時 487・56 ……………67

昭 42・11・17 判時 509・63〔百選105〕……………………………………266

昭 43・4・24 集 22・4・1043〔百選37〕……………………………………152

昭 43・6・13 集 22・6・1171〔百選16〕……………………………………65, 66, 67

昭 43・7・11 集 22・7・1462〔百選86〕……………………………………297

昭 43・11・1 集 22・12・2402〔百選6〕……………………………………122

昭 43・12・24 集 22・13・3334〔百選11〕……………………………………113

昭 43・12・24 集 22・13・3349 ……121

昭 44・2・13 集 23・2・336 …………295

昭 44・6・26 集 23・7・1264〔百選41〕……………………………………166

昭 44・8・29 判時 570・49〔百選50〕……………………………………178

昭 44・11・13 判時 582・92 …………62

昭 45・4・21 判時 593・87〔百選98〕……………………………………239

昭 45・10・22 集 24・11・1599〔百選83〕……………………………………165

判例索引

昭47・2・24集26・1・172 ……37
昭47・3・2集26・2・183〔百選22〕
　………………………………132
昭47・6・15集26・5・984〔百選9〕
　………………………………123
昭48・10・5判時726・92〔百選4〕
　…………………………………39
昭48・10・30集27・9・1258〔百選38〕
　………………………………155
昭49・3・22集28・2・368〔百選7〕
　……………………………119, 120
昭50・6・27判時785・100〔百選35〕
　………………………………146
昭50・12・8金法779・25 ……264
昭50・12・26集29・11・1890 ……166
昭51・10・1集民119・1 ……103
昭51・11・4集30・10・915〔百選71〕
　………………………………220
昭52・7・12金法841・36〔百選70〕
　………………………………211
昭52・10・14集31・6・825〔会社百選50〕
　………………………………102
昭52・12・23集31・7・1570 ……67
昭52・12・23判時880・78〔百選8〕
　………………………………118
昭53・4・20集32・3・670〔百選95〕
　………………………………266
昭54・5・1判時931・112〔百選29〕
　…………………………………99
昭55・7・15判時982・144〔百選14〕
　…………………………………67
昭55・9・11集34・5・717 ……123
昭56・4・9判時1003・89〔百選76〕
　………………………………284
昭57・9・28集36・8・1652〔保険百選33〕
　………………………………321

昭57・10・19集36・10・2130〔百選77〕
　………………………………285
昭58・1・25判時1072・144 ……67
昭58・10・7集37・8・1082〔百選12〕
　…………………………………62
昭59・3・29判時1135・125〔百選28〕
　………………………………103
昭62・2・20集41・1・159〔保険百選15〕
　………………………………318
平2・2・20判時1354・76〔百選72〕
　………………………………217
平2・2・22集民159・169〔百選30〕
　…………………………102, 104, 105
平4・10・20集46・7・1129〔百選53〕
　………………………………177
平7・4・14集49・4・1063〔百選78〕
　………………………………286
平7・11・30集49・9・2972〔百選17〕
　…………………………………66
平10・4・14集52・3・813〔百選40〕
　………………………………157
平10・4・30判時1646・162〔百選99〕
　………………………………234
平10・7・14集52・5・1261〔百選47〕
　………………………………159
平10・12・18集52・9・1866〔百選60〕
　………………………………191
平13・4・20集55・3・682〔保険百選97〕
　………………………………328
平14・11・5集56・8・2069 ……326
平15・2・28判時1829・151〔百選108〕
　………………………………274
平16・2・20集58・2・367〔百選21〕
　………………………………132
平16・3・25集58・3・753〔保険百選82〕
　………………………………329

347

平 16・10・29 集 58・7・1979〔保険百選 72〕 …………326
平 16・12・13 集 58・9・2419〔保険百選 28〕 …………329
平 17・7・14 集 59・6・1323〔百選 89〕…………293
平 18・11・27 集 60・9・3437〔百選 69〕…………168
平 19・4・3 集 61・3・967〔百選 73〕…………209
平 19・6・11 判時 1980・69〔百選 63〕…………189
平 20・2・22 集 62・2・576〔百選 36〕…………38, 148
平 20・6・10 判時 2014・150 …………132
平 20・7・4 判時 2028・32 …………187
平 20・12・16 集 62・10・2561 …………286
平 23・7・15 集 65・5・2269 …………169
平 23・10・25 集 65・7・3114 …………217
平 23・12・15 集 65・9・3511 …………160
平 24・3・16 集 66・4・2216 …………169
平 29・2・21 集 71・2・99 …………217
平 29・12・14 集 71・10・2184 …………158

[大審院]

明 44・5・23 録 17・320 …………157
明 44・9・28 録 17・535 …………228
明 45・2・8 録 18・93 …………228
大 4・12・24 録 21・2182〔百選 2, 保険百選 2〕…………20
大 7・1・26 録 24・161 …………62
大 9・5・24 録 26・745 …………62
大 13・6・13 (決) 集 3・280…………54
大 15・2・23 集 5・104 …………235
大 15・6・12 集 5・495 …………316
大 15・12・16 集 5・841 …………19
昭 4・9・28 集 8・769〔百選 33〕…………146
昭 7・5・13 集 11・943 …………231
昭 10・6・8 新聞 3853・15 …………62
昭 11・3・11 集 15・320〔百選 80〕…275
昭 14・2・8 集 18・54 …………125
昭 14・12・27 集 18・1681 …………157
昭 15・2・21 集 19・273 …………19
昭 17・9・8 新聞 4799・10〔百選 25〕…………82
昭 18・7・12 集 22・539 …………147
昭 19・2・29 集 23・90〔百選 1〕……19

[高等裁判所]

昭 62・9・30 (決) 判時 1258・76〔百選 61〕…………191
平 7・3・30 判夕 885・216 …………293
平 9・7・10 判夕 984・201〔百選 88〕…………293
平 10・11・27 (決) 判時 1666・143 …………158
平 11・7・23 (決) 判時 1689・82〔百選 46〕…………158
平 11・10・28 判時 1704・65〔百選 62〕…………188

[地方裁判所]

平 7・3・28 判時 1557・104〔百選 82〕…………280
平 22・8・26 判時 2106・69 …………293
平 23・1・20 判時 2111・48 …………177
平 23・2・28 判時 2116・84 …………293

商法 I　総則・商行為〔第6版〕有斐閣Sシリーズ
Commercial Law I : General Provisions & Commercial Transactions

1988 年 3 月 30 日	初 版 第 1 刷 発 行
1993 年 10 月 30 日	第 2 版 第 1 刷 発 行
1994 年 10 月 15 日	第 2 版補訂第 1 刷発行
2001 年 4 月 10 日	全訂版 第 1 刷 発 行
2006 年 4 月 25 日	第 3 版 第 1 刷 発 行
2007 年 4 月 20 日	第 3 版補訂版第 1 刷発行
2009 年 3 月 20 日	第 4 版 第 1 刷 発 行
2013 年 3 月 10 日	第 5 版 第 1 刷 発 行
2019 年 3 月 30 日	第 6 版 第 1 刷 発 行

著　者	落　合　誠　一
	大　塚　龍　児
	山　下　友　信
発行者	江　草　貞　治
発行所	株式会社　有　斐　閣

郵便番号 101-0051
東京都千代田区神田神保町 2-17
電話（03）3264-1314〔編集〕
　　（03）3265-6811〔営業〕
http://www.yuhikaku.co.jp/

印刷・株式会社理想社／製本・牧製本印刷株式会社
© 2019, S. Ochiai, R. Otsuka, T. Yamashita.
Printed in Japan
落丁・乱丁本はお取替えいたします。
★定価はカバーに表示してあります。
ISBN 978-4-641-15952-5

|JCOPY| 本書の無断複写（コピー）は，著作権法上での例外を除き，禁じられています。複写される場合は，そのつど事前に，(一社)出版者著作権管理機構（電話03-5244-5088, FAX03-5244-5089, e-mail：info@jcopy.or.jp）の許諾を得てください。

本書のコピー，スキャン，デジタル化等の無断複製は著作権法上での例外を除き禁じられています。本書を代行業者等の第三者に依頼してスキャンやデジタル化することは，たとえ個人や家庭内での利用でも著作権法違反です。